프래그매틱스

실용주의 리더의 행동 법칙

프래그매틱스

실용주의 리더의 행동 법칙

초판 1쇄 발행 2024년 11월 16일

지은이 백기복

펴낸곳 서울대학교출판문화원
주소 08826 서울 관악구 관악로 1
도서주문 02-889-4424, 02-880-7995
홈페이지 www.snupress.com
페이스북 @snupress1947
인스타그램 @snupress
이메일 snubook@snu.ac.kr
출판등록 제15-3호

ISBN 978-89-521-3923-8 03320

프래그매틱스

실용주의 리더의 행동 법칙

백기복 지음

PRAGMATICS

서울대학교출판문화원

데이지 백(Daisy Baik)에게,

순수한 실용주의자

머리말

생생지락(生生之樂). 이 말은 『조선왕조실록』 888권을 통틀어 단 한 번 나온다(세종 26년 윤 7월 25일). “고단하지만 일상의 삶을 이어 갈 수 있는 즐거움”이라는 뜻이다. 세종대왕은 '위에 있는 사람'의 임무를 백성의 생생지락을 완수하는 것이라고 갈파했다. 이것이 실용주의 리더, 즉 '프래그매틱스(Pragmatics)'의 원천이다.

조선 500년이 성리학의 역사라고 말하는 사람들이 많지만 이것은 환상이다. 실상은 사회 근저의 대다수 백성이 사수했던 '상생형 실용주의' 사상이 오늘날까지 우리의 역사를 이어 왔다. 상생형 실용주의는 한국의 대표 사상이며, 한국 역사를 만들어 온 것은 이 사상을 실천에 옮긴 '실용주의 리더들'이었다.

한국은 세종-류성룡-이순신-정약전 등으로 이어지는 실용주의 리더의 계보를 갖고 있다. 이들이 생생지락을 추구했던 백성의 대표들이다. 오늘날에는 말없이 우리 사회를 떠받치고 있는 각 분야의 수많은 작은 리더들이 실용주의 리더의 계보를 잇는다. 기업,

군, 지자체, 정부 부처, 사회단체, 종교계, 연예계 등 사회의 각처에서 묵묵히 성과를 내는 리더들은 대부분 실용주의 리더들이다.

서애 류성룡은 '실용주의의 거두(巨頭)'였다. 류성룡은 성리학을 배우며 성장했지만, 『징비록』 어디에도 성리학의 흔적은 발견할 수 없다. 임진왜란 7년의 위기 동안, 서애 선생과 이순신 장군이 나라와 백성을 지킬 수 있었던 것은 이들이 철저히 실용주의 사상으로 무장했기 때문이었다.

21세기에 들어 국민의 실용주의 요구는 더욱 거세지고 있지만, 정치권은 아직도 '이념의 자식들'과 '이기적 조커들'이 무대를 장악하고 있다. 이들을 걷어 내고 실용주의 리더들로 무대를 새롭게 채워야 한국에도 밝은 미래가 있다. 우리는 '실용주의' 또는 '실용주의 리더십'을 익숙하고 잘 아는 것처럼 느끼지만, 실제로는 제각각 다르게 해석한다. 이 책에서는 이러한 착시현상을 제거하기 위해 실용주의를 체계적으로 정의하고, 그에 근거하여 실용주의 리더십이 무엇인지를 제시하였다. 리더십 연구 결과와 동서고금 각계의 많은 사례를 들어 이들을 설명하고자 했다.

한편으로, 독자들이 중간에 포기하지 않고 끝까지 읽을 수 있도록 내용을 쉽고 재미있게 구성하려고 노력했다. 이미 널리 알려진 사례들은 다른 각도에서 해석했으며, 지금까지 잘 알려지지 않았던 흥미로운 사례들을 찾아 넣었다. 필자의 개인적 경험들도 들어가 있는데, 내용을 부드럽게 하려는 의도이므로 미리 독자들의 양해를 구한다.

한국의 실용주의는 '상생형'이다. 미국의 실용주의는 개척 역사를 반영하듯 '공격형'이며, 중국의 실용주의는 중화사상에 경도된 '이념형'이다. 이 땅의 백성들은 혼자서 감당할 수 없는 엄청난 환경의 압박과 도전을 이겨 내면서 생존해 왔다. 조선 시대 서민들은 중국과 양반의 핍박을 이겨 내야 했고, 개화기에는 열강의 압박을 견뎌 냈으며, 그리고 오늘날에는 북한의 도전을 머리에 이고 산다. 함께 이겨 내는 '상생 실용'만이 이 도전과 압박을 이길 수 있는 유일한 무기였다. 이들을 대변하는 실용주의 리더들(K-프래그매틱스)이 면면히 공동체가 무너지지 않도록 긴 세월을 떠받쳐 왔다.

오늘날 한국의 영화, 드라마, 음악, 문학, 음식, 그리고 각종 제품이 세계를 점령하고 있다. 이처럼 한국의 'K'가 세계에 널리 퍼지게 된 동력은 'K-프래그매틱스'에 있다고 생각한다. 한국의 번영을 설명할 때 이 사상을 빼놓고는 달리 설명할 방법이 없다. 이제는 외국인들이 한국을 번영케 한 고유한 사상이 무엇이냐고 물었을 때, 자신 있게 '상생형 실용주의'라고 말할 수 있다. 마지막 장에는 K-프래그매틱스를 개인, 조직, 국가 차원에서 어떻게 개발하고 활용할 것인가를 제시했다. 사상을 머릿속에 간직하는 것을 넘어 그를 현장에 실천하는 통찰의 계기가 되었으면 한다.

2024년 가을

백기복

차례

1장

벤저민 프랭클린은 왜 세종대왕을 따라 했을까

서배티컬

서배티컬(sabbatical, 안식년) 제도는 대학교수들에게 큰 매력이다. 이는 근무한 지 7년이 지난 교수가 1년 동안 강의를 하지 않고 연구에만 몰두할 수 있는 제도다. 이때 교수들은 다른 나라의 대학에서 그곳 교수와 관심 있는 주제에 관해 공동연구를 수행할 수 있다.

하지만 실제로는 가족과 함께 해외에 나가서 자식들 교육을 시키거나 긴 휴가처럼 즐거운 시간을 보내다 오는 경우가 많다. 자녀의 외국어 공부를 제대로 시키려면 최소 18개월이 필요하므로, 본인은 먼저 귀국하고 가족들을 한두 학기 더 머물게끔 하기도 한다. 가령 미국에 간다고 했을 때, 1년 만에 들어오면 영어 말하기는 완벽하지 못한 경우가 많기 때문에 한 학기 더 체류하여 영어를 체득하게끔 한다. 물론 1년 끝나고 가족과 함께 들어오는 교수도 있고, 가족들만 남겨 몇 년씩 장기 체류시키는 일도 있다.

서배티컬을 그냥 집에서 보내는 사람도 있지만, 국내외 다른 대학에서 연구하는 경우에는 해당 대학으로부터 허가를 받아야 한다. 특히 외국 대학에 가려면, 비자 신청에 필요한 서류를 받아야 하므로 그 대학에 신청하여 허가받는 수고를 거쳐야 한다. 유수의 대학일수록 신청자가 많아 허가받기가 어렵다. 또한 그 대학의 교수 중에 후원자가 있어야 한다. “나는 연구실도 필요 없고, 강의도 안 맡을 테고 도서관 이용할 수 있는 출입증만 해주면 됩니다”라고 자신을 할인 판매하여 허가를 받기도 하지만, 그 대학 교수들과 똑같이 연구실도 받고 같이 어울리면서 연구하는 것이 제대로 된 서배티컬이다. 상황에 따라 강의를 맡을 수도 있다.

그리고 서배티컬 동안 의무적으로 논문 한 편을 써서 인정받는 저널에 발표해야 한다. 1년 동안 연구에 매진하여 큰 성과를 내는 교수도 있지만, 연구년을 알차게 보내려고 발표할 논문을 미리 써 놓고 가는 교수도 있다. 급여도 대부분 그대로 나오는데, 이사 비용이니 연구비니 해서 급여 외로 더 보태 주는 대학도 있다.

여기까지 읽고 교수들의 서배티컬에 대한 독자의 생각은 어떤지, 아래의 네 가지 중에서 하나를 골라 보자.

첫째, 사회 지도층의 적폐이므로 없애야 한다.
둘째, 서배티컬 제도를 혁파하여 대학 경쟁력을 높여야 한다.
셋째, 이것저것 따져서 문제가 있으면 개선한다.
넷째, 나도 교수가 되고 싶다.

위의 답은 독자가 어느 족(族)에 속하는지를 알아보는 간이 테스트다. 벌에도 여왕벌, 꿀벌, 땅벌, 말벌 등 여러 종족이 있듯이 사람도 몇 가지 종족으로 나눌 수 있다. 즉, ‘이념족’, ‘혁신족’, ‘실용족’,

'조커족'인데, 이를 사족(四族)이라고 한다. 독자의 응답에 따라 다음과 같이 네 종족으로 나눌 수 있다.

> 첫째가 옳다고 응답했다면,
> 내 편 네 편 갈라 치기를 잘하는 '이념의 자식'일 확률이 높고,
> 둘째가 옳다고 생각하는 사람은,
> 미래를 향해 진격하는 '혁신의 전사'일 가능성이 크다.
> 셋째가 맞다고 답했다면,
> 합리성을 중시하는 '실용주의 일꾼'일 테고,
> 넷째가 마음을 지배했다면,
> '이기적 조커'라고 볼 수 있다.

중요한 것은 이 사족이 서로 상극이라는 점이다. 이유는 이들이 각각 완전히 다른 '생각의 틀'(멘털 모델, mental model)을 갖고 있기 때문이다. 이들은 만나 대화를 한다고 해도, 상대를 이해하기는커녕 자기주장만 펴다 끝난다. 대화를 하면 할수록 갈등의 골만 더 깊어진다. 그러나 실용족만은 다른 족의 말이 옳고 합리적이고 효용가치가 있다고 판단하면 받아들인다. 이런 일은 이념족이나 혁신족에게는 결코 일어나지 않는다. 조커족은 항상 자기 이익을 챙기고, 다른 족에 달라붙어 골수를 파먹고 떠나는 족속이다. 자기에게 이익이 되면 불법이나 탈법, 심지어 살인이나 학살도 주저하지 않는다.

도널드 트럼프는 대표적인 이념족 리더다. 그가 혁신족이 되기를 기대하는 것은 칼끝 위에 올라서는 것만큼이나 가능성이 낮은

일이다. 또 다른 이념족인 문재인 대통령이 혁신족 리더 박정희 대통령을 닮을 수 없는 것과 같은 이치다. 애초부터 각자가 가진 생각의 틀이 다르기 때문이다.

역외에 사는 족속도 있다. 아무 생각 없이 사는 사람들이다. 이들을 '무뇌족'이라고 해두자. 돈 많고 할 일 없고 가족이 화목하고 건강하기까지 하면 생각이 왜 필요하겠는가! 이에 더하여 명까지 길면 천국이 따로 없다. 얄미운 조커족도 무뇌족 앞에서는 울고 간다. 천사도 부러워하는 무뇌족은 논의에서 빼도록 한다. X축, Y축의 좌표에서 기울기가 없으니 덧붙일 말이 없기 때문이다.

'사족'이 중요한 이유는 이들의 특성을 알면 여러 가지 문제의 해법을 처방해 줄 수 있기 때문이다. 예를 들어, 윤석열 대통령은 왜 시종일관 지지율이 낮은지, 상사에게 그렇게 잘하는 우리 팀장님은 왜 팀원에게는 따뜻한 말 한마디 못 하는지, 오늘도 광화문 집회에 나간 나의 배우자가 왜 가족에겐 '각자도생'(각자 살아서 돌아오라!)만 강조하는 것인지 등 많은 질문에 사이다 같은 처방을 내려 줄 수 있다. 여기서 좀 무거운 질문에 도전해 보자.

그런데 왜 벤저민 프랭클린은 세종대왕을 따라 했을까?

21세기는 실용족의 시대

한 나라를 이끄는 리더층은 전체 인구의 약 0.1퍼센트 정도다. 한국의 경우, 5,000만 인구의 0.1퍼센트인 약 5만 명 정도가 리더층이다.

미국은 인구가 약 4억 4,000만이니 리더층은 약 44만 명이다. 대통령, 장관, 국회의원, 군 장성, 기업의 CEO와 임원, 대학 총장, NGO 대표 등이 0.1퍼센트의 리더들이다. 북한은 인구가 2,000만 명 정도이니 약 2만 명의 리더가 존재할 것이다.

'0.1퍼센트 리더층'이란 논리는 국가뿐 아니라 회사 조직에도 적용된다. 예컨대, 조직원 20만 명인 LG그룹에 CEO와 임원은 0.1퍼센트인 약 200명이 적정 수준이다. 리더층이 이보다 많으면 국가나 조직이 정치화되고, 적으면 실무 현장의 불만이 커진다.

더 중요한 것은, 이 0.1퍼센트 리더들이 사족 중 어느 족에 속하는가에 따라 나라와 조직과 구성원들의 운명이 바뀐다는 점이다. 중국의 시진핑이 좋은 예가 된다. 실용족이었던 덩샤오핑은 하늘나라에서 혁신족 시진핑을 기다리고 있을 것이다. '흑묘백묘론(黑猫白猫論)'을 외치며 실용주의 일꾼을 자처하던 덩샤오핑은 '중국몽(中國夢)' 같은 거창한 이상향을 내걸고 혁신한다고 나섰다가 역풍을 맞아 나라를 곤경에 빠뜨린 시진핑을 용서하지 못할 것이다. 덩샤오핑이 천국에서 시진핑을 만났을 때 할 법한 말이다.

쯧쯧, 너는 왜 내 고양이를 죽였냐?

태초에 인류는 실용족이었다. 당장 오늘 먹을 식량을 구해야 했고, 추위를 이겨 낼 거처를 마련해야 했다. 맹수를 피할 수 있는 동굴 같은 은신처도 알아 둬야 했으며, 종족 번식을 위한 지혜를 축적하는 일도 소홀히 할 수 없었다. 이 모두가 생존을 위한 활동이었다. 태초부터 인간은 이 본능에 따라 살 수밖에 없는 존재였다. 삶을 영위하기 위한 기본적인 활동, 이것이 실용주의의 DNA다. 이 유전자는 인류가 존재하는 동안 절대 바뀔 수 없다.

사람이 많아지면서 인류는 사회를 구성하게 되었다. 사람이 모이면 갈등이 생기기 마련이다. 예를 들어 보자. 아랫동네가 윗동네를 얕보고 홀대했다. 그러자 윗동네 사람들이 발끈하여 아랫동네로 쳐들어갔다. 아랫동네도 가만히 당하고만 있지 않았다. 싸움이 커졌다. 약탈과 납치와 파괴 그리고 살인까지 발생했다. 둘은 이제 서로를 적으로 여기게 되었다. 각자의 머릿속엔 '우리는 좋은 쪽, 저쪽은 나쁜 쪽'이라는 공식이 새겨졌다. 이렇게 하여 '이념족'이 탄생하게 되었다. 이스라엘과 팔레스타인의 갈등을 보면 이념의 족쇄가 얼마나 끈질긴지를 알 수 있다.

아랫마을과 윗마을은 갈등 속에서 점차 피폐해졌다. 집은 파괴되고 식량은 바닥났다. 양쪽 동네 사람들은 좌절에 빠졌다. 상황이 조금이나마 나아질 희망도 보이지 않았다. 참담한 나날이었다. 바로 이때 아랫마을에 영웅이 등장했다. "우리가 왜 이렇게 살아야 하나요?", "일치단결하면 잘살 수 있습니다", "우리도 할 수 있습니다!" 아랫동네 영웅은 구체적인 방법까지 제시하며 동네 사람들을 동원했다. 사람들은 이제 희망을 품게 되었다. 하지만 그 희망을 이루기 위해 사람들은 많은 것들을 희생해야 했다. 몰아치는 압박을 견뎌야 했고, 그 희망을 위해 목숨을 내놔야 하는 경우도 생겼다. 이렇게 하여 '혁신족'이 탄생하게 되었다.

그렇다면 조커족은 어디에 있냐고? 바위 뒤에 숨어 있지. 뭐하

냐고? 바람의 방향을 읽고 있지. 어디에 붙어야 꼬인 인생을 펼 수 있을지 잔머리를 굴리고 있지. 조커가 하는 말이다.

> 인생은 거친 도박이다! 따든지, 딴 놈의 돈을 빼앗든지, 둘 중 하나밖에 없다. 돈을 딸 줄 모르면, 딴 놈 돈을 빼앗는 기술이라도 있어야 한다.

21세기에는 실용주의로 돌아가야 한다. 오늘날 우리 사회는 당면한 문제를 풀겠다고 나서는 리더도 없고, 풀 줄 아는 선수도 보이지 않는다. 플라톤의 『국가론』에 나오는 것처럼, 동굴 벽에 어른거리는 그림자를 보면서 서로 자기가 옳다고 싸움질만 하고 있다. 동굴 밖 세계는 급변하는데, 우리는 아직도 동굴 속에 갇혀 있다.

정치인들이 큰 문제다. 이들은 녹슨 이념과 근거 없는 환상으로 국민을 기만하고, 사탕발림으로 우리 삶의 기반을 파괴한다. 이념, 혁신, 조커는 살인 안개와 같다. 슬며시 다가와 먹고살기에 바쁜 우리의 오관을 마비시킨다. "적폐 청산, 미래 비전, 국민 위로." 이런 말을 하는 정치인을 믿어선 안 된다. 이들은 국민의 재산과 생명을 갈취하려는 '음심'을 품은 자들이다. 우리가 직면한 문제를 해결하는 데에는 아무런 관심이 없다. 문제를 해결하기 위해서는 실용주의로 돌아가야 한다. 실용주의 리더를 드높여 세워야 한다.

물론 모든 리더가 실용족이 될 수는 없다. 리더층 0.1퍼센트 중에서 실용족이 50퍼센트 정도 되고, 나머지 50퍼센트는 이념족, 혁신족, 조커족이 적절히 분포되는 것이 바람직하다. 실용족이 앞장서고 나머지가 느슨하게 견제하는 구조다. 하지만 오늘날 대한민국은 좌우로 나뉜 이념족이 80퍼센트가 넘고, 실용족은 10퍼센트 미만인 듯하다. 이념족 80퍼센트 안에는 위장한 조커족이 상당수 포함되어 있다. 기업이 그나마 희망적이지만, 최근 들어 기업에도 상층에는 세상 바뀐 줄 모르는 혁신족이 둥지를 틀고 있고, 하층에는 조커족들이 기하급수적으로 늘어나고 있다.

리더층 0.1퍼센트를 '실용족 50퍼센트'로 채우기 위한 각성과 전략이 필요한 시점이다. 안개를 걷어 내고 실용으로 돌아가야 한다.

'리더십 101'

"샌디에이고의 바닷물은 정말 푸르다." 샌디에이고주립대학교 MBA 과정에서 리더십 과목(리더십 101)을 강의할 때 학생들에게 지나가는 말로 한 말이다. 오전 8시 수업이라 졸음도 쫓고 주위도 환기할 겸 한마디 한 것인데, 포르투갈에서 유학 온 마르코라는 학생이 너무 진지하게 엉뚱한 대답을 해서 어이없는 웃음을 자아냈다.

바닷물이 빛의 스펙트럼에서 붉은 파장을 빨리 흡수하기 때문입니다!

마르코는 실용족이었다. 실용주의자는 때때로 엉뚱한 장면을 연출한다. 객관적 사실에만 충실한 나머지 농담도 진담으로 받아들인다. 그가 선거에 나선 정치인이었다면 표를 얻기 힘들 것이다. 멋지게 자신을 포장할 줄도 모르고, 불가능한 일을 '얼마든지 가능하다'라고 허세를 부릴 줄도 모른다. 실용주의 정치인은 이유 없이 돈을 퍼주는 이념족을 싫어한다. 그들이 판단하기에 그것은 옳지 않은 일이기 때문이다. 그러나 유권자들은 항상 옳고 그름만 따지는 실용족이 인간적으로 매력 없다고 느낀다. 이것이 실용족 후보가 선거에 나서면 질 수밖에 없는 이유다.

마르코와 얽힌 또 다른 에피소드가 있다. 그는 자신을 철저히 관리하는 학생이었다. 중간고사가 끝나고 학기 후반부가 시작되는 강의 시간에 학생들에게 리더십 관련 기초 설문지를 주면서 응답해 보라고 했다. 자기가 어떤 리더십 유형인지를 알아보는 것은 재미도 있고 유익한 일이기도 하다. 이번에도 마르코가 불편한 표정으로 손을 들며 못 하겠다고 말했다. 나는 그 이유를 물었다.

나 자신을 설문 결과에 얽매이게 하고 싶지 않습니다.

마르코의 답은 의외였다. 지금까지 수없이 많은 설문지 조사를 해봤지만, 이런 태도를 보이는 학생은 그가 처음이었다. 그의 말에도 일리가 있다. 우리가 MBTI 같은 설문을 통해서 자신의 성격이나 스타일을 알아보지만, 그 결과에 자신을 얽매이게 하는 부작용도 무시할 수 없다. 예컨대, 누군가가 'INTJ(전략가)'라는 결과를 받았다고 해서 항상 전략적으로 행동하는 것은 아닌데, 결과를 알고나면 자기도 모르게 그에 맞춰 행동하게 되기도 한다. 마르코 같은 실용주의자들은 이처럼 자신을 얽매는 이념화를 싫어한다.

나는 마르코에게 너무 심각하게 생각하지 말고 한번 해보는 것이 어떠냐고 다시 권유했다. 자신의 장점과 약점을 알게 되면, 상황에 맞춰 자신을 조정할 수 있어 유익하다는 취지였다. 옆에 앉아 같이 수업을 듣던 그의 여자 친구도 웃음을 참지 못하면서 거들었다. 하지만 그는 막무가내였다. 얼마 후 시간 지체에 동료들의 따가운 시선을 참지 못한 마르코가 결국 수긍하면서 '설문 사건'은 일단락됐다.

샌디에이고의 바닷물은 참으로 푸르다.

학기 말 마지막 시간이 되면 학생들과 친해진다. 마르코를 바라보면서 나는 또다시 '푸른 바닷물' 농담을 던졌다. 학생들 사이에 한바탕 웃음꽃이 피었다. 분위기를 풀어놓은 것은 학생들로부터 수업 내용과 방식에 대한 진솔한 피드백을 받기 위함이었다. 학생들의 피드백은 다음 학기 수업 준비에 매우 유용하다. 미국 학생들은 비교적 솔직하게 피드백을 해준다. 그 학기 학생들의 피드백 중에 매우 중요한 내용이 하나 있었다. 미국 텍사스 출신 마거릿 매튜라는 학생의 피드백이었다.

나는 텍사스에서 나고 자랐습니다. 어릴 때부터 링컨, 케네디, 제퍼슨 같은 사람들의 생애를 귀에 못이 박히도록 들었습니다. 이제 신물이 납니다. 그런데 이번 리더십 과정에서 또 그들의 사례를 들었습니다. 그것도 외국인 교수로부터. 뭔가 좀 참신한 사례들이 있으면 좋겠습니다. 교수님 나라에는 훌륭한 리더들이 없나요? 한국의 훌륭한 리더들을 소개해 주면 좋겠습니다.

이 피드백은 내 마음속에 큰 울림을 줬다. 수업을 듣는 60명 학생 중에 3분의 1이 외국인이었지만, 그래도 미국인이 대다수였다. 그들 입장에서는 싫증이 날 만도 했다. 1997년인 당시는 아직 K-문화가 뜨기 전이었는데도 한국 리더를 소개해 달라는 마거릿의 말은 내게 큰 충격이었다.

시포트 빌리지

시포트 빌리지(Seaport Village)에서 샌디에이고만을 바라보면 천국이 느껴진다. 잔잔한 수면 위로 쏟아지는 햇빛은 몸과 마음을 환상의 세계로 안내하고, 만을 따라 산책로를 걸으면 아기 숨결 같은 바닷바람이 영혼을 위로한다. 생생한 갈매기 울음은 천상의 향기를 초대하기에 족하다.

업스타트 크로우(Upstart Crow)는 이 산책로의 중간쯤에 있는 작은 카페 서점이다. 멕시코풍의 투박한 기와집인데 책은 많지도 않다. 매대에 늘어놓은 기념품들은 만지면 금방 부스러질 것같이 조악하다. 그리고 컵을 다 비우려면 치열함이 필요한 쓰디쓴 커피! 무엇 하나 내세울 것 없었지만, 모든 것이 어울려 완벽한 조화를 이루는 분위기, 그것 때문에 나는 한 달에도 몇 번씩 그 카페 서점을 찾곤 했다. 창가 테이블에 앉아 만을 바라보면 언제나처럼 저 멀리 코로나도섬이 상큼한 미소를 지으며 유혹한다.

마지막 수업을 끝낸 날도 업스타트를 찾았다. 마음을 풀어놓으면 가장 중요한 것만 바닥에 남는다.

교수님 나라에는 훌륭한 리더가 없나요?

경영 기법을 좀 배우기 시작하면 마음이 붕 떠서 외국의 기법, 외국의 사례를 찾게 된다. 꼭 나쁘다고 할 수는 없지만, 우리의 경영 기법은 지나치게 외국 것에 편중되어 있다. 외국 것을 수입하는 데 99퍼센트를 집중하고, 한국 것을 수출하는 데는 1퍼센트의 신경도 안 쓴다. 특히 리더십, 경영 기법, 철학 등은 수입 일변도다. BTS, 블랙핑크 등 K-팝, 영화, 드라마 그리고 K-푸드에 이르기까지 세계적으로 'K-컬처' 전성시대가 도래했지만, 경영 기법에서는 아직도 해외에 소개할 만한 우리만의 것이 없다.

한국 산업이 전반적으로 선진국 수준에 올라섰지만, 아직도 후진성을 면치 못한 산업이 교육·컨설팅 산업이다. 경영자, 컨설턴트, 교수 할 것 없이 모두 외국에서 '뭐 새로 나온 기법 없나?' 기웃거리기에 바쁘다. 자기 생각을 바탕으로 새롭게 창조할 생각을 못 하는 '습관적 외국 의존증'이다.

최근 모 대기업 경영자를 만났다. 미국에 공장을 지었는데 미국 근로자들로부터 거센 항의를 받았다는 것이다. 보통 미국 기업들은 근로자에게 내리는 지침이 분명하다. 목표는 무엇이고, 평가는 어떻게 하고, 성과보수는 얼마나 제공되며, 해야 할 것과 하지 말아야 하는 것은 무엇이다 등이 자세히 적힌 매뉴얼이 제공된다. 근로자들은 매뉴얼대로 실행하면 된다. 그런데 한국 기업이 운영하는 공장에서는 그런 지침이 없다는 것이다. 한국인 공장장이 와서 의견 수렴을 한다며 일대일 면담을 하고 돌아갔다. 그 후 아무런 지침도 변화도 없었다. 근로자들이 불평하자 얼마 후 다시 나타나서는 사람들을 모아 놓고 잘 해보자며 "파이팅!"이라 외치고 또 사라졌다. 나중에 알고 보니 한국에서처럼 호봉제를 시행하자니 설득할 자신이 없고, 미국 기업처럼 직무급으로 하자니 해본 적이 없어 이러지도 저러지도 못하고 정신 교육만 강화하고 있다는 것이었다. 미국 컨설팅 업체에 도움을 요청했더니 어마어마한 비용을 달라고 하고, 영어 잘하는 젊은 직원을 뽑아 보냈더니 일이 힘들다고 한 달 뒤 퇴사해 버렸다고 했다.

이 모든 혼란은 뚜렷한 자기 방식의 경영이 없어서 일어난 일이다. 미국 근로자들의 말이다.

> 이렇게 하든 저렇게 하든, 우리는 따를 준비가 돼 있다. 뭐든 명확히만 해달라. 기대를 많이 했는데 참 이상하다.

교육·컨설팅 산업은 외국계가 시장을 완전히 장악하고 있다. 특히 대기업의 경우 국내 업체는 큰 프로젝트를 수주하기가 어렵다. 글로벌시장에서 경쟁하는 대기업으로서 글로벌 컨설팅 업체를 쓰는 것은 당연한 측면도 있다. 투자자들도 맥킨지나 보스턴컨설팅그룹(BCG) 등 세계적으로 널리 알려진 업체의 보고서를 더 신뢰한다.

하지만 한국 기반의 글로벌 컨설팅 업체가 있다는 것은 선진국의 한 징표다. 세계에 통용될 수 있는 경영 기법을 나름대로 축적했다는 의미이기 때문이다. 미국, 영국, 프랑스, 독일, 네덜란드, 스웨덴, 일본, 호주 등 선진국 중에 자국 기반의 글로벌 교육·컨설팅 업체가 없는 나라가 없다. 교육 이론과 모델을 매번 외국업체에 의존한다는 것은 선진국으로서의 사상적 토양이 아직 덜 다져졌다는 뜻이다.

자체 이론과 모델 부재는 독립적·검증적 사고(critical thinking)를 중시하는 실용주의를 제대로 구현하고 있지 못하다는 뜻이다. 우리가 집단으로 앓고 있는 습관적 외국 의존증은 실용주의로 치유해야 하는 팬데믹이다. 국수주의나 쇄국주의적으로 들릴지 모르지만, 사실 외국인들도 한국에 뭔가 새로운 경영 기법이 있지 않을까 호기심을 갖고 찾으려 하고 있다.

2024년 2월에 독일 베를린에 있는 '창의적 리더십 경영대학원(Graduate School of Creative Leadership)'의 데이비드 슬로컴(David Slocum) 원장이 내게 연락을 해왔다. 4월 초에 이그제큐티브 MBA(Executive MBA)의 사장급 학생 30여 명을 데리고 서울에 오는데 강의를 좀 해달라는 것이었다. 주제는 '한국인의 창의성과 한국형 리더십의 비밀'. 2019년에 동료들과 함께 국제 학술지에 '한국형 리더십' 논문을 발표했는데, 그것을 보고 연락했다고 한다. 강의를 수락하고 나서 줌으로 사전 미팅을 하면서 왜 서울을 선택했는지 물었다. 그의 대답은 간단명료했다.

모든 학생이 한국에 가고 싶어 합니다. 뭔가 새로운 경영 기법을 배울 수 있지 않을까, 기대가 하늘을 찌릅니다.

지금 전 세계는 한국을 신비의 나라로 바라보고 있다. 고도성장과 민주주의를 동시에 이뤘다는 이유 때문만이 아니다. 모든 것이 뚜렷한 자기 색깔을 갖고 있기 때문이다. 우리가 'K'를 붙이는 것들은 남을 흉내 내거나 모방한 것들이 아니다. 오랫동안 어울려 살면서 '우리의 필요에 따라' 창안해 낸 것들이다. 베를린에 위치한 대학이었지만, 그 학생들은 동아시아를 빼고 전 세계에서 모인 이들이었다.

한국 기업들이 세계적으로 주목을 받고 있는데, 내세울 만한 경영 기법이 없다는 것은 비극이다. 이것은 기업가의 탓만은 아니다. 학자들의 책임도 크다. 탁월한 경영 기법이 없는 것이 아니라, 찾으려 하지 않았든가 그에 관한 연구를 소홀히 한 탓이다. 경영학회와 한국인사조직학회에서 'K-매니지먼트' 특집을 책으로 발간한 바 있지만, 글로벌 학계에서 인용될 만한 결과물이라고 볼 수는 없다. 좀 더 날카롭고 독창적인 한국 경영 서적들이 많이 출간되어야 할 것이다.

베를린에서 온 MBA 학생들은 '한국형 리더십'에 환호했다. 한국의 문화적 특성을 설명할 때 가장 질문이 많았다. 한국 문화를 네 가지 키워드로 설명했다.

비교의 나라(Country of Comparison)

치열한 학습의 나라(Country of Persistent Learning)

집단적 동기부여의 나라(Country of Collective Motivation)

스피드의 나라(Country of Speed)

특히 아르헨티나와 브라질 출신 학생들이 무척 부러워했다. 한국이 30년 전에는 자기 나라와 여러 기준으로 수준이 비슷했는데, 이제는 따라갈 수 없는 나라가 되었다는 것이다. 그들은 그 원인을 '부정부패(corruption)'로 돌렸다. 한국에는 부정부패가 거의 없다고 말했더니, 그러면 한국 대통령이 왜 감옥에 가고 탄핵을 당했냐고 반박했다. 정치적 사건이었다고 둘러댔더니 웃으며 넘어갔다.

영국 학생의 질문이 가장 날카로웠다. 위와 같은 문화적 특징을 갖게 된 근본 원인이 무엇이냐는 것이었다. 강사가 잘 모를 때는 답변을 길게 해야 한다. 중언부언하다 보면 맞는 단어가 하나쯤은 걸리게 된다. 이번에도 '기~인 말 전략'을 썼다. 영국 학생은 무언가로부터 큐(cue)를 받았는지 내 말 중간에 끼어들어 자기가 결론을 내버렸다. 그다음 나의 반응은 정해져 있다. "예스, 바로 그거야!"

위험한 선택

그해 업스타트 책방에서 나는 학자로서 매우 위험한 선택을 했다. 세종대왕 리더십 연구를 시작한 것이다. 이 선택이 위험한 이유는 몇 가지가 있다.

첫째, 논문을 발표하기 힘들다. 학계에서는 논문 실적을 가지고 교수를 평가한다. 책은 아무리 많이 써도 점수가 크게 올라가지 않기 때문에 결국 논문이 필요하다. 그것도 세계적으로 인정받는 저널에 논문을 실어야 점수가 높다. 그런데 사회과학에서는 세종대왕처럼 한 사람의 사례만 가지고는 논문을 쓰기 힘들다. 논문을 써서 학회지에 게재해 달라고 보내도 편집장이 실어 주지 않는다. 예를 들어 "세종대왕처럼 독서를 많이 하면 큰 성과를 낸다"라는 것보다 300명을 조사했는데 "독서의 양과 성과가 비례하더라"라고 하는 것이 더 과학적이다. 전자는 표본이 한 명이라서 일반화하기 힘들다. 이것을 '표본이 하나인 문제(n of 1 problem)'라고 한다.

다행스럽게도, 그즈음에 사례 하나를 놓고 논문을 쓰는 연구방법이 개발되었다. 새 기법을 이용해 세종대왕 논문을 몇 편 발표했고, 박태준 포스코 명예회장, 서애 류성룡 선생 등 다른 리더들에 대해서도 같은 방법으로 논문을 써서 발표했다. 하지만 이 또한 결코 쉽지 않았다. 많은 자료를 읽고 일일이 내용분석을 해야 했기 때문이다.

둘째, 분석해야 할 자료가 엄청나다. 『세종실록』을 읽어야 하는데, 재위 32년 동안 매일 기록된 내용을 다 읽어야 한다. 특히 어려운 점은 하나의 사건이 하루에 끝나지 않는다는 것이다. 몇 년을 추적해야 사건의 전모를 알아낼 수 있는 경우가 많다. 예를 들어, 당시 측우기를 발명하는 데 약 8년이 걸렸다. 실록에 간간이 나오는 측우기에 관한 기사를 다 찾아 읽고 꿰맞춰야 전체 스토리를 만들 수 있다. 다행히 실록의 한글 번역이 완성되어 한자를 잘 몰라도 읽는 데는 큰 무리가 없다. 아울러 세종대왕과 관련된 다른 자료들도 읽어야 한다. 역사학자들이 쓴 세종대왕 논문이나 서적도 관점을 이해하기 위해 반드시 읽어야 하는 자료들이다.

지난 25년 동안, 나는 『세종실록』을 수도 없이 읽었다. 실록은 읽을수록 감칠맛이 난다. 처음 접할 때는 내용이 매끄럽지 않아 불편하지만 나중에 좀 익숙해지면 흥미진진해진다. 재위 전후의 이야기도 분석해야 하므로 충녕대군 시절이 담긴 『태종실록』을 읽어야 하고, 1450년 세종 사후의 사건들을 알아야 하므로 문종, 단종 그리고 세조의 실록까지는 섭렵해야 한다. 독서량이 그만큼 늘어나는 것이다.

셋째, 영어로 번역하기 힘들다. 『조선왕조실록』의 영어 번역은 지금 정부 차원에서 진행 중이다. 이것이 완성되면 외국인들도 실록을 접근할 수 있게 되어 한국 고전 연구가 세계인의 관심을 끌 것이다. 아직은 연구자가 실록 내용을 스스로 영어로 번역하고 설명하면서 고군분투해야 한다. 가장 어려운 것은 옛 명칭과 맥락을 영어로 옮기는 일이다. 영어로 세종 논문을 쓰면서 '집현전'을 어떻게 번역할 것인지를 놓고 오랫동안 고민했다. 소리 나는대로 'Jyphyun Jeon'이라고 할 수도 있지만, 이렇게 쓰면 이곳이 무엇을 하는 곳인지 각주를 달아 한참 설명해야 한다. 그래서 'House of Wisdom'(현명한 사람들이 모인 집)이라고 했더니 더 설명할 필요가 없었다.

AI 번역도 생각해 볼 수 있겠지만 AI 번역으로 논문을 써서 제출할 수는 없다. AI가 전문적 맥락을 얼마나 잘 포착해 낼 수 있을지도 알 수 없다. 학술논문은 보고서와는 크게 다르다. 영어를 잘하는 미국인 교수들도 논문을 쓰고 나면, 저널에 제출하기 전에 글 잘 쓰는 사람에게 '편집'을 받아 제출하는 경우가 많다. 세종 논문의 경우는 조선 시대 상황을 이해하기 어렵기 때문에 편집자들이 매우 곤혹스러워한다.

이러한 위험을 무릅쓰고 세종 연구를 시작했다. 아마도 시포트 빌리지의 바다 향기에 너무 취했던 탓인지도 모르겠다.

세종 스타일

우리는 세종대왕을 소비하며 산다. 한국인으로서 자부심을 느끼고 싶을 때, 외국에 멋진 한국의 모습을 보여 주고 싶을 때 세종대왕을 활용한다. 따로 값을 치를 필요도 없이 몇 가지 수식어를 붙이는 노력만 하면 된다. 그는 우리의 가치를 높여 준다. 세종대왕은 우리가 '똑똑한 민족', '희망 있는 후손'이라고 말할 수 있게 해주는 훌륭한 상품이다. 이러한 '리더 소비 현상'은 세계 어느 나라, 어느 시대에나 존재한다. 소비할 만한 훌륭한 리더가 없는 나라는 불행한 나라다.

그런데 최근 '이념의 후손들'이 세종대왕 소비에 시비를 걸고 나섰다. 이영훈 교수는 세종이 추진했던 정책 몇몇을 비판하면서 '세종에 대한 환상을 버려라'라는 식의 주장을 하고 나섰다.[1] 세계적인 출판사들은 책을 출간하기 전에 익명의 평가자들로부터 솔직한 검증(blind review)을 받는다. 논문의 경우는 검증 절차가 훨씬 엄격하고 까다롭다. 이 교수는 책을 내기 전에 검증을 제대로 받았는지 모르겠다. 그의 책은 평소에 가진 본인의 '이념적 환상'을 그대로 옮긴 것이라고 여겨진다. 본인은 '사실'에 입각했다고 하는데, 그의 주장에 대한 반론을 보면 전혀 그렇지 않은 듯하다.[2]

오늘날에 통용되는 '자유'라는 개념으로 수백 년 전의 세종대왕을 비판할 수는 없다. 이는 마치 "세종은 왜 양복을 입지 않았나?"라고 비판하는 것과 같다. 이 교수는 세종대왕을 비판하는 근거로서 노비제, 기생, 사대주의 등을 들고 있는데, 이는 오늘날의 시각으로 과거를 편향되게 바라본 것이라고 본다. 과거의 일은 지금의 시각이 아니라 당시의 눈으로 봐야 한다. 그의 주장대로라면, 미국의 토머스 제퍼슨, 조지 워싱턴, 에이브러햄 링컨도 모두 '환상 속 인물'이라고 해야 한다. 제퍼슨은 평생 600명이 넘는 노예를 소유했고, 워싱턴은 123명의 노예를 거느렸으며, 링컨은 흑인이 백인과 똑같은 권리를 갖는 것을 반대했기 때문이다.

그가 진정 사실에 근거해서 역사를 기술하려 했다면, "환상(illusion)으로 얼룩지고 얼버무려진 역사(歷史)" 운운할 것이 아니라, "이런 정책은 잘못됐다", "이런 것은 이렇게 하는 것이 더 좋았을 것이다", "저런 선택은 부작용이 더 컸던 것 같다" 식으로 진솔하고 겸손하게 표현했어야 한다. '환상'이라는 단어는 전체가 존재하지 않는다는 것을 암시한다. 부분적 근거를 가지고 전체를 색칠하는 것, 이것이 바로 이념족의 대표적 특징이다. 중요한 것은 이념족은 자기 자신이 이념의 노예라는 것을 모른다는 사실이다. 이들에게는 오직 '강화(reinforcement)'와 진격만이 존재한다.

임금이 정책을 추진하다 보면 의도와 달리 실패하기도 한다.

국가를 경영하다 보면, 특정 부류 사람들에게 불이익이 돌아가기도 한다. 몇 가지 사례만으로 '환상'을 깨라고 주장하는 것은 한국사에 대한 오만이고 역사를 읽고 소비하는 사람들에 대한 모독이다. 『세종실록』을 여러 차례 읽다 보니, 수많은 사건과 사고를 처리하는 과정에서 그가 얼마나 치열했고, 아파했으며, 고뇌했는지를 온몸으로 느낄 수 있었다. 이런 생각과 느낌을 모아 2007년에 『대왕세종』이라는 책을 펴냈다. 나는 자신 있게 말할 수 있다.

세종대왕은 '성군'이 맞다.

그 이유는 그가 세계에 유례를 찾아볼 수 없을 만큼 독특한 리더십 스타일을 보여 줬기 때문이다. 가히 '세종 스타일'이라고 할 만하다. 더러운 물이 질척거리는 도랑을 '시궁창'이라고 한다. 힘들고 고단한 현실을 비유적으로 표현하는 말이기도 하다. 이 시궁창이 바로 세종이 당대에 자신의 리더십을 꽃피운 곳이다. 시궁창에 갇혀 하루하루를 힘들게 살아가는 사람들에게는 따뜻한 볕과 시원한 바람조차도 한낱 사치에 불과했다. 그들에게 필요한 것은 하룻밤의 안식과 그날의 삶을 이어 줄 식량이었다. 그들이 원하는 것은 쑤시는 두통을 다스려 줄 한약 한 첩, 끊어질 듯한 허리 통증을 치유해 줄 침 한 방이었다. 그들이 기도하는 것은 먼바다로 고기잡이 나간 아버지의 무사 귀환이고, 올가을 논밭이 가을볕에 황금물결로 너울거리는 것이었다. 세종은 이를 한마디로 요약한다.

밥은 백성의 하늘이다(食爲民天).[3]

세종이 즉위한 1418년엔 수많은 백성이 굶어 죽고 있었다. 병들어 죽는 사람들도 많았다. 재해는 끊이지 않았고, 재산을 가졌던 계층도 점차 무너졌다. 세종은 현실을 직시했다. 그는 자신만을 생각하여 외면하든가, 야릇한 이념으로 고통을 마비시키든가, 더 나은 미래를 위해서 오늘의 고통을 인내하라고 현혹하지 않았다. 시궁창의 악취를 견뎌 내며 백성의 현실적 고통을 자신의 문제로 인식하고 최선의 해결책을 찾는 데 모든 역량을 집중했다. 그렇다면 세종은 어느 족에 속할까?

『농사직설(農事直說)』이란 책을 보자. 여기에 '직접'이란 뜻의 '직(直)'이란 글자가 들어간 것은, 기존에 나와 있는 책을 보고 책상머리에서 쓴 것이 아니라 농사 잘 짓는 사람들에게 직접 물어 쓴 책이라는 뜻이다. 즉, 지방마다 최고의 수확을 올리는 으뜸 농부를 찾아 인터뷰한 내용을 정리한 것이다. 다시 말해, 세종은 각 지방에 알맞은 농사법 자료를 모아 '농사 잘 짓는 법'이란 책으로 만들어 배포함으로써 농업 기술력을 증진시키려 했다.

식량을 충분히 생산하려면 농업 생산성을 올려야 한다. 같은 면적에서 더 많은 소출이 나도록 하는 것이 최선이다. 이를 위해서 세종은 『농사직설』 같은 책을 편찬함은 물론, 우리 실정에 맞는 역법(曆法)을 연구하여 파종과 수확 시기 등 절기를 최적화했고, 측우기를 만들어 시기별·지역별 강수량 통계에 따라 흉년과 풍년을 예측할 수 있게 했다. 그뿐만 아니라 도량형의 규격을 표준화했는데,

특히 곡물의 수량을 재는 말(두: 斗), 되(승: 升)의 크기를 전국적으로 통일함으로써 생산된 곡물이 공정하게 거래되도록 조치했다. 이 외에도 농기구 제작, 종자 실험, 수경재배 시행 등 농업 생산성을 향상시키기 위한 세종의 노력은 치열하게 이뤄졌다. 이처럼 세종은 현실의 문제를 직시하고, 시궁창(현실)에서 직접 필요한 해법을 찾아 문제를 해결하는 데 집중했다. 여기에 이념이나 사상이 끼어들 여지는 없었다.

왕위에 오르면 두 가지 책임을 져야 한다. 하나는 국가를 지키는 책임이고, 다른 하나는 백성을 안전하게 돌보는 책임이다. 어느 국가의 황제나 대통령도 모두 똑같다. 그런데 이 두 가지를 모두 충분하게 이루는 것은 쉬운 일이 아니다. 국가의 이익을 생각하다 보면 백성이 희생하게 되고, 백성을 위하다 보면 나라가 힘들어질 수 있다. 세종은 이 두 가지를 모두 멋지게 이루어 낸 독특한 리더였다. 그는 시궁창의 문제들을 해결하면서 동시에 나라를 반석 위에 올려놓았다. 백성의 희생을 최소화하고 배려하면서 국가를 강하게 만들었다. 이것이 세종 스타일의 본질이다. 백성과 국가 간의 고차원적 균형, 이것이 세종 스타일이다.

국왕은 국토를 지켜야 한다. 세종은 압록강과 두만강으로 이어지는 조선왕조의 국경을 구축했다. 오늘날의 국경은 그때 완성된 것이다. 왜적의 침입을 막기 위해 한강에 배를 띄워 해상 훈련을 감행했고, 총통전(銃筒箭) 등 각종 무기를 제조해 군사력을 높였다. 세종대왕이 문약하여 군사적으로 공격적이지 못했다고 비판하는 사람들이 있는데, 이것은 잘못된 상식이다. 당시 조선의 적은 북방의 여진과 남방의 왜뿐이었다. 여진을 방어하기 위해서 4군 6진을 설치했다. 세종은 국경 방어뿐 아니라 영토 확장을 위해 정벌도 지시했다. 세종 15년(1433년), 최윤덕에게 군사 1만 5,000명을 주어 압록강 너머 지금의 중국 영토인 파저강(婆猪江)을 따라 깊숙이 들어가 여진을 정벌하게 했다. 또 3년 뒤에는 이천에게 제2차 파저강 정벌을 감행하게 했다. 두 정벌 모두 큰 성과를 거두었다. 남쪽의 왜는 여진보다 더 골칫거리였다. 왜인들은 해변 마을에 수시로 나타나 약탈과 살인을 일삼았다. 이 문제를 세종은 더 이상 두고 볼 수 없었다. 1419년, 마침내 이종무를 내세워 대마도 정벌에 나섰다. 이름하여 기해동정(己亥東征)이다.

조선의 어느 왕이 국경을 넘어 다른 나라 영토를 정벌한 적이 있는가? 이를 시도한 것은 세종이 유일했다. 그를 문약하다고 하는 이유는 그가 지식인을 중시했기 때문인 듯하다. 하지만 그것은 '백성의 밥'을 마련하기 위한 수단이었다. 세종은 결코 문(文)을 내세워 무(武)를 소홀히 한 적이 없다.

세종대왕을 연구하려면, 『세종실록』에 나오는 지루하고 어려운 기사를 몇 편이나 읽어야 할까? 어떤 기사는 "흙비가 내렸다"라는 식으로 한 줄로 끝나기도 하지만, 길게 늘어질 때는 여러 쪽인 경우도 많다. 간단히 계산을 해봐도, [32년 × 365일 = 1만1,680일]의 기사가 나온다. 하지만 기사 하나에 여러 가지 사건이 뒤섞여 나오기도 하고, 하루의 기사가 여러 편인 경우가 대부분이므로 실제 주제는 이보다 훨씬 많다. 이러한 11,680일 치의 기사를 모두 정리했다. 주제별로 세 가지 틀로 나눠 기록하고 이를 분석했다. 세종과의 비교를 위해 13년간의 『세조실록』도 함께 정리했다. 리더가 처리하는 일은 동서고금을 막론하고 세 가지다. 반복되는 일, 예상치 않게 발생한 사건, 그리고 스스로 창안한 일 등이다.

'반복되는 일'은 안전 문제와 관련된다. 지하철 운전기사는 운행할 때마다 절차에 따라 출발, 주행, 멈춤을 반복한다. 안전 문제는 규칙적이고 반복적인 절차가 중요하다. 반복의 지루함을 극복하는 것이 과제다. '발생한 사건'은 예상치 않게 발생한 문제를 해결하는 일이다. 잘 대응하지 않으면 골치 아파진다. 지하철 운행 중 어떤 사건이 발생했다는 것은 문제가 생겼다는 뜻이다. 제대로 대응하지 않으면 문제는 더욱 크게 번지게 된다. '창안한 일'이 가장 중요하다. 자기 자신이 계획하고 설계한 일이다. 리더의 큰 성과는 여기서 나오는 경우가 많다. 한 예로, 지하철공사 K 과장이 AI를 이용한 안전운전 시스템 개발을 제안했다. 팀장을 설득하여 승인을 받은 후 실행에 들어갔다. 성공하면 K 과장의 큰 업적이 된다.

이 틀에 따라 『세종실록』 32년과 『세조실록』 13년의 기록을 분석했다. 세종은 32년간 왕좌에 있으면서, '반복되는 일', '발생한 사건', '창안한 일'을 각각 몇 퍼센트씩 처리했을까? 세조는 어땠을까? 세종 스타일은 이 비교에서 뚜렷이 드러나게 될 것이다. 그 결과를 〈표 1〉에 정리했다.

우선 세종의 경우, 32년 동안 기록된 일의 건수가 총 3만 278건인데, 이 중 제일 많았던 것은 '반복적인 일'(1만 6,820건, 55.6퍼센트)이었다. 임금의 의전에 관련된 일을 비롯하여 신하들을 직위에 임명하고, 조회에 참석하고, 상왕이나 대비를 찾아 인사드리고, 경

〈표 1〉 세종과 세조의 '반복적인 일', '발생한 사건', '창안한 일' 유형 구분[4]

구분	세종		세조	
	건수	비율	건수	비율
반복적인 일	16,820	55.6%	6,874	63.8%
발생한 사건	7,461	24.6%	2,786	28.8%
창안한 일	3,996	13.2%	742	3.8%
관련없는 기사	2,001	6.6%	378	3.5%
총계	30,278	100%	10,780	100%

연(임금과 신하의 동반 학습모임)에 참석하여 토론하고, 문서에 결재하는 등의 일이다. 이런 일을 하지 않으면 나라 살림이 엉망이 된다. 그런데 이것만 해서는 역사적으로 좋은 평가를 못 받는다. 이것이 반복적인 일의 특징이다.

또한 '발생한 사건'의 처리 건수는 4분의 1(24.6퍼센트)에 해당하는 것으로 나타났다. 예를 들어, 북방에 여진족 올량합(兀良哈)이 쳐들어오고, 왜놈들이 강화도에 침입해 식량을 약탈해 갔다든가, 도성에 불이 났다든가, 임금이 소갈증(지금의 당뇨병)에 걸렸다든가 하는 등의 사건을 들 수 있다. 이들은 국가를 위태롭게 할 수 있는 일들이므로, 늦지 않게 적절한 방법을 찾아 대응해야 한다.

끝으로 세종이 '창안한 일'은 3,996건, 전체의 13.2퍼센트였다. 32년 동안 약 4만 건의 창의적 아이디어 기사가 『세종실록』에 등장한다. 한글 창제, 측우기와 각종 시계 개발, 서적 편찬, 세제 개편, 집현전 학사 안식년 제도(사가독서) 시행, 아악(雅樂, 궁중음악) 정비 등이 여기에 해당한다. 세종이라면 일상적 일이나 사건적 일보다 '창안한 일'이 가장 많을 것으로 예상했는데, 13.2퍼센트는 생각보다 적다고 생각할 수도 있다. 하지만 하나하나가 굵직굵직한 사업이고 완성하기까지 시간이 오래 걸리는 프로젝트였기 때문에 결코 적다고 볼 수 없다. 1년에 약 125건(3,996건÷32년), 3일에 하나씩 창의적인 일을 일으킨 것이므로 오히려 높은 빈도라고 할 수 있다.

세종의 위치를 더 자세히 알려면, 표의 좌우를 비교해야 한다. 반복적인 일은 '세종 55.6퍼센트 대 세조 63.8퍼센트'다. 쿠데타로 집권한 세조는 일상의 반복적인 일을 통해 조정의 기강을 다지려 한 것으로 보인다. 보고, 결재, 평가, 임명, 정보 수집 등에 세종보다 더 많은 시간을 할애한 것이다. 발생한 사건이 '세종 24.6퍼센트 대 세조 28.8퍼센트'로 세조가 높게 나오는 것도 의미가 있다. 사육신 사건 등 세조에 반기를 든 백성들이 많았다는 사실을 추정해 볼 수 있다.

창안한 일은 '세종 13.2퍼센트 대 세조 3.8퍼센트'로 극적인 대조를 보인다. 이 통계가 가장 중요하다. 세종의 참모습을 보여 주는 것이기 때문이다. 결국 세조는 단종을 폐위시키고 자신이 왕이 된 이후, 기강을 잡고 반발 세력을 억제하기 위해 대부분의 주의(attention) 자원을 소모했음을 알 수 있다. 따라서 세조 집권 시절 기억에 남는 큰 성과가 없는 것은 어쩌면 당연한 일이다. 세종이 즉위하던 해인 1418년 즈음에 태어난 비슷한 또래의 성삼문, 박팽년, 이개, 하위지 등을 처형하면서 세조가 했던 말이 가슴에 남는다.

성삼문 등은 금세의 난신(亂臣)이나 후세의 충신이다.[5]

자기도 알았다는 말이다. 그들이 정의로웠다는 것을!

세종 스타일을 요약하면 이렇다. 시궁창에 서서 백성과 국가의 문제 해결에 진력했으며, 그가 왕으로서 실행했던 업무의 13.2퍼센트는 새로운 아이디어를 구현하는 창의적 프로젝트 수행이었다. 그렇다면 세종대왕은 어느 족에 속할까? 이념족, 혁신족, 실용족 아니면 조커족? 우리는 지금 리더 세종의 족보를 찾아가고 있다.

벤저민 프랭클린은 왜 세종대왕을 따라 했을까

1982년 미국에 유학 갔을 때, 샌프란시스코에서 뉴욕까지 버스를 타고 간 적이 있다. 미 대륙의 서쪽 끝에서 동쪽 끝까지 24시간 달리는 그레이하운드 버스를 탄 것이다. 당시 5박 6일 정도 걸린 것으로 기억하는데, 지금 찾아보니 76시간 25분 소요된다고 한다. 내 기억으로 시카고쯤에서 차에 문제가 생겨 지체됐던 것 같다. 구간별로 운전기사만 바뀔 뿐이었고 버스 뒤편에는 화장실도 있었다. 식사 시간마다 약 30분씩 식당 앞에 멈추면, 사람들은 화장실에 먼저 들렀다. 먹는 것보다 씻는 것이 더 급했기 때문이다. 샤워를 못 하는 것이 가장 힘들었다.

중간쯤에서 자다가 눈을 떠보니 고속도로 양쪽으로 옥수수밭

이 지평선까지 이어졌다. 버스는 미국의 심장, 대평원을 가르며 달렸다. 끝없이 펼쳐진 옥수수밭 평원이었다. 그런 옥수수밭 한가운데 집이 하나 보였는데, 그 뒤로 한참을 달려야 다른 집이 나타났다. 그렇게 멀리 이웃을 두고 살면, 사람들은 고립되어 먼 과거에 묻힌 채 살아가게 된다. 당시는 일본 자동차가 유행처럼 물밀듯이 미국으로 수입되던 때였다. 하지만 대평원의 사람들 대부분은 미국산 포드나 GM을 탔다. 집에는 아마도 긴 장총을 몇 자루씩 갖고 있었을 것이다. 그리고 저녁엔 발등처럼 두껍고 카우보이모자만큼 넓적한 스테이크를 즐겨 먹었을 것이다. 이들이 바로 '이념족' 트럼프의 골수 지지자들이다.

나는 '실용족'이었다. 내가 버스를 탄 것은 비행기를 타기에는 돈이 모자랐기 때문이다. 다른 이유는 없었다. 만약 자금이 충분했다면, 시간비용을 줄이기 위해서라도 비행기를 탔을 것이다. 거리가 4,670킬로미터인 샌프란시스코에서 뉴욕까지 가는 가장 싼 방법이 그레이하운드 버스였다. 티켓값이 100달러였는데, 30일간 유효한 티켓이어서 중간에 내려 도시 구경을 하고 다시 타고 갈 수도 있었다. 내 옆 좌석의 승객은 계속 바뀌었다.

솔트레이크시티에서 영국인 대학생이 옆자리에 탔는데, '혁신족'이었다. 자기 자신을 단련시키고 고된 경험을 하려고 일부러 버스 여행을 한다는 것이었다. 이 고생이 미래에 더 나은 자기를 만들어 줄 것이라고 믿었다. 열의와 열정이 대단했고, 자신을 계속 채찍질하는 스타일이었다. 이 학생 같은 사람이 성장해서 회사를 맡게 된다면, 1980년대에서 1990년대까지 제너럴일렉트릭의 혁신을 이끌었던 잭 웰치나 포드를 살려 낸 리 아이아코카(Lee Iaccoca) 같은 '혁신의 리더'가 될 것이다. 또는 마거릿 대처 영국 총리나 테슬라의 일론 머스크 같은 혁신가의 길을 걸어갈 것이다.

디 모인(Des Moines)이라는 낯선 이름의 도시에서는 '이념족'인 백인 할머니를 만났다. 우연히 아침 식사를 같이했는데, 자신을 백만장자라고 소개하면서 사람들이 이동하는 데 왜 비싼 값을 치르는지 모르겠다고 말했다. 자기는 돈이 아무리 많아도 신념을 저버리지는 않는다며, 처음 만난 내게 충고를 아끼지 않았다. 할머니는 돈을 헤프게 쓰는 사람을 적대시했다.

이탈리아의 바이올리니스트 니콜로 파가니니(Niccolò Paganini)는 당대 최고의 바이올린 연주자였을 뿐 아니라 현대 바이올린 연주 기교의 신기원을 이룩한 인물이다. 가는 곳마다 팬덤을 끌고 다녀 '클래식 음악계 최초의 대중스타'라는 평가를 받았다. 광적인 팬들은 그를 초월적 존재로까지 인식하며 집착했다. 팬덤은 '이념화'의 대표적 사례다. 그때나 지금이나.

그리고 뉴욕 가까이에 갔을 때, 나보다 네다섯 살 많아 보이는 인도계 승객이 옆자리를 차지했다. 상냥하고 유머가 넘쳤다. 내가 샌프란시스코에서 뉴욕까지 이동 중인 한국인 유학생이라는 사실을 안 그는, 자기도 나 같은 여행을 했었다며 친근하게 말을 걸어왔다. 그러고는 애틀랜틱시티에 같이 가지 않겠느냐며 유혹했다. 그곳은 라스베이거스 같은 도박의 도시였고, 큰 돈을 벌 수 있다고 말했다. 그는 분명 '조커족'이었다. 이 긴 버스 여행에서 나는 사족을 모두 만날 수 있었다. 사족은 우리 주변 어디에서나 만날 수 있다.

2002년 한일월드컵은 우리 국민을 온통 혁신족으로 만들었다. 매 게임 승리할 때마다 사람들은 승리의 기쁨과 기대 찬 희망으로 하나가 되었다. 4강에 오르자 한국 축구가 세계 톱 10에 드는 것도 시간문제라는 자신감을 갖는 사람들도 있었다. 혁신족은 이처럼 대포를 잘 쏜다. 그에 비해 이념족은 잠수함처럼 은밀히 사회 속에 침투하고, 실용족은 소총과 수류탄으로 백병전을 치르는 존재다. 조커족은 날지도 못하는 비행기를 보여 주며 날 수 있다고 현혹하는 존재다. 2002년 월드컵은 우리에게 혁신족의 참맛을 경험하게 했다.

월드컵이 끝날 즈음, 나는 벤저민 프랭클린(Benjamin Franklin, 1706~1790)을 만났다. 미국 오클라호마대학의 산업심리학자 마이클 멈퍼드(Michael D. Mumford) 교수가 쓴 논문을 통해서였다.[6] 벤저민 프랭클린의 리더십을 다룬 논문이었는데, 그 내용이 내게는 너무나도 충격적이었다.

벤저민 프랭클린은 대단한 인물이다. 팔십 인생을 어떻게 저렇게 치열하게 살 수 있었는지 존경의 마음이 절로 든다. 저술가, 과학자, 발명가, 정치가, 외교관, 인쇄업자, 출판가, 정치철학자 등 하나도 제대로 하기 힘든 역할을 동시에 해냈다는 것, 그것도 아주 우수하게 해냈다는 것이 경탄스럽다. 무엇보다도 그는 미국 독립선언서와 미국 헌법 모두에 서명한 유일한 인물이다. 그는 인생을 사는 방법도 돋보였다. 보스턴에서 태어나 겨우 열 살 때까지밖에 교육을 받지 못했지만, 꾸준한 독서로써 자기 계발을 이어 나갔다. 또한 다양한 경험과 자기 성찰을 통해 인생을 사는 지혜를 다듬어 갔다. 그는 비록 미국 대통령은 되지 못했지만, 그의 초상화는 미국 대통령 집무실인 '오벌 오피스(Oval Office)' 벽에 걸려 있다.

멈퍼드 교수의 논문은 벤저민 프랭클린이 어떤 리더였는지를, 그가 필라델피아 행정관으로 재직할 때 있었던 사례 열 가지를 분석하여 밝힌 논문이다. 나를 놀라게 한 것은 바로 이 열 가지의 사례들이다. 다른 사람들에게는 그다지 특별한 논문이 아닐 수도 있지만, 내가 천착하고 있던 연구와 아주 밀접히 연관되었기 때문에 놀랄 수밖에 없었다. 벤저민의 열 가지 사례는 세종대왕과 너무나 닮아 있었다.

벤저민과 세종의 유사점을 발견하게 된 것은 너무나 큰 수확이었다. 벤저민이 1750년을 전후해서 많은 성과를 냈고, 세종대왕은 1450년에 별세했으니, 적어도 300년 이상의 시차가 있다. 공간적으로도 서양과 동양이었다. 이 시간과 공간의 차이에도 불구하고 어떻게 두 리더는 그처럼 유사한 행동을 할 수 있었을까? 이 질문이 오랫동안 뇌리에서 사라지지 않았다. 다시 생각해 보면, 세종이 벤저민보다 먼저 이뤄 냈기에 질문을 아래처럼 바꿔야 할 것이다. "벤저민 프랭클린은 왜 세종대왕을 따라 했을까?"

질문에 답하기 전에 우선, 벤저민이 무엇을 따라 했는지부터 정리하는 것이 순서일 것이다. 벤저민이 세종대왕을 따라 한 것 일곱 가지를 뽑아 비교하였다.

따라 하기 ①: 싱크 탱크를 활용했다

세종대왕은 '집현전'을 만들어 학사들로부터 많은 아이디어를 얻었고, 벤저민 프랭클린은 다양한 전문가로 구성된 '준토(Junto)'라는 조직을 만들어 긴밀히 소통했다. 집현전과 준토는 비슷한 기능을 했다. 마치 벤저민이 세종대왕을 롤모델로 삼고 따라 한 것처럼 느껴진다.

싱크 탱크에 동원된 인원 수도 각각 30명 정도로 비슷했고 모두 엘리트들이었다. 집현전 학사는 과거시험 1~3위 중에서 뽑힌 인재들이었으며, 준토의 구성원들도 각계의 기술자들을 비롯하여 수학자, 천문학자, 발명가, 사업가 등 다양했다. 두 집단은 연구, 토론, 프로젝트 수행 등 기능적인 면에서도 공통점을 가지고 있다. 하지만 집현전이 공식적 기구였던 반면, 준토는 벤저민이 21세 때인 1727년에 설립한 비공식적인 조직이었다. 준토는 벤저민이 필라델피아에서 활동했던 1726년부터 1757년 사이에 그에게 많은 영향을 미친다. 집현전에서 다루는 주제는 제한이 없었지만, 준토에서 다루는 주제는 '도덕, 정치, 자연철학' 등으로 제한되어 있었다. 집현전은 세조 2년 1456년에 사육신 사건을 빌미로 폐지되었고, 준토는 1743년 '미국철학협회(American Philosophical Society)'라는 공식조직으로 발전한다.

여기서 중요한 것은 세종과 벤저민이 왜 이런 싱크 탱크를 필요로 했는가다. 이유는 간단하다. 그들이 '현실 문제 해결'에 집중했기 때문이다. 문제를 직시하여 그 성격을 정의하고, 가능한 해법들을 개발하여 강점과 약점을 분석하며, 최종 해법을 선택하는 과정에 싱크 탱크의 아이디어와 조언, 참여가 필요했기 때문이다. 집현전이나 준토와 같은 싱크 탱크는 오늘날 정치권이나 기업경영에도 큰 도움이 될 것이다. 다양한 전문가들과 자유롭게 토론할 기회가

'준토'를 만든 벤저민 프랭클린과 집현전 학사들. 현실의 문제를 해결하기 위해 전문가 집단의 아이디어와 조언, 참여가 필요했다.

마련되기 때문에 우리 사회의 최고 리더부터 시도하면 좋을 것이다. 이런 모임을 통해 리더들은 현실을 정확히 인식하게 되고, 현장에서 바로 쓸 수 있는 효과적 대안도 도출할 수 있다.

대통령이 되겠다고 마음먹은 정치인들이 해야 할 일은 바로 이런 것이다. 공부한답시고 해외 나가서 시간을 보낸다든가, 산이나 시골 마을에 은둔해 책이나 읽는 것은 별로 효과가 없다. 나라와 국민의 문제를 '직시(confront)'하고, 전문가들과 어울려 밤새우면서 해법을 찾는 모습을 보이는 것이 훨씬 진실성 있게 느껴진다. 진실한 리더는 '시궁창'에서 해법을 찾는다. 유권자들은 무턱대고 대통령이 되겠다고 나서는 조커족에게 표를 주지 않는다. 문제를 해결하겠다는 집념을 보이면, 대통령도 부족하다고 느끼는 것이 표 가진 사람들의 심리다. 문제를 해결하려면 현장에서 고통을 느끼는 사람들과 같은 강도로 문제를 인식하고, 그것을 나의 문제로 받아들여야 한다. 다시 말해, 문제를 직시해야 한다.

전쟁을 책임진 지휘관은 전투 현장을 정확히 알아야 실효성 있는 작전을 펼 수 있다. 전투가 벌어지는 곳의 지형, 날씨, 바람 등은 물론 적군과 아군의 장단점을 정확하게 꿰뚫어야 한다. 이런 정보는 리더 개인의 상상만으로 파악할 수 있는 것이 아니다. 전장에 나가 싸우는 장수와 병사들, 그 지역에 오래 살았던 촌부, 날씨를 예측해 낼 수 있는 기상 전문가 등이 함께 어우러져 실시간 정보를 나누면서 아이디어를 짜내야 한다.

이순신 장군이 어떻게 23전 23승을 거둘 수 있었을까? 많은 사람이 그의 탁월한 지략을 승리의 원인으로 들지만, 그 이전에 그가 장수, 군사, 지역 주민 등 수많은 사람과 대화하고 토론하면서 '현장 정보'를 완벽하게 파악하고 있었다는 사실을 잊지 말아야 한다. 이순신 장군의 승전은 운이 좋아 거둔 성과가 아니다. 서애 류성룡 선생은 『징비록』에서 그 근거를 제시하고 있다.

> 순신이 한산도에 있을 때 운주당(運籌堂)이라는 집을 짓고, 밤낮으로 그 안에 거처하면서 여러 장수와 전쟁에 관한 일을 함께 의논하였는데, 비록 지위가 낮은 군졸일지라도, 전쟁에 관한 일을 말하고자 하는 사람에게는 찾아와서 말하게 함으로써 군중(軍中)의 사정을 통달하였으며, 매양 전쟁할 때마다 부하 장수들을 모두 불러서 계책을 묻고, 전략을 세운 후에 나가서 싸웠기 때문에 패전하는 일이 없었다.[7]

따라 하기 ②: 화폐를 발행했다

그들은 화폐를 발행했다.[8] 세종 초기에는 태종 때 제정한 법에 따라 '저화(楮貨)'라는 종이돈을 쓰고 있었다. 하지만 종이 질이 좋지 않아 소실이 심하고 실물거래를 선호하는 백성들의 기호에 맞지 않아, 세종 7년 1425년에 저화 사용을 폐지한다. 대신 '조선통보(朝鮮通寶)'라는 동전을 발행하여 전용하도록 하였다.

지금은 화폐 사용이 당연시되지만, 당시 백성들은 실물이 오가야 거래가 된다고 믿었다. 전통적으로 베[布]를 교환수단으로 하는 포화(布貨) 사용의 습관을 버리지 못했다. 부산에서 서울을 한번 오가려면 베를 한 짐씩 지고 가야 했다. 점심 먹으면 두 자, 하룻밤 자는 데 다섯 자 하는 식으로 베를 잘라 값을 치렀다. 얼마나 불편했을까마는 당시 백성들은 이 실물교환 방식에 익숙하여 사용하기 편리한 저화를 받아들이지 않았다.

그렇다면 동전은 제대로 통용됐을까? 그렇지 않다. 더욱 심각한 문제가 발생했다. 백성들이 동전을 녹여 놋그릇, 놋수저를 만들어 쓰는 것이었다. 돈은 시장에서 돌고 돌아야 하는데 동전이 자꾸 사라지니 계속 찍어 낼 수밖에 없었다. 구리를 중국에서 수입해야 하는 상황이라 발행 비용이 하늘 높은 줄 모르고 치솟았다. 사태가 이 지경에 이르자, 세종은 강공으로 나갔다. 동전을 녹여 그릇 만드는 자를 당장 잡아들이라고 호령한 것이다. 옥(獄)에는 동전을 녹여 그릇을 만든 죄인들로 금세 가득 찼다. 이에 불만을 품은 자가 있었다. 아버지가 '동전 녹여 그릇 만든 죄'로 옥에 갇히자, 그 아들이 한양 일대에 방화를 저지른 것이다. 경복궁도 위험해질 정도의 큰 화재가 일어났다. 오늘날 경복궁 주변에 기와집 마을이 형성된 것은 그때 대화재를 수습하는 과정에서 세종이 화재를 대비하여 기와집으로 바꾸라고 지시한 데 기인한다.

세종은 1445년에 저화를 다시 사용하도록 지시했고, 그리하여 동전과 저화를 동시에 사용하게 되었다. 하지만 저화는 성종 때 슬그머니 시장에서 사라지더니 중종 때가 되어 그 이름조차 기억하는 사람이 없게 되었다. 세종이 초기에 얼마나 저화 사용을 밀고 나갔는지 아래의 『세종실록』 기사를 보면 알 수 있다.

> 임금이 지신사 김익정에게 이르기를, "저화를 사용하지 아니하고 다른 잡화를 가지고 매매하는 자를 잡아서 보고하면, 그를 상 주기로 한 법을 이미 제정하였는데, 이를 실시하고 있는지 그 여부를 형조에 물어서 보고하라" 하였다.[9]

벤저민 프랭클린도 종이돈을 발행했다. 1729년 종이돈의 필요성을 강조하는 팸플릿을 발행한 뒤, 조심스럽게 종이돈을 발행해 나갔다. 최근 미국 노터데임대학교의 연구에 따르면, 그는 자신이 운영하던 인쇄소 네트워크를 활용하여 평생에 걸쳐 종이돈 250만 장을 발행했다고 한다. 벤저민은 당시 영국의 식민지였던 미국이 정치적으로 독립하기 위해 가장 필요한 것이 '재정적 독립'이라고 믿었다. 영국에서 식민지 미국으로 들여오는 은화나 금화는 외국으로부터 수입해 오는 공산품 값을 치르느라 남아나질 않았다. 그러다 보니 미국은 경제를 부흥시키는 데 필요한 자금 공급이 부족할

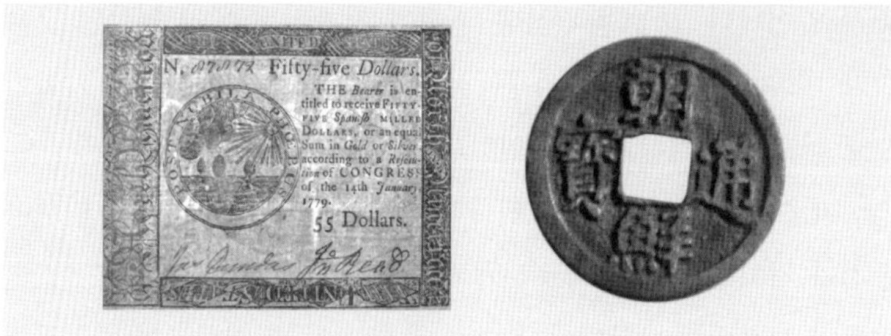

55달러 지폐와 조선통보 동전. 세종과 벤저민은 공공에 득이 되고 실용적이라면 끈질기게 추진해 나갔다.

수밖에 없었다.[10]

다시 말해서, 벤저민 프랭클린의 종이돈 발행은 일종의 독립운동이었다. 1789년 '미합중국 헌법'을 발효하기 전까지 미국 내 13개 주(州)는 각각 독립된 영국의 식민지였다. 재정 독립은 이들이 직면한 공통된 문제였다. 은화와 금화의 독립적 발행을 영국이 금지했기 때문에 나름대로 재정 확보를 위한 정책을 추진해야 했다. 그 선봉에 선 사람이 바로 벤저민 프랭클린이었다. 그의 주도로 펜실베이니아주가 처음으로 종이돈을 발행했다. 그러자 다른 주들도 뒤를 따랐다. 당시 식민지 종이돈 발행에 다양한 측면에서 그렇게 오랫동안 헌신한 사람은 벤저민 프랭클린 말고는 아무도 없었다고 전해진다.[11]

종이돈 발행에서 가장 중요한 것은 위조지폐 발행을 막는 것이다. 벤저민은 이에 대해 물리학 지식을 총동원하여 대응했다. 위조지폐를 막는 기술의 핵심은 잉크와 종이였다. 그는 위조지폐 범인들이 모방할 수 없는 잉크를 개발했다. 또한 특수종이를 사용함으로써 상당 기간 위조범들을 따돌릴 수 있었다. 당시 55달러 종이돈 가장자리에 그려진 잎새는 위조를 방지하기 위한 장치로 1779년 벤저민 프랭클린이 직접 그린 것이다.

따라 하기 ③: 환자를 구제했다

세종과 벤저민은 체계적으로 환자를 구제했다. 부자는 아플 때 용하다는 의원 찾아가서 값을 치르고 치료받을 수 있지만, 돈 없는 가난한 백성은 의원에게 진맥을 봐달라고 손목 한번 내밀 수 있는 여유가 없었다. 비위생적 환경과 굶주림으로 역병이 창궐하여 수많은 백성이 죽어 갈 때도, 그들은 약 한번 제대로 쓰지 못하는 경우가 많았다.

세종은 이 상황을 피하지 않고 직시했다. 동·서활인원, 제생원, 혜민원 등 의료기관을 총동원하여 병들고 굶주린 사회적 약자를 구제하는 데 집중했다. 세종은 항상 정확한 통계로 상황을 판단하고 해법을 찾는 스타일이었다. 아래의 실록 기사가 이를 말해 준다.

> 각도의 감사(監司)와 개성부(開城府)의 유수(留守)에게 유시하기를, "근년 이래로 돌림병이 대단히 성하여서, 1년 동안 사망한 것과 구제된 수효를 상고해 보면, 서울 활인원(活人院)에서는 살아난 사람이 10에 8이나 9가 되는데, 외방에서는 한 도(道)에서만도 사망한 자가 거의 4,000명이나 되니, 어찌하여 서울과 외방이 이같이 서로 다른가. 그 까닭을 캐어 보면 활인원에서는 마음을 다하여 약이나 음식을 알맞게 하여 주기 때문에 살아나는 자가 많고, 외방에서는 구휼(救恤)

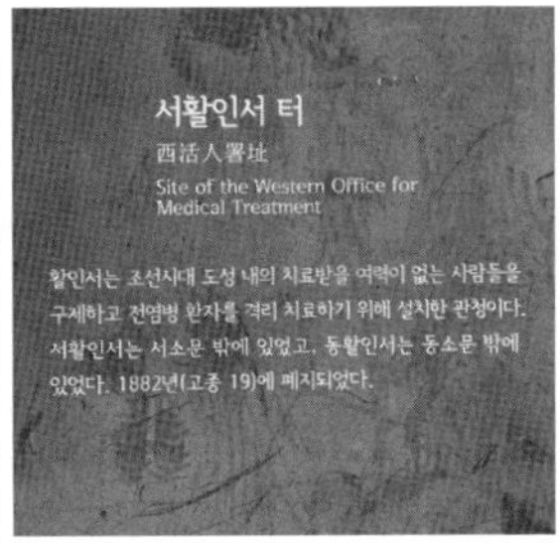

필라델피아 병원과 서민 의료기관 서활인서. 세종과 벤저민은 굶주림과 아픔 등 서민의 절실한 요구를 해결하고자 했다.

> 할 수가 없어서 드디어 어린애들까지 제명대로 살지 못하고 죽는 것이 이같이 많은 것이니, 말하기에도 가슴 아픈 일이다. 각도에 돌림병 구휼하는 법이 『원육전(元六典)』·『속육전(續六典)』에 실려 있어 자세하고 완비하여 남음이 없는데, 다만 관리가 잘 살리지 못했을 뿐이니, 경(卿)들은 나의 간절하고 측은한 뜻을 본받아서 일체로 기성된 법에 따라 구휼하는 데에 마음을 다하여서 우리 백성으로 하여금 어질고 장수하는 나라를 이루도록 하라" 하였다.[12]

벤저민 프랭클린도 약자 구제에 힘썼다. 그는 토머스 본드(Thomas Bond) 박사와 함께 미국 최초로 필라델피아 병원을 세워 가난하고 병든 자들을 구제했다. 병원 설립의 목적을 아래와 같이 적고 있다.

> 가난하고 병들고, 필라델피아 거리를 떠돌아다니는 정신병자들을 보살피기 위해서(to care for the sick, poor and insane who were wandering

the streets of Philadelphia).

당시 필라델피아는 미국에서 가장 빠르게 성장하는 도시였다. 1776년 이 도시의 주민은 약 4만 명이었는데, 영어를 사용하는 대영제국의 식민지 중 두 번째로 컸다. 성장의 배경은 이민자였다. 유럽으로부터 대량의 이민자들이 필라델피아로 쏟아져 들어오고 있었다. 이 이민자 중에는 늙고 가난하고 병든 사람들이 많았다. 당시 미국 식민도시 대부분은 유럽보다 건강지수가 훨씬 높았다. 하지만 필라델피아는 "온갖 병들의 용광로(a melting pot of diseases)"라고 불릴 정도로 병든 사람들이 많았다.[13]

유럽에서 온 이민자들, 아프리카에서 끌려온 사람들, 그리고 인디언들이 서로 뒤섞여 각종 병균을 주거니 받거니 하는 험한 도시가 되어 있었다. 정신병으로 고통받는 사람들도 많았다. 이들을 구제하기 위해 벤저민 프랭클린과 의사 토머스 본드가 나섰다. 각고의 노력 끝에 1751년 5월 11일 필라델피아 의회에서 병원 관련 법을 통과시키고, 5년 뒤인 1756년에 일반인을 위한 필라델피아 종합병원이 첫 환자를 받게 된다. 세종과 벤저민은 똑같이 백성의 절실한 요구를 해결하려고 노력했다. 결과적으로는 벤저민이 세종을 따라 한 격이었다.

따라 하기 ④: 글자를 만들었다

세종대왕이 한글을 만든 것은 모두가 아는 사실이지만, 벤저민 프랭클린이 영어 알파벳 여섯 자를 만들었다는 사실을 아는 사람은 드물 것이다. 그는 영어 알파벳에서 c, j, q, w, x, y를 없애고, 새로운 여섯 글자를 첨가하였다. 물론 오늘날에 쓰이지는 않는다.

AI에게 인류 최고의 발명품이 무엇이냐고 물으면 답을 명쾌하게 알려 준다. 바로 언어다. 언어는 말과 글을 포함한다. 말과 글이 최고의 발명품이라는 것은, 그것이 우리가 살아가는 데 최고의 필수품이라는 의미다. 언어는 사람과 사람을 이어 주고, 우리가 보고 듣고 느끼는 모든 대상에 의미를 부여한다. 무엇보다도 사람 간 의사소통의 속도를 높인다. 사회생활의 편리성과 효율성은 바로 이 언어에서 나온다. 공동체에 독립적 정체성을 부여하는 것도 언어다. 언어는 곧 문명이다.

언어의 편리성과 효율성은 말과 글이 일치할 때 얻어진다. 『훈민정음』 첫 문장에, "나라의 말이 중국과 달라, 문자로 서로 통하지 아니하여서, 이런 까닭으로 어리석은 백성이 말하고자 하는 바가 있어도 마침내 제 뜻을 능히 펴지 못하는 사람이 많다"라고 표현한 것은 정곡을 찌르는 표현이다. 『조선왕조실록』을 만드는 데 기초가 되는 사초(史草)를 적어 낸 사관(史官)은 참으로 대단한 능력자였다. 임금과 신하가 우리말로 대화를 하면, 사관은 그것을 머릿속에서 번역하여 한자로 받아 적어야 했다. 가령 선생님의 한국말 강의를 영어로 받아 적어야 하는 상황을 상상해 보자. 자칫하면 앞에서 한 말을 놓칠 수도 있다. 영어에 숙달된 사람이라고 하더라도 쉽지 않은 일이다. 동시통역사와 같은 역할을 해야 한다. 이렇게 보면 사관은 우리나라 최초의 동시통역사라고 해도 과언이 아니다.

한글의 장점은 하나의 소리를 하나의 글자로 표현한다는 것이다. 소리와 글자가 명확히 일치한다. ㄱ은 반드시 '그'로 발음되고, '흐'로 발음되는 예는 없다. 하지만 영어 알파벳의 X는 [k]와 [s] 두 가지 발음을 함께 갖는다. J와 G가 같은 발음이 되는 경우가 많고, Q와 K도 헷갈린다. I와 Y가 혼란스러운 것도 마찬가지다. 하지만 한글에는 이런 혼란이 없다.

새롭게 만든 6개의 영어 알파벳과 한글 히읗. 대중의 편의성과 효율성을 위해 새로운 언어를 개발했다.

1768년 벤저민 프랭클린은 새로운 영어 알파벳 체계를 발표했다. 영국과 다른 언어를 쓰겠다는 독립 정신 때문이라기보다는, 편리성과 효율성을 추구하려 했던 것이 근본적인 이유라고 본다. 이것은 그가 알파벳 개정을 발표하면서 내세운 원칙을 보면 알 수 있다.

한 소리, 한 글자의 원칙(the principle of one symbol per sound)

앞서 말했듯이, 영어 알파벳에는 여러 소리가 나는 글자들이 있다. 벤저민은 이렇게 발음이 하나가 아니면 의사소통에 혼란을 가져온다고 판단했고, 그러한 여섯 개의 알파벳을 제거하고자 했다. "한 소리, 한 글자 원칙"에 어긋나기 때문이다. 벤저민은 세종대왕처럼, 편의성과 효율성을 최고의 기준으로 삼았다. 본의 아니게 세종을 따라 한 것이다. 하지만 세종이 만든 한글은 오늘날 국민 모두가 사용하는 언어가 된 것과 달리, 벤저민이 만든 알파벳은 현재는 물론 당시에도 받아들여지지 않았다.

따라 하기 ⑤ | 소방서를 세웠다

세종 8년 1426년 2월 26일, 세종은 금화도감(禁火都監)을 세운다. 당시에는 화재가 자주 발생했다. 한양에는 초가집이 대부분이었기에 건조한 계절이 되면 작은 불씨만으로도 화재가 발생하기 일쑤였다. 나지막한 초가집에 누군가 불을 지르겠다고 마음만 먹으면 누구나 쉽게 감행할 수 있는 환경이었다.

어릴 적 시골에 살 때, 초가집에 난 불을 본 적이 있다. 흙벽과 나무 골격, 그 위에 얹은 마른 풀이나 볏짚이 가뭄이 들어 바짝 마른 상황이었다. 바람이 부는 어느 날, 누군가 담배꽁초를 잘못 던져 초가집에 불이 붙었다. 초가지붕 한 귀퉁이에서 시작한 불은 한 시간이 안 되어 집 한 채를 홀랑 태워 버렸다. 하늘 높이 치솟는 불기둥은 무자비한 마귀의 난장처럼 공포를 자아냈다. 영락없이 화마(火魔) 그 자체였다. 곱게 타는 화마는 없다. 회오리바람처럼 휘감아 차올라 순식간에 모든 것을 삼켜 버린다.

금화도감이 세워지기 열흘 전인 2월 15일, 한양은 화마에 휩싸였다. 마침 세종은 한양에 없었다. 이른바 '한양 대화재 사건'이었다.

> 이날 점심때에 서북풍이 크게 불어, 한성부의 남쪽에 사는 인순부의 종[奴] 장룡(長龍)의 집에서 먼저 불이 일어나 경시서(京市署) 및 북쪽의 행랑 116간과 중부(中部)의 인가 1,630호와 남부의 350호와 동부의 190호가 연소하였고, 인명의 피해는 남자 9명, 여자가 23명인데,

어린아이와 늙고 병든 사람으로서, 타 죽어 재로 화해 버린 사람은 그 수에 포함되지 않았다.[14]

불은 2월 16일 다음 날까지 이어졌다. 대신과 백관이 힘을 다해 불을 꺼서 종루(鍾樓)까지 화마가 번지는 것을 간신히 막았다. 화마가 덮치자 화재가 번지지 않은 집에는 불을 피해 집을 비운 틈을 타 도둑이 성행했다. 결국 군대까지 동원하여 도둑을 잡아들였다.

세종의 진가는 화마가 잡힌 후에 나타났다. 재발 방지를 위해서 무엇을 해야 할 것인가? 지금 같으면, 장관 여럿의 목이 날아가고 불조심 캠페인을 벌이고 순찰을 강화하는 등 야단법석을 떨다가 얼마 지나지 않아 잠잠해졌을 것이다. 하지만 세종은 조용히 이를 분석했다. 그리고 그 원인을 몇 가지로 요약했다.

'불이 쉽게 나는 것은 집이 초가집이기 때문이므로 기와집으로 바꾸는 것이 옳다.' 결국 정부가 기와를 찍어 나눠 주면서 불에 탄 집들을 모두 기와집으로 바꾸도록 조치했다. 또한 '길목이 너무 좁아 불이 났을 때 물을 실은 마차가 들어갈 수가 없는 곳이 많다.' 이에 따라 골목길 폭을 두 마차가 교차할 수 있는 넓이로 넓히도록 했다. 아울러 "행랑은 10간마다, 개인 집은 5간마다 우물 하나씩을 파고, 각 관청 안에는 우물 두 개씩을 파서 물을 저장하여 두도록"(같은 해, 2월 20일) 조치했다. 물론 시신을 처리하고 이재민들에게 숙식을 제공하고 다친 사람들을 치료해 주는 조치가 가장 먼저 이뤄졌다. 군대 소집을 일시 유예하고 관원 중에서 피해를 본 사람에게는 7개월 동안 휴가를 줘 집을 짓도록 했다.

유니언 파이어 컴퍼니의 소방모자를 쓴 벤저민과 우리나라의 목제 수총기(남양주 와부소방대 목제 수총기). 공공의 필요를 위해 끊임없이 도전했다.

세종이 보기에 가장 큰 문제는 '불을 끄는 훈련된 전문가가 없다'라는 것이었다. 불이 나면 우왕좌왕하면서 어찌할 바를 몰라 사방팔방 뛰어다니기만 한다는 것이다. 이 점에 착안하여, 필요한 화재 진압 장비를 갖추고 잘 훈련된 전문가들이 불 끄는 것을 책임지는 금화도감을 설치하게 되었다. 당시 화재에 대한 대신들의 대응이 꼭 세종처럼 합리적·과학적·분석적이지는 않았다. 천하의 명재상이라고 하는 황희 정승도 당시 내놓은 대안이라는 것이 '신에게 빌자'는 것이었다. 참으로 초라하기 짝이 없다.

> 황희 등은 건의하기를 "옛 제도를 상고하여, 신에게 빌어서 재난을 방지하게 할 것이며, 그 한 가지로 봄철에 기우제를 지내는 것은 옛부터 제도가 있었으니, 상고하여 실시하도록 하소서" 하였다.[15]

벤저민 프랭클린이 필라델피아에서 '유니언 파이어 컴퍼니

(Union Fire Company, UFC)'를 설립한 것은 1736년이었다. 하지만 UFC는 자원봉사자들의 회사였으므로 각자가 자기 돈으로 화재 진압 장비를 마련해야 했다. 그들이 처음 준비한 것은 가죽 버킷 6개와 튼튼한 리넨 백 2개였다. 버킷은 물을 나르기 위한 것이었고, 리넨 백은 불난 집 귀중품이 도난당하지 않도록 안전하게 보관하려는 것이었다. 1791년에 이르러서는 소방 장비가 많이 보충되었다. UFC가 소유한 버킷이 250개로 늘었고, 사다리 13개와 갈고리도 2개 마련했으며, 영국에서 엔진 펌프를 하나 사들여 보유하고 있었다고 한다. 약 24미터짜리 소방 호스를 가지고 30여 명의 회원이 매월 마지막 월요일에 만나 소방 훈련을 했다고 전해진다.

UFC가 설립된 이후 펜실베이니아에는 소방 회사들이 여럿 생겨났고, 그 뒤로 미국 전역으로 확산했다. 오늘날 벤저민을 '미국 소방의 아버지'라고 부르는 이유가 여기에 있다. 그렇다면 벤저민은 왜 UFC를 세웠을까? 역시 '필요' 때문이다. 1730년 필라델피아 부두에 정박한 배에서 화재가 발생했다. 불은 초기 진압에 실패하여 부두 전체로 옮겨붙었고, 결국 창고들을 모두 태워 버렸다. 그 주변의 개인 주택에도 불이 옮겨붙어 세 채나 화마를 입었다. 이 사건으로 큰 충격을 받은 벤저민은 준토 회원들과 모여 토론을 했다. 여기서 나온 결론이 소방 회사를 세우는 것이었다.[16]

더 나아가 그는 화재 손실에 따른 재산 피해의 위험에 대처하는 방편으로 미국 최초로 '상호보험(mutual insurance)' 제도를 설계했다. 화재로 소실된 빌딩에 대해 손실을 보상해 주는 서비스 상품이었다. 이 제도는 오늘날까지도 '필라델피아 공제회(Philadelphia

Contributionship)'이라는 이름으로 남아 있다.

문제를 종합적으로 보고, 근본적 해결을 위해 매진하는 그의 모습에서 세종이 그려진다. 그의 아이디어와 추진력은 숨이 막힐 정도다. 필요, 효율, 공공을 위한 끊임없는 도전이 경이롭다.

따라 하기 ⑥ | 인재를 육성했다

세종과 벤저민은 일을 벌이는 스타일이었다. 어떤 일을 추진하려면 인재가 필요하다. 인재는 그냥 생겨나지 않으므로 찾아야 하고 키워야 한다. 그리고 그들을 제대로 활용해야 한다. 세종과 벤저민은 인재를 찾고, 키우고, 활용하는 데 실질적 효과를 중시했다. 형식에 치우치거나 명분에 매달리지 않았다.

세종은 "정치하는 요체는 인재를 얻는 것이 급선무다"(세종 5년 11월 25일)라는 취지에서 인재를 찾는 데 큰 노력을 기울였다. 과거시험에서 '제술(製述, 논술)'을 강화하여(세종 4년 10월 18일) 인재 평가에서 실질적 문제해결 능력을 중시했다. 전국 500호 이상 되는 각 고을에 훈도관(訓導官)을 두어 교육하게 했고, 서울에 두었던 오부학당(五部學堂)과 성균관의 실효성을 강화했으며, 지방 향교에도 투자를 아끼지 않았다. 또한 과거시험에 합격한 인재들이 임명되기까지 7~8년이 걸리던 것을 즉시 임명함으로써(세종 10년 11월 1일) 인재 활용에도 열을 올렸다.

세종이 즉위해 보니 인재 육성은 그저 말뿐이었다. 오부학당은 한양의 동, 서, 남, 북, 중의 위치에 세운다고 되어 있었지만 마땅한 건물조차 마련하지 못하고 있었다. 1422년 12월 12일, 세종은 드디어 남부 학당에 이어 중부 학당을 세웠다. 세종 6년경 서부와 동부 학당도 완성되었지만, 북부 학당은 끝내 세우지 못했다. 그래서 오부학당은 사부학당으로 불리게 된다. 학당에서는 10~15세의 소년들에게, 아이들을 위한 유학(儒學) 서적인 『소학(小學)』을 가르쳤다. 15세에 시험을 봐서 통과하면 성균관에 입학했다. 사부학당은 오늘날의 중등 교육기관이었다고 볼 수 있다.

건물 같은 하드웨어만 갖췄다고 교육이 잘되는 것은 아니다. 실효성이 있으려면 소프트웨어인 운영체제도 잘 갖춰야 한다. 실질을 중시하는 세종은 소프트웨어 강화에 주력했다. 성균관은 물론 향교도 운영에 문제가 많았다. 세종 즉위년 1418년 11월 3일에 세종이 서울과 지방의 관료들에게 지시한 기사를 보자.

> 학교는 풍속과 교화(敎化)의 근원이니, 서울에는 성균관과 오부 학당(五部學堂)을 설치하고 지방에는 향교(鄕校)를 설치하여, 권면(勸勉)하고 훈회(訓誨, 가르치고 타일러 뉘우치게 함)한 것이 지극하지 않음이 없었는데도, 성균관에서 수학(受學)하는 자가 오히려 정원에 차지 않으니, 생각건대 교양(敎養)하는 방법이 그 방법을 다하지 못했기 때문인가. 사람들의 추향(趨向, 대세를 좇아감)이 다른 데 좋아하는 점이 있기 때문인가. 그 진작(振作, 개선)하는 방법을 정부와 육조(六曹)에서 검토 연구하여 아뢸 것이다. 더구나 향교의 생도(生徒)는 비록 학문에 뜻을 둔 사람이 있더라도, 있는 곳의 수령이 서역(書役, 글 쓰는 행정 일)을 나누어 맡기고 빈객(賓客, 중요한 손님)을 응대하는 등, 일에 일정한 때가 없이 사역(使役)하여 학업을 폐하게 하니, 지금부터는 일절

이를 금지하고, 그 유사(儒士)들이 사사로이 서원(書院)을 설치하여, 생도를 가르친 자가 있으면, 위에 아뢰어 포상하게 할 것이다.[17]

성균관은 미달이었고, 향교의 생도에게는 사역을 시켜 막 부려 먹었으니 교육이 제대로 될 리가 없었다. 세종의 해법은 간결하면서도 강력했다. 향교의 잡일 사역은 바로 금지했고, 성균관 미달 문제는 강한 집념을 보여 줌으로써 백성들의 마음을 움직였다. 성균관 미달에 대해서 세종은 다음과 같은 조처를 한다.

진평대군(晉平大君) 이유(李瑈)·안평대군(安平大君) 이용(李瑢)·임영대군(臨瀛大君) 이구(李璆)에게 명하여 성균관에 입학하게 하니, 좌우에서 보고 듣는 이가 그 글을 숭상하는 아름다운 일을 감탄하지 않는 이가 없었다.[18]

왕자들, 즉 대군들을 성균관에 입학시켜 버린 것이다. 이 조치는 성균관의 위상을 높이는 데 크게 도움이 됐다. 세종은 성균관의 다른 문제에도 적극적인 태도를 보였다. 예컨대, 세종 3년 1421년에는 성균관 학생 여러 명이 부종병(浮腫病, 몸이 붓는 병)으로 사망하는 사건이 발생했다. 당시 과거시험을 보려면 소위 '원점(圓點)' 300개를 받아야 했다. 원점이란 성균관에서 하루에 두 끼를 줬는데, 두 끼를 먹으면 1점을 받는 제도였다. 그런데 학생들이 300점을 채우기 위해 종일 책상 앞에 쪼그리고 앉아 있다 보니 피가 안 통해서 급사했다는 것이다. 요령을 부릴 수 없을 만큼 감시가 심했던 모

펜실베이니아대학과 성균관 명륜당. 벤저민과 세종은 인재를 육성하는 데 실질적인 효과를 중시했다.

양이다. 아마 식사도 변변치 못했을 것이다. 부종 사망 사건에 대한 해법은 '쉬면서 공부하라'는 식의 낭만적 대책이 아니었다. 그보다는 의원 두 명을 번갈아 배치하는 조처를 했다. '공부는 그렇게 하는 거야. 하지만 걱정하지 마. 급하면 의원이 침으로 치료해 줄게.' 세종의 치열한 마음을 읽을 수 있다.

설립 연도 1740년, 전체 교수 5,093명, 학생 대 교수 비율 6 대 1.

2024년 펜실베이니아대학(The University of Pennsylvania)이 내놓은 자료다. 역사도 오래됐고 규모도 매우 크다. 특히 학생 대 교수 비율이 6 대 1이라는 것은 미국 대학의 평균이 18 대 1이라는 점을 고려할 때 최고 수준이다. 하버드, 예일, 컬럼비아, 브라운 대학 정도가 6 대 1이다. 학생 여섯 명당 교수 한 명이 지도하니 교수와 학생 간 교류가 얼마나 원활하겠는가!

이 펜실베이니아대학[펜(Penn) 대학]을 세운 사람이 바로 벤저민 프랭클린이다. 그는 초대 총장을 지냈다. 미국에서 네 번째로 세워진 대학이며, 아이비리그 대학 중 하나다. 벤저민이 펜 대학을 어떻게 발전시켰는지를 들여다보면, 그도 세종처럼 실효성을 중시했음을 알 수 있다.

당시 펜 대학에 앞서 설립된 하버드, 예일, 브라운 등은 목회자를 육성하는 신학대학이었다. 어쩌면 당연한 일이다. 이들은 종교적 박해를 피해 영국에서 넘어온 이민자들이 아닌가. 기독교 국가를 세우는 것이 그들의 목적이었다. 신의 국가에서 목회자를 육성한다는 것은 대학의 소명이었다. 수요도 많았고, 지원자도 넘쳐 났다. 하지만 벤저민의 생각은 조금 달랐다. 목회자 육성도 중요하지만, 어차피 사람들이 모여 사회를 이루어 함께 살아가야 하므로, 사회생활에 필요한 교양(liberal arts) 교육과 밥벌이를 할 수 있는 실용적 기술(practical skills) 교육도 필요하다고 생각했다. 이런 취지에서 그는 미국 최초로 펜 대학에 교양 교과과정을 만들었다.

아울러 1765년에는 존 모건(John Morgan)과 윌리엄 쉬펜(William Shippen)의 주도로 미국 최초로 의과대학이 개설했다. 이어서 하버드, 다트머스, 컬럼비아 대학에도 의과대학이 생겼다. 펜 의과대학은 1726년 스코틀랜드에 설립된 영국 최초의 의과대학인 에든버러 의과대학(The University of Edinburgh Medical School)을 모델로 했다. 펜 의과대학에 개설된 과목은 '해부학 강의'와 '물리학의 이론과 실제'였다.[19]

이처럼 교양 및 기술교육 교과과정, 그리고 의과대학 개설은 모두 사회적 필요와 시민의 욕구를 중시하는 벤저민 프랭클린의 철학을 반영한다. 즉 시민의 삶에 도움을 줄 수 있는 인재 양성이 목표였고, 이는 실용을 중시하는 세종 정신과 맞닿아 있다.

따라 하기 ⑦: 세상에 없는 것을 만들다

세종대왕이 왕이 아니었어도 한글을 만들었을까? 그는 만들었을 것이다. 그가 보여 준, 항상 탐구하고 분석하고 뭔가를 만들어 내려는 기질과 품성 때문이다. 한글의 90퍼센트는 세종이 직접 만들었다는 학자들의 중론을 놓고 볼 때, 왕이었든 아니었든 그가 '한글을 만들었을 것이다'에 나는 배팅하겠다.

한평생 살아가면서 세상에 없는 것을 하나라도 만들어 놓고 가는 사람은 얼마 안 된다. 그런데 세종과 벤저민은 그런 발명품을 여럿 만들었다. 세종은 한글, 해시계(앙부일구, 현주일구, 천평일구, 정남일

벤저민이 발명한 피뢰침과 세종의 측우기. 공익을 위해 항상 주변을 살펴 탐구하고 분석하며 새로운 것을 만들어 냈다.

구), 물시계(자격루), 밤낮 시계(일성정시의), 측우기, 편경·편종, 혼천의, 달력(칠정산 내편·외편), 금속활자(경자자, 갑인자, 병진자), 도량형, 총통(천자총통, 지자화포) 등을 만들었다. 백성의 편의, 농업 생산성 향상, 그리고 국토방위 등 모두 공익을 위한 발명품들이다.

벤저민 프랭클린의 발명품들도 생활 편의와 공공 이익에 관련된 것들이었다. 그가 발명한 피뢰침, 다초점 안경, 만보기, 실로폰, 스케이트보드, 무쇠 스토브, 욕조, 랜턴 등은 그 이전 세상에 없던 물품들이다. 이런 발명을 통해 그가 큰돈을 벌었다는 이야기는 전해지지 않는다. 그저 생활 편의를 위해 뭔가 만드는 것을 좋아했던 기질과 품성의 결과였던 것이다. 그가 큰돈을 벌었다고 해도 결코 나쁜 일이 아니다. 만약 나쁘다는 생각이 든다면, 스스로 '이념의 자식'이 아닌지 되돌아봐야 한다.

위와 같이 벤저민은 세종대왕을 여러 측면에서 따라 했다. 그가 따라 한 일곱 가지를 키워드로 요약하면 아래와 같다.

씽크 탱크, 화폐, 병원, 글자, 소방서, 인재, 그리고 발명.

그렇다면 벤저민 프랭클린은 왜 세종대왕을 따라 했을까? 해답은 간단하다. 백성의 편의와 실질적 효능을 중시하는 '실용족'이었기 때문이다. 인간의 욕구와 필요는 시대와 관계없이, 동양이든 서양이든 모두 똑같다. 삶의 가장 기본적인 것을 지키고 그에 대한 걱정에서 벗어나는 것이다. 다시 말해 굶지 않고, 아프지 않고, 추위에 떨지 않고, 억울한 일 당하지 않고, 무시당하지 않고, 빚지지 않고, 화목하게 사는 것이다.

이것이 백성의 '7대 기본 욕구'다. 세종대왕과 벤저민은 항상 이 일곱 가지 욕구를 충족시킬 수 있는 창의적 방법을 찾았다. 세종은 이 기본 욕구가 충족된 삶을 "생생지락(生生之樂, 고단하지만 일상의 삶을 이어 갈 수 있는 즐거움)"이라고 불렀다(세종 26년 윤 7월 25일). 생생지락, 이것이 오늘날 우리가 얘기하는 민생이 아닐까. 실용적 리더십은 바로 여기에서 출발한다.

실용주의를 말해 봐

실용주의란 요물과 같은 존재다. 알 것 같은데 뭔지 말해 보라고 하면 버벅거리게 되기 때문이다. 사람마다 답도 다르다. 몇몇 지인들에게 말해 보라고 했더니 다음과 같은 답이 돌아왔다.

자기가 하고 싶은 대로 하는 것
아끼고 절약하는 것
자기에게 이익이 되는 행동만 하는 것

예컨대, 비트코인으로 200억 원을 벌었다는 30세 김 군은 최고가 명품으로 몸을 두르고 람보르기니를 탄다. 롯데월드타워의 117평 최고급 아파트를 50억 원에 사서 입주했고, 대한항공 일등석을 타고 100일 동안 세계여행을 했다. 친한 친구가 돈을 너무 막 쓰는 거 아니냐고 했더니, 내가 벌어 내가 쓰는데 무슨 상관이냐고 일축했다. 그는 실용주의자인가?

아이작 펄머터(Isaac Perlmutter)는 어벤져스와 아이언맨 시리즈를 제작한 마블(Marvel)의 전임 CEO인데, 재임 당시 '자린고비 경영'으로 유명했다. 잃어버린 몽당연필 찾느라고 쓰레기통을 온통 뒤집어 놓고, 물 아낀다고 본사 건물에 화장실을 하나만 만들어 여직원들이 화장실 앞에서 기다리다 졸도하는 일도 벌어졌다. 또한 스타 배우의 출연료가 비싸다고 자꾸 깎는 바람에 영화 제작이 자주 지연되고, 기자 시사회장에 푼돈 아끼려고 콜라를 너무 조금 준비해서 결국 직원들이 옆에 있는 유니버설스튜디오에 가서 콜라를 빌려다가 제공하기도 했다. 펄머터는 과연 실용주의자인가?

S 기업의 마케팅1팀장은 절대 손해 보지 않는 스타일로 회사에서 유명하다. 성공 가능성이 큰 프로젝트에는 어느새 그의 이름이 들어가 있고, 실패할 것 같은 프로젝트에는 절대 이름을 얹지 않는다. 다른 팀에서 협업 요청이 올 때도, 주는 만큼 받지 못하면 절대 돕지 않는다. 자기 성과를 위해 부하들을 거세게 몰아붙이고 상사 앞에서는 무조건 엎드린다. 이런 그를 실용주의자라고 할 수 있을까?

이 세 사례의 주인공은 모두 실용주의와는 거리가 멀다. 첫째의 김 군은 합리적이지 않고, 둘째의 자린고비 펄머터는 유연성이 떨어지며, S 기업 마케팅1팀장은 기회주의자에 해당한다. 그렇다면 실용주의자는 어떤 특성을 갖는가? 실용주의(pragmatism)는 미국에서 기원한 철학 사조다. 대표적인 학자들로는 찰스 샌더스 퍼스

(Charles Sanders Peirce), 윌리엄 제임스(William James), 그리고 존 듀이(John Dewey) 등이 있다. 결론만 요약하면, 실용주의가 추구하는 것은 현재성, 합리성, 유연성, 실효성 등이다. 이 4대 행동 원칙을 따름으로써 삶에 충실하고 오늘의 문제를 내일로 미루지 않고 용기를 갖고 해결한다는 것이 실용주의 사상이다.

실용주의 원칙 ①: 현재성은 문제를 직시하는 것이다

현재성(practicality)이란 인간으로 살아가는 지금 이 순간, 나의 존재를 보장받는다는 뜻이다. 존재를 위협하는 현실 문제를 '직시하고' 해결에 나선다는 의미다. 이것은 국가의 의무이면서 개인의 권리다. 그러므로 현재성 확보, 즉 개인 존재의 보장은 국민의 기본권에 해당한다.

서민은 보수니 진보니 하며 편을 갈라 싸우기보다 '인서울' 전세금(2억 원 이상)을 마련하기 위해 '투잡'을 뛰어야 하는 현실이 더 급하다. 10년 뒤의 회사 '비전'을 세워 놓고, 그러니 오늘 좀 더 희생하자고 풍선 띄우기보다 저녁밥이라도 제대로 먹도록 야근수당이나 올려 줬으면 좋겠다는 것이 직장인의 소망이다. 그런데 정치인들은 이런 문제를 심각하게 생각하지 않는다. 서민들은 특검인지 뭔지를 하자고 밤낮으로 떠들고 다니는 시간에 우리 아이의 학원비나 좀 지원해 줄 방법을 고민해 주면 좋을 뿐이다. 정치가 국민의 '현재성'을 보장해 주지 못하면 그것을 버려야 한다.

이념의 족쇄, 혁신의 환상보다 더 중요한 것이 삶의 현재성을 보장받는 일이다. 두 시간 걸리는 출근 시간을 한 시간 이내로 줄이

실용주의 4원칙.

는 행운 말이다. 우리 딸을 영어유치원에 못 보낸 아쉬움 풀어 줄 묘책 말이다. 부모 생신에 광어회라도 마음껏 대접할 수 있는 작은 여유 말이다. '개딸'인지 '소딸'인지, '태극기부대'인지 '일장기부대' 인지, 직장에서 잘리지 않기 위해 밤낮 박박 기는 직장인들에겐 저들이 참 '놀랍고'(어느 시간에 저런 짓을 하지?), '사치스럽고'(돈 안 벌어도 되나?), '화가 난다'(나는 왜 이렇게 힘들게 살지?).

현재성이란 과거의 추억도 미래의 환상도 아닌 바로 오늘 내 앞에 있는 삶의 문제에 집중하는 것이다. 여기에는 내게 주어진 삶을 스스로 책임지고 최대한 성실하게 살아 내겠다는 야무진 각오가 담겨 있다. 물론 미래를 내다볼 수도 있다. 그러나 그것은 근거 없는 환상의 미래가 아니라 오늘의 선택과 관련된 미래여야 한다. 실용주의자는 인간의 현재성 문제, 즉 오늘의 문제를 '직시한다'.

실용주의 원칙 ②: 합리성이란 검증적 사고를 하는 것이다

합리성(rationality)은 논리적 분석과 과학적 판단에 기초하여 검증적 사고를 하는 것이다. 감정과 온정은 합리적 판단의 적이다.

MIT에서 AI를 전공한 조 박사는 경마를 연구한 끝에 예측률

60퍼센트가 넘는 우승 말 예측 소프트웨어를 개발했다. 그날 경기에 참여하는 말들에 관련된 각종 정보와 경기하는 날의 환경 정보를 입력하면, 경주에서 어느 말이 우승할지를 알려 주는 프로그램이다. 프로그램이 예측하는 대로만 계속 찍으면 좋은 성과를 거둘 수 있다. 그런데 막상 경마장에 가서 실제 말을 보면 엉뚱한 잡생각이 들어 프로그램이 제시한 말을 선택하지 않게 된다. 조 박사는 프로그램이 제시하는 A라는 말 대신 Z를 찍었다가 꼴찌를 했는데, 다른 말을 찍은 이유는 A가 걸어가면서 똥을 싸는 모습이 보기가 싫었단다. 사람은 이상한 감정이나 정보에 이끌려 합리성을 잃을 때가 많다.

AI 시대에는 합리성이 생명이다. 모든 알고리즘은 합리적 논리성에 기초를 둔다. 프로그래밍하다가 오류가 생겼을 때 화를 낸다고 저절로 고쳐지지 않는다. 잘하다가 점 하나만 안 넣어도 코딩 프로그램은 틀린 것으로 처리한다. 하지만 AI가 불과 몇 초만에 프로그래밍을 해주는 시대가 되었으니 얼마나 다행인지 모른다. 합리성은 인간을 넘어 세상을 움직이는 힘이다.

요즘 MZ세대는 합리적이다. 해야 할 일을 깔끔하게 처리하고 군더더기가 없다. 버릇이 없고 정신교육을 싫어하며 이기적이고 제멋대로인 것처럼 보이지만, 그래도 자기 할 일은 잘 끝내려고 노력한다. 사실 이것이 핵심이다. 왜 업무 외 다른 기준으로 평가하려 하고 쓸데없는 일로 시간 빼앗으려 하느냐는 것이 이들의 항변이다. 일할 때 바짝 몰두하고, 그 외 시간은 각자 알아서 살도록 놔두라는 것이다. 그들이 볼 땐 기성세대는 전혀 합리적이지 않다. 직장 상사라는 이유로 일과 후나 주말에도 수시로 연락하고, 조금만 열 받으면 윽박지르기 일쑤이며, 자기 마음대로 결정하여 일방적으로 지시한다. 합리성과 거리가 멀다. MZ세대에 필요한 리더는 합리성을 갖춘 실용적 리더다. 족쇄와 환상을 아주 싫어하고 비효율을 참지 못한다. MZ세대 노동조합이 이를 말해 준다.

실용주의 원칙 ③: 유연성이란 변화에 적응하는 것이다

유연성(flexibility)은 상황이 바뀌면 선택을 바꿀 수 있다는 자세다. 적자생존의 논리로 보면, 소멸하지 않으려고 환경 변화에 적응하는 것이다. 새로운 아이디어를 받아들이는 열린 마음도 유연성에 포함된다. 고집스럽게 한 가지만 고집하는 자세는 '유연성 킬러'다. 왕고집, 옹고집, 똥고집, 벽창호 등 우리말에는 유연성 킬러를 부르는 단어가 다양한데 이것도 이념이다. 자기가 틀릴 수 있다는 겸손이 유연성의 핵심이다.

산을 오를 때는 그날 날씨와 동반자들의 상태를 고려해서 어느 코스로 오를지를 결정해야 한다. 상황 불문하고 한쪽 코스만 고집하다가는 위기를 맞을 수 있다. 비행기나 배를 항해할 때도 똑같다. 항로에 폭풍우가 몰아치면 다른 길로 피해 가야 안전하다. 절친이 긴급히 도움을 청했을 때, 자신의 일정을 바꿔 들어줄 줄 아는 것이 유연성이다. 부하 직원이 나보다 더 좋은 의견을 냈을 때 자존심 세우지 않고 선뜻 받아들이는 것도 유연성이다. 자녀가 정말 가수를 해보고 싶다고 애원할 때, 못 이기는 척 들어주는 것 또한 유연성이다. 약해 보이는 자작나무는 추운 지방에서 잘 서식한다. 유연하기 때문이다. 유연성은 적자생존에 꼭 필요한 무기다.

이념의 족쇄를 차든가 혁신의 환상에 사로잡히면 유연성이 질식하여 환경 변화에 적응하지 못한다. 그러한 족쇄를 차면, 아무리 합리적 근거를 제시해도 무조건 자기네 집단이 옳다고 생떼를 부리게 된다. 그러한 환상에 사로잡히면, 아무리 추구하는 비전이 불가능하다는 논리와 통계를 제시해도 0.1퍼센트의 가능성에 목숨 걸고 환상을 신처럼 떠받든다. 스탈린은 이념의 족쇄를 채워 600만 명이 넘는 목숨을 앗아 갔다. 히틀러는 나치 국가의 환상을 내걸고 1,100만 명 이상을 처형했다. 이념에 중독되고 혁신의 환상에 취하면, 사람 목숨을 파리 목숨처럼 가벼이 여기게 된다. 실용적 유연성으로 생각의 틀을 바꾸지 않으면 똑같은 비극이 인류 역사에 되풀이될 것이다.

실용주의 원칙 ④: 실효성은 장기적 성과를 추구하는 것이다

실효성(effectiveness)이란 결과를 만들어 내는 데 영향을 미친다는 뜻이다. 우리의 노력은 문제를 해결하여 기대하는 결과를 얻는 것이 목적이다. 결과를 얻는다는 것은 곧 변화를 이룬다는 것이고, 그 이전보다 더 나아졌다는 것을 뜻한다.

미국 역사 중 이해할 수 없는 사건 중 하나가 제2차 세계대전 뒤 미국 정부가 펼친 '페이퍼클립 작전(Operation Paperclip)'이다. 나치 독일의 과학자, 수학자, 엔지니어 등 1,600명을 미국으로 유치하는 작전이었는데(1945~1956년),[20] 이들 중 상당수가 히틀러 정부에 헌신한 사람들이었다. 대표적으로 베른헤르 폰 브라운(Wernher von

Braun)이 있다. 그는 나치 당원이었고, 청년 친위대(SS) 단원이었다. 그럼에도 미국은 그를 불러들여 나사(NASA)의 '마셜항공우주센터장'이라는 직책을 맡겼고, 결국 그는 아폴로 프로젝트에도 참여하여 큰 공을 세운다.

이런 일이 한국에서 벌어지면 어떨까? 아마도 난리가 났을 것이다. "아무리 훌륭해도 전범을 데려다 쓸 수 없다"라는 생각은 이념족에 해당한다. "전범이지만, 우리에게 큰 도움이 될 수 있으니 쓸 수 있다"라고 생각하면 실용족이다. 명분을 중시하느냐, 실효성을 중시하느냐의 차이다. 한국인 중에는 이념적 성향이 강한 사람들이 많다. '친일', '친북' 등의 주홍글씨를 매달고 사람을 매도한다. 친일이든 친북이든, 우리에게 필요한 부분이 있는지 다시 들여다보는 실용적 지혜가 필요하다. 획일성, 매도, 프레임은 실용주의의 적이다.

이처럼 실용주의는 결과중심주의다. 물론 결과나 목표에 이르는 길은 여러 가지가 있을 수 있다. 한 예로, 한라산을 오를 때도 영실, 성판악, 어리목 등 적어도 세 갈래 길이 있다. 어디로 가든 정상에 이를 수 있다. 이것을 '등결과성(equifinality)'이라고 한다. 그중에서 오늘은 어느 코스로 정상에 오를지를 다양한 정보를 참고하여 합리적으로 결정하는 것이 실효성이다. 실효성 있는 결과를 얻기 위해서는 무엇을 달성할 것인지 목표부터 명확히 해야 한다. 즉 최종 결과물(end-results)을 구체화해야 한다는 것이다. 예를 들면, 기업경영에서 단기 성과를 목적으로 할 것인지 아니면 장기적 기업가치 향상을 추구할 것인지를 잘 설정해야 한다. 청년의 입장에서 보면, 장래에 돈을 많이 벌 것인지 혹은 높은 지위를 추구할 것인지를 명확히 하는 것이다.

요즘은 인생의 실효성을 돈으로 평가하는 경향이 강하다. 돈이 명예보다 더 큰 힘을 갖는다. 대통령을 역임했던 사람이 돈 앞에서는 체면을 버리기도 한다. 전임 장관이나 국회의원 정도는 아예 자신의 영향력을 기반으로 돈벌이에 나서기도 한다. 돈 많은 사람과 장관을 재직했던 사람이 같이 앉아서 얘기하면, 전직 장관이 자리는 윗자리에 앉지만 부러움은 돈 많은 부자가 받는다고 한다. 장관은 흘러간 인물들 누구누구를 안다고 무게 잡지만, 부자는 무엇까지 할 수 있는지를 내세운다. 실효성에서는 부자가 한참 앞선다. 권력은 현직에 있을 때 실효성을 갖지만, 부자는 영원히 실효성 있는 힘을 갖기 때문이다.

이렇게 볼 때, '돈 많이 버는 것'을 목표로 하는 청소년들이 대통령 되겠다는 청년들보다 훨씬 많다는 것을 결코 나쁘게 볼 일이 아니다. 돈 많이 벌어 실효성 있게 쓰고, 사회에 이바지하겠다는 것은 칭찬받을 일이다. 모차르트도 돈 때문에 그 많은 곡을 작곡했고, 고흐도 돈을 위해 그림을 그렸다. 도스토옙스키가 돈 때문에 소설 썼다는 것은 이미 다 아는 얘기다. 그 외에도 돈을 위해 활동한 예술가들은 무수히 많다. 실용주의 사상에 충실하는 한 돈을 추구하는 것은 잘못된 일이 아니다.

"내가 좋아하는 고흐의 〈해바라기〉가 돈 때문에 그린 거라고?"라고 생각한다면 이념족이다. 돈을 벌기 위해서, 방값 내고 삼시 세끼 굶지 않기 위해서 일을 하는 것은 잘못된 일이 아니다. 돈을 벌려고 그림을 그렸다고 해서 아무렇게나 그리지는 않았을 것이다. 오히려 비싼 값을 받으려고 더욱 노력했을 가능성이 크다. 결국 그림의 가치는 가격으로 결정되지 않는가! 먹고살 것이 충분하고 평생 그림만 그리고 살 수 있는 조건에서는 명작이 잘 나오지 않는다. 소위 헝그리 정신이 부족하기 때문이다. 여가 시간에 그림을 그려서 유명 예술가가 된 사람은 거의 없다. 남태평양 타히티섬에서 대작 〈타히티의 여인들〉을 그린 폴 고갱도 상선을 타는 마도로스를 지냈고, 파리의 증권거래소 직원으로 일하다가 35세의 늦은 나이에 전업 화가로 변신하여 유명해졌다. 전업으로 해야 대작을 남길 수 있고, 돈이 필요해야 모든 열정을 쏟아붓는다. 먹고사는 데 필요한 돈은 가장 강력한 동기부여 수단 중 하나다.

요즘에는 실효성 높게, '기획생산'되는 유명 연예인이 많다. 부잣집에서 태어나 부모의 성화에 이끌려 예능 실력을 쌓고, 좋은 기획사를 만나 크게 성공하는 것이다. 그 대표적인 예가 테일러 스위프트(Taylor Swift)와 레이디 가가(Lady Gaga)다.

테일러 스위프트는 30대 초반에 음악으로만 1조 원이 넘는 수익을 올려 화제가 됐다. 그녀는 인구 5,000명도 안 되는 펜실베이니아의 작은 마을 웨스트 리딩(West Reading)에서 태어났다. 이 마을은 미국에서 가장 큰 아웃렛 몰이 있는 곳이다. 요즘은 스위프트의 고향이라는 이유로 더 유명해졌다. 그녀의 아버지는 증권회사 메릴린치의 증권 중개인이었고, 어머니는 뮤추얼펀드 회사의 마케팅 담당 임원이었다. 남동생 오스틴(Austin)은 배우고, 외할머니 마저리 핀레이(Marjorie Finlay)는 오페라 가수였다. 어머니는 열한 살의 스위프트를 데리고 컨트리음악의 수도인 테네시주 내슈빌의 음반회사를 찾아가 그녀의 잠재력을 테스트하기도 했다. 열두 살에 기타를 배웠고, 열네 살에는 프로 작곡가로 데뷔한다. 이렇게 보면 테일러 스위프트는 어렸을 때부터 가족에 의해 연예인으로 기획생산되었음을 알 수 있다.

1986년생인 레이디 가가도 비슷한 케이스다. 그녀는 뉴욕시 출신이다. 아버지는 '게스트 와이파이'라는 테크 회사의 소유주 겸 운영자였고, 어머니는 미국의 거대 통신회사 버라이즌의 고위직 임원이었다. 이 정도면 상류층이라고 할 만한데, 가가는 한 인터뷰에서 자신이 하층민 출신이라고 말했다. 레이디 가가도 극성 어머니에 이끌려 네 살 때부터 피아노를 배우기 시작해 어린 시절 내내 피아노 개인지도를 받았다. 부모는 그녀를 여름 방학에 하계 음악캠프(Creative Arts Camp)에 보내기도 했고, 고등학교 때부터 10년 동안 '리 스트라스버그 연극영화학원'에서 특정인을 연기하는 동안 그 사람처럼 살도록 하는, 메소드연기(Method Acting)를 훈련시키기도 했다. 가가는 17세에 뉴욕대학 음악학과에 진학했지만 2학년 때 중퇴하고, 19세에 MTV를 통해 본격적으로 연예계에 데뷔하게 된다. 레이디 가가 역시 기획생산된 연예인이다.

기획생산은 가장 실효성이 큰 투자다. 일찍이 테스트하여 가능성이 없는 사람을 솎아 주기 때문에, 평생을 걸고 고시 공부할 때처럼 하다가 안 되면 인생을 망치는 일도 예방할 수 있다. 최근 발생한 하이브와 민희진 대표와의 갈등을 보면, 기획 투자의 실효적 수익이 어마어마함을 알 수 있다. 대기업 총수로 지정된 방시혁 대표의 주식 재산이 최태원 SK그룹 회장이나 구광모 LG그룹 회장을 앞섰다는 것은 예술 투자의 실효적 효과가 제조업 투자를 능가하기 시작했다는 것을 말해 준다. 그러고 보면, 가족 먹여 살리려고 어릴 때부터 이 도시 저 도시 동분서주 연주 여행을 했던 천재 음악가 모차르트도 '나도 시대를 잘 보고 태어났을 것'을 아쉬워하고 있을지도 모른다.

돈을 버는 것은 아름다운 일이다. 할 수 있는 것이 그만큼 많아지므로 실효성이 커진다는 뜻이다. 돈 많은 부자는 실용적 자세를 보이는 한 존경받아 마땅하다. 부자는 현재성, 합리성, 유연성, 실효성을 실천하지만, 졸부는 천한 화려함이나 독재자 같은 횡포로 내면의 빈약함을 숨기는 데 온 힘을 쏟는다.

지금까지 우리는 실용족, 이념족, 혁신족, 조커족 등 네 족속의 속성을 살펴봤고, 세종대왕과 벤저민 프랭클린이 시대와 공간을 뛰어넘어 유사한 행보를 보인 것은 이들이 생생지락을 추구하는 실용주의 리더였기 때문이라는 사실을 밝혔다. 아울러 실용주의는 현재성, 합리성, 유연성, 실효성 등을 기반으로 한다는 사실도 이해할 수 있었다. 다음 장에서는 그렇다면 실용주의 리더십이란 과연 무엇이며, 실용주의의 네 가지 요인이 리더십 측면에서 어떻게 발현하는지를 구체적으로 살펴보기로 한다.

2장

실용주의 리더십이란 무엇인가

기업에서 실용주의 리더십 사례

L 전자 마케팅1팀 박지선 과장

올해 35세인 박지선 과장을 만나 보자. 박 과장은 L 전자 마케팅1팀에서 10년간 근무했다. 직장 생활을 시작하면서 그녀는 점차 실용주의자가 되어 갔다. 자신도 모르는 사이에 현재성, 합리성, 유연성, 실효성을 잘 지키는 사람으로 변모해 가고 있었다. 회사란 곳은 매일 일어나는 문제를 해결하기도 벅찰 정도로 바쁘게 돌아간다. 방금 H 호텔에서 수주한 텔레비전 300대의 납품 기일을 좀 맞춰 달라고 유통 부서에 가서 부탁하고, 어제 워크숍에서 자신의 업무 처리 방식에 불만을 표했다는 마케팅2팀 김 대리 만나 그 이유를 따졌다. 오후 2시에는 우 팀장이 소집한 마케팅 전략 회의에 참석했다. 오후 다섯 시, 내일 아침 예정된 임원 보고 준비로 퇴근이 또 늦는다. 그녀는 눈앞의 일 말고 다른 데 신경을 쓸 여유가 없다.

박지선 과장은 차분하고 이지적이다. 일 처리에서 감정을 앞세우면 될 일도 안 된다는 교훈을 오래전에 얻었다. 회사에는 '빅 마우스'라 불리는 이들이 있다. 이 '3대 마녀'는 모두 부장급이다. 박 과장은 시장조사 업체가 보내오는 고객 데이터와 대리점에서 들어오는 다양한 정보를 가지고 분석하여 최선의 대안을 선택한다. 그 분석이 철저하지 않으면 팀장에게 보여 주기도 전에 마녀들에게 된통 깨진다. 모든 보고서는 이유, 증거, 데이터, 논리, 스토리까지 완벽하게 갖춰야 한다. 날카롭고 예리해야 마녀들의 공격을 이겨 낼 수 있다.

또한 박 과장은 유연하다. 자기가 제안한 아이디어보다 더 좋은 안이 나오면 주저하지 않고 받아들인다. 요즘은 괜히 고집부리다가는 MZ세대 후배에게 봉변당하기 일쑤다. 과장으로서 내 생각이 틀렸을 때 대리, 사원 앞에서 수긍하는 것은 자존심 상하지만, 얼렁뚱땅이라도 받아들여야 다음이 있다. '틀밀대(틀려도 밀면 대꾸 없이 사라짐)' 같은 일이 벌어지는 것은 막아야 한다!

아울러 그녀는 성과지향적이다. 기업에서 성과를 못 내면 아주 피곤해진다. 혼자만 피곤해지는 것이 아니라 팀 전체가 영향을 받는다. 팀장도 매우 곤란해진다. 실효성은 조직 생활의 생명이다. 물론 '3대 마녀'처럼 성과는 못 내면서도 존재감을 드러내는, 광(光)만 팔고 다니는 정치꾼들도 많지만, 특히 마케팅팀은 회사 매출과 직결되는 부서라서 성과에 목숨을 건다. 그래도 그녀는 '이만하면 다행이다'란 생각을 한다. 라면 회사에 연구원으로 다니는 한 친구는 세계시장에 내놓을 '불닭면'을 개발하면서 세상의 매운 고추를 모두 맛보다가 위가 상했단다. 최고의 성과를 내기 위해서 무슨 짓이든 못 하겠느냐만, '이 정도면 산재(산업재해)가 아닐까?'

박 과장이 팀장으로 승진하다

박지선 과장이 마케팅1팀장으로 승진했다. 팀장이 되어 달라진 것은 부하 직원이 생긴 것이다. 본부장과 자주 만나야 하는 것도 달라진 점이다. 타 마케팅팀 팀장들과 만나 업무 조율도 해야 한다. 이제 혼자만의 성과보다 팀이 성과를 내도록 만들어야 한다. 팀의 성과가 곧 팀장의 성과다. 회사를 대표해서 고객 응대도 해야 한다. 더 바빠지고 책임이 무거워졌다.

팀장이 되면 실용주의 리더가 될 수밖에 없다. 팀장이면 누구든 오늘의 문제에 집중해야 살아남는다. 문제를 직시하고 해결 방법을 명확히 제시해야 한다. 문제해결이 지연되든가 해법이 미진하면 상사가 달려와 난리를 치기 때문에, 다른 데 신경을 쓴다는 건 있을 수 없는 일이다. 또한 좋은 팀장이 되려면 팀은 물론 조직 전체가 어떻게 돌아가는지를 잘 알고, 실행 절차와 의사결정 구조를 꿰고 있어야 한다. 박 팀장은 이 메커니즘을 예리하게 파악하여 큰 성과를 내고 있다. 하지만 마케팅3팀장은 이념적 리더고, 마케팅5팀장은 혁신적 리더다. 이들은 팀원의 혼을 갈아 넣든가 희생하도록 압박하여 성과를 낸다. '안 되면 되게 해라!' 이런 것을 믿는 사람들이다.

박 팀장의 이런 행동 궤적은 문제를 '통찰'하고 문제해결의 '목적'을 명확히 하는 것이다. 이것은 곧 문제를 정의하고 최상의 해법을 찾는 데 심사숙고한다는 뜻이다. 그녀는 업무 배분, 인사 평가, 프로세스 관리 등 모든 업무를 심사숙고하여 합리적으로 해결한다. 팀원들이 그녀를 공정하다고 평가하는 것은 이 때문이다. 그녀는 종합적이고 장기적 관점에서 문제를 통찰하는 스타일의 리더다. 박 팀장은 절대로 대충하든가, 덤벙대든가, 주먹구구로 하든가, 그날의 기분대로 일을 처리하지 않는다.

그녀는 특히 문제의 성격을 규정하는 데 가장 많은 시간을 투자한다. 상사가 지시하든, 사건이 발생하든, 팀원이 이의를 제기하든, 그녀는 항상 다양한 각도에서 문제의 성격을 철저히 이해하려고 노력한다. 토론, 자료 수집, 전문가 면담, 국내외 선진 기업 조사, 컨설팅 업체의 자문 등 짧은 시간에 할 수 있는 것을 모두 행한다. 그러다 보니 그녀의 해법은 항상 실효성이 높다. 아인슈타인은 이렇게 말했다.

> 어떤 문제를 해결하라고 내게 1시간이 주어진다면, 나는 55분을 문제의 성격을 이해하는 데 쓰고, 나머지 5분만 해결책을 생각하는 데 쓰겠다.

그런데 조직의 일이란 혼자만 잘해서 되는 것이 아니다. 팀장은 문제를 관계망 속에서 해결해야 한다. 이 관계망에서 보면, 팀장은 조직의 중심에 있기 때문에 '중장(中長)'이라고 부를 수 있다.

이것을 옛날 미국 TV 프로그램인 〈운명의 수레바퀴(Wheel of Fortune)〉에 빗대어 '관계의 수레바퀴(Wheel of Relationship)'라고 하자. 이 관계망 속에서 박 팀장은 리더십을 발휘해야 한다. 부하 직원뿐 아니라 상사와 동료들도 함께 이끌고 나아가야 한다. 실용주의 리더인 박 팀장은 이들 각각에 대해 어떤 리더십을 발휘할까?

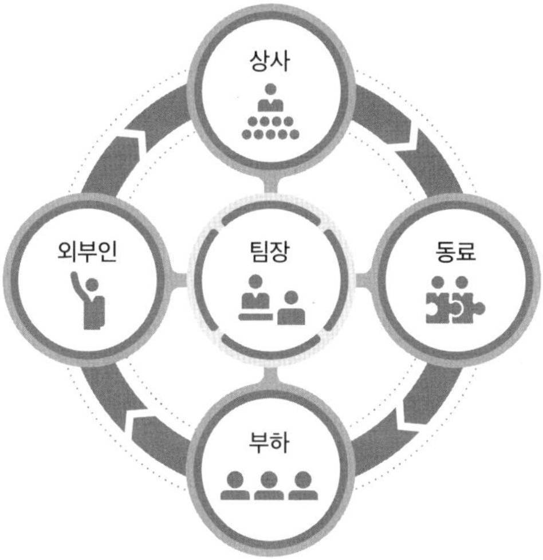

중장의 관계 수레바퀴.

실용주의 리더가 팀원 리드하는 법

박 팀장은 팀원들에게 합리적인 일 처리를 강조한다. 자신이나 본부장에게 보고하는 것은 말로 하고, 사장 보고서도 되도록 간단히 만들라고 요구한다. 회의도 대폭 줄였다. 전임 팀장은 적어도 하루 한 번은 팀 회의를 했다. 회의를 시작하면 두 시간은 기본이었다. 별다른 성과도 없었으므로 팀원들이 지쳤다. 또한 팀원들을 가장 화나게 하는 것은 누구는 한가하고 누구는 늦게까지 일해야 하는 업무 분배였다. 박 팀장은 이 분위기를 너무나 잘 알았기 때문에 팀원들과 일일이 면담하여 업무를 최적으로 배분하고 그것이 최적인 이유와 기준을 공개했다.

또한 박 팀장은 분석적·검증적으로 일을 처리한다. '최적'의 대안 선택과 '공정한' 일 처리를 위해서는 검증적 사고 과정을 거쳐야 한다. 검증적 사고란 다른 이유, 다른 대안, 다른 가설이 없는지를 따져 보고 결정하는 사고방식이다.

어느 날, 호텔 영업 담당자는 경쟁사가 독립 대리점들에 전 품목 20퍼센트라는 높은 마진을 보장해 주는 정책을 제시했다면서 우리도 대응하지 않으면 고객을 모조리 빼앗긴다며 박 팀장에게 긴급 대책을 요청해 왔다. 박 팀장은 영업 담당자와 마주 앉아 경쟁사가 그런 정책을 실시한 이유, 효과 등을 데이터를 가지고 차분히 검증해 가면서 분석했다. 그러고 나서 대리점에 마진을 더 보장해 주는 것이 아니라, 제품 가격을 20퍼센트 내리는 정책을 추진하기로 했다. 매상이 늘면 결국 대리점에 돌아가는 이익도 훨씬 커진다는 점을 부각시켜 대리점을 설득하기로 했다. 이 전략은 크게 성공했다. 박 팀장이 입에 달고 사는 말은 바로 '검증!'이었다.

또한 그녀가 매우 공을 들이는 것은 부하 직원에 대한 피드백이다. 인사 평가가 있고 나면 피드백을 해줘야 하는데, 팀장 대부분은 평가 결과가 왜 A인지, C인지를 설명하지 않고 대충 '이해하라' 하고 지나간다. 하지만 박 팀장은 직원 모두에게 매우 구체적이고, 분석적인 피드백을 제공한다. OKR(Objective and Key Results) 카드에 자세히 기록함은 물론 한 사람씩 불러서 한 시간이 넘도록 각자의 행동과 일 처리 방식, 그리고 미래의 경력에 대해 부하 관점에서 피드백해 주고 코칭한다. 부하 직원들은 이런 박 팀장의 행동을 매우 공정하다고 느낀다.

그리고 그녀는 팀원들 간의 갈등 해결에 많은 시간을 할애한다. 애교 많은 신입사원인 조은희 씨는 벌써 "우리 팀장니임, 힘 내세여, 마니마니 짜랑하미당" 하면서 애정 섞인 카톡을 보내지만, 박 팀장의 선배들인 3대 마녀가 아직도 눈이 시퍼렇게 살아 있어서 팀 분위기는 언제 터질지 모르는 시한폭탄 같다. 박 팀장은 '절차 공정성'에 방점을 뒀다. 의사결정을 할 때, 언제나 돌다리를 다 두드렸는지 확인한다. 사전에 의견을 물어야 할 사람들에게 의견을 물었는지, 알려야 할 사람에게 다 알렸는지, 설득할 사람을 설득했는지 등을 철저히 점검한다. 이것이 공정한 일 처리다. 파괴적 갈등이 깊어지면 실효성 있는 성과를 만들기 힘들다.

실용주의 리더가 상사 활용하는 법

박 팀장은 상사와 코드를 맞추려고 노력한다. 그녀는 유연하게 대처하면서 상사의 힘을 어떻게 활용할까를 생각한다. 최소한 비인격적인 사람은 아니므로 상사와 코드를 맞추면서 그를 활용할 전략을 세운다. 하지만 그녀는 상사와 코드를 맞추면서도 업무적인 판단은 항상 독립적으로 한다.

'팀장의 딜레마'라는 말이 있다. 부하 직원들은 팀장이 자기들에게 더 많은 관심을 보여 주기를 기대하는데, 정작 팀장은 자기를 평가하는 상사와의 관계를 더 중요시하는 현상을 일컫는다. 부하와 상사의 요구를 다 충족시키는 팀장이 이상적인 리더다. 여기에는 상당한 유연성이 요구된다. 상사에게 하고 싶은 말을 다 하면서도 미움받지 않는 기술이 있어야 부하들의 불만을 상사에게 제대로 전달할 수 있다. 부하들의 불만을 해결하는 데 필요한 자원을 상사로부터 받아올 수 있는 창의적 유연성이 핵심이다.

이렇게 볼 때, 유연성이란 '창의적 적응'이라고 할 수 있다. 리더는 환경이 바뀌면 카멜레온처럼 서식 조건에 맞춰 변화해야 생존할 수 있다. 적응은 '자유도'가 높을 때 다양한 대안을 선택할 수 있다. 리더가 이념이나 환상에 매료되어 있으면 자유도를 잃는다. 자유도를 잃으면 대안 선택의 여지가 대폭 줄어든다. 서식 조건이 바뀌면 리더는 위험 여부를 감지하고 긴장하면서 적응하려고 애쓰게 되는데, 이때 자유도가 낮으면 창의적 적응이 그만큼 힘들어진다. 따라서 유연성은 자유와 창의를 내포한다고 볼 수 있다. 실용적 리더 박 팀장은 이 유연성을 잘 보여 줬다.

상사와 코드 맞추는 것은 실용주의 유연성과 실효성의 상징이다. 팀장은 성과를 내는 데 필요한 상사의 지원을 얻어 내고, 성과 창출에 방해가 되는 불필요한 갈등을 만들지 말아야 한다. 상사가 좋아하는 일의 템포, 상사가 중요시하는 것, 싫어하는 것 그리고 상사가 지금 고민하는 문제와 선호하는 해법 등을 파악해 두면, 상사를 설득하려면 무엇을 해야 하고 무엇을 피해야 하는지를 알 수 있다. 요컨대 코드 맞춤은 팀장이 창의적 해법을 찾기 위한 자유도 확보의 방편이며, 성과를 내기 위한 중요한 전략이다.

실용주의 리더가 동료와 협업하는 법

박 팀장은 실효성 없는 정책을 싫어한다. 쓸데없는 허상은 걷어 내고, 답답한 것은 뚫어 내며, 비실거리는 것은 치고 나아가길 원한다. 그리하여 목표 지점에 깃발을 꽂아야 직성이 풀린다. 마약 단속법이 있는데도 마약이 창궐하고, 국민에게 돈을 마구 뿌렸는데 경제는 살아나지 않고, 마케팅 전략이라고 TV 가격을 내렸는데 매출은 오르지 않는 등의 실효성 없는 대책을 가장 싫어한다. 나무판에 못을 박으려면 못 머리를 정확하게 때려야 한다. 머리 아픈데 소화제 주는 식의 엉터리 처방을 경멸한다. 박 팀장의 생각엔 마케팅팀에서 실효성을 높이는 데 필요한 두 축이 있다. 한 축은 경쟁사보다 더 짜릿한 전략을 발굴하는 것이고, 다른 한 축은 관련 팀들과의 협업을 잘하는 것이다.

첫 번째 축인 경쟁 전략 발굴은 창의적 아이디어가 필요하다. 박 팀장은 이를 위해서 팀원들과 토론하고 외부 전문가나 고객들과도 자주 소통한다. 탁상공론은 전선에서 통하지 않는다. 박 팀장에겐 통신서비스 회사 마케팅팀장인 친구가 있다. 박 팀장은 그녀로부터 '판매 전쟁 이야기'를 자주 들었다. SKT와 KT는 고객을 놓고 뺏고 뺏기는 전쟁을 치른다. 고객 이동 수치가 실시간으로 마케팅 팀장에게 전달된다. 자사 고객 300명이 경쟁사로 이동했다는 정보를 접하는 순간, 마케팅팀장은 대응 전략을 바로 내놓아야 한다. 피를 말리는 싸움이다. 박 팀장은 팀원들에게 종종 이런 경쟁의 긴박감을 불어넣어 성과 창출에 박차를 가하게 한다.

성과를 내는 것은 일종의 예술이다. 여러 요인이 잘 짜맞춰져야 기대하는 성과를 낼 수 있다. 상품도 좋아야 하고, 서비스도 좋고, 가격도 적절해야 고객이 매력을 느낀다. 그 외에도 유통, 광고, 보조금, 소비자 특징, 경기 등 성과를 결정하는 요인들은 다양하다. 실용적 리더는 이 많은 요인을 분석하여 어떻게 하면 경쟁에서 이길 수 있을지, 그 공식을 제시할 수 있어야 한다. 국회의원이나 대통령을 뽑는 선거를 예로 들면, 어떻게 해야 유권자의 마음을 얻을 수 있는지 그 공식을 아는 사람이 승리한다. 중요한 것은 상품이든 선거든 경쟁자가 있다는 점이다. 그러므로 실용적 리더의 성과 창출 공식은 경쟁자보다 더 효과적이어야 한다.

박 팀장은 10년이 넘는 전자제품 마케팅 경력을 통해 자기만의 성공 방정식을 마련해 놓고 있다. 전자제품 유통업계의 판도를 확실히 장악하고 있고, 외부 네트워크가 잘 구축되어 있어 고급 정보를 누구보다도 먼저 얻어 활용한다. 그녀의 이런 성공 방정식은 매우 강력하다는 평가를 받는다. 팀원일 때도 이 공식을 활용해서 큰 성과를 낸 적이 많았다.

두 번째 축인 협업은 기업에서 성과를 내는 데 없어서는 안 되는 요인이다. 협업 상대가 합리적이면 좋은데 그렇지 않은 상대도 많다. 또 일을 하다 보면 다른 팀에게 도와 달라고 부탁해야 할 때도 있다. 그래서 실용적 리더에게 필요한 것이 유연성이다. 마치 가게 주인이 단골손님에게 외상도 주고 서비스도 주지만, 장사가 안 될 때는 물건 좀 사 달라고 애원하는 것과 유사하다. 사회성 높은 박 팀장은 항상 주변 부서장들에게 먼저 도와줄 것이 없는지 묻는다. 구성원들이 불만을 가질 정도로 상대방을 먼저 도와주다 보니 도움이 필요할 때 어려움을 별로 겪지 않는다.

끝으로, 박 팀장은 조직의 일이란 한번 좋은 결과를 낸 것으로 끝나지 않는다는 것을 잘 알고 있다. 해마다 좋은 성과, 더 좋은 성과를 계속 내야 회사 가치가 올라간다. 그러려면 팀원들에게 좋은 성과를 내면 언제든 좋은 보상을 받을 수 있다는 믿음을 줘야 한다.

〈표 2〉 실용주의와 실용적 리더십의 개요

실용주의 4원칙	개념	실용적 리더십	대표 표현
현재성	현실 직시	문제 통찰과 목적 명확화	통찰
합리성	검증적 사고	분석과 공정성 확보	공정
유연성	적응	자유도 유지와 창의적 대응	창의
실효성	결과 중심 행동	성과 창출과 동기유발 체계 구축	성과

즉 성과보수 제도나 동기부여 체계가 정착되어야 한다는 것이다. 팀장에게 주어진 자원이 충분하지 않아 획기적인 보상은 해줄 수 없지만, 박 팀장은 인사고과, 업무 배분, 해외 출장, 칭찬과 인정 등 다양한 수단을 동원하여 동기부여를 한다.

지금까지 박지선 팀장을 통해 실용주의 리더십을 살펴봤다. 박 팀장 사례에 근거하여 실용적 리더의 주요 행동을 실용주의 요인별로 정리하면 〈표 2〉와 같다. 여기에서는 L 전자에 다니는 박 팀장 한 사람의 사례를 가지고 실용적 리더십을 설명했지만, 다음에서는 폭넓고 다양한 사례들을 바탕으로 실용주의 리더십의 통찰, 공정, 창의, 성과를 설명하려고 한다.

실용적 리더십이란 무엇인가

흔히 리더십 이론이 셀 수 없이 많다고 하는데 사실은 그렇지 않다. 학자들이 인정하는 리더십 이론은 2014년에 제시카 딘(Jessica E.

Dinh)과 그녀의 동료들이 정리해 놓은 바에 따르면 64개에 불과하다.[1] 그 후 약 10년간 새로 나타난 이론이나 그들이 빠뜨린 이론들을 다 포함해도 약 70개 정도가 된다고 보면 무리가 없을 것이다. 이 중 하나의 이론에 수백, 수천 개의 논문이 쏟아져 나오니 일반인들이 보기에 '셀 수 없다'라고 생각할 수도 있다. 또한 리더십의 현상이 누구나 이름 붙여 한마디씩 할 수 있는 특징을 갖는 것도 그런 표현이 나오게 된 배경인 것 같다.

하지만 아무렇게나 이름만 붙여 제시한다고 해서 이론이 되지는 않는다. 엄격한 과학적 절차를 밟아 검증된 이론만이 학술적으로 인정된다. 이런 이론들이 약 70편이라는 말이다. 리더십은 경영학에서 연구가 가장 활발한 분야다. 인문학은 물론 정치학, 행정학, 심리학, 사회학, 교육학 등 다양한 사회과학 분야에서 리더십을 연구하지만, 연구자 숫자가 많고 리더십에 대한 기업의 수요가 많아 경영학에서 가장 많이 다루는 연구 주제다. 경영학은 조직의 성과를 설명하는 데 도움이 된다고 판단되면, 어떤 학문에서든지 아이디어를 빌려다 쓴다. 학제 간 협업도 활발하다.

최근에는 생물학, 의학, 뇌과학 분야 학자들과 협업이 많이 일어나고 있다. 예컨대 "리더의 직위를 차지한 사람은 그렇지 못한 사람과 비교해 'rs4950'이라는 DNA를 갖는다", "리더십을 가진 사람은 테스토스테론 호르몬 수치가 높다", "좌측 전두엽이 발달한 사람이 비전 제시를 잘한다" 등은 리더십 분야에서 다른 학문과의 협업으로 새롭게 밝혀낸 사실들이다. 가까운 미래에는 고위 리더 직급으로 승진할 때, DNA 검사, 호르몬 검사, 뇌파검사 등을 해야 할

지도 모른다. 또한 "키 큰 후보가 대통령에 당선될 확률이 높다"라는 등의 재미있는 연구 결과들도 많이 발표되어 있다.

이론적으로 볼 때, 실용적 리더십은 21세기 들어와서 연구되기 시작한 신생 이론이다. 한 이론이 발표되면, 그 이론이 어떤 변수들로 구성되며 각 변수의 개념은 무엇인지를 과학적으로 검증한다. 하지만 실용적 리더십에 대해서는 아직 이 작업이 이뤄지지 않았다. 이 글에서는 그동안 발표된 연구 결과들을 종합하여 나름대로 실용적 리더십을 구성하는 변수들을 설정하고 그 개념을 정리하였다. 앞에서 우리는 이미 실용주의 리더는 통찰, 공정, 창의, 성과와 관련된 행동을 잘한다고 정리했다. 우선 이들 각각이 어떤 뜻인지를 하나씩 살펴보기로 한다.

통찰(Insight): 조류를 읽어 해전의 급소를 잡는다

통찰은 사전적으로는 '꿰뚫어 봄'이라고 정의되지만, 실용적 리더십의 통찰은 실용주의의 현재성과 관련되므로 그 범위 내에서 정의하는 것이 바람직하다. 현재의 문제를 직시하고 해결에 집중하는 실용적 리더의 통찰이란, 문제를 한쪽에서만 보는 것이 아니라 종합적으로 보는 것, 단기적 효과만 보는 것이 아니라 장기적 효과를 고려하는 것, 상투적이 아니라 예리한 눈으로 문제의 원인과 성격을 이해하는 것, 제한된 정보를 가지고 어려운 문제의 속성을 추론해내는 것 등을 포함한다.

통찰은 '다면적 사고'나 '시스템 사고'와 유사하지만 이보다 더 큰 개념이다. 다면적 사고는 문제를 다양한 관점에서 이해하고 각 관점의 특징을 파악하여 문제에 대한 자신의 관점을 확장하는 능력을 의미한다. 시스템 사고는 특정 시스템의 각 부분이 어떻게 상호작용하면서 영향을 주고받는지를 시스템 전체 차원에서 이해하는 능력을 뜻한다. 이렇게 보면, 이 두 개념은 실용적 리더십의 '통찰' 개념, 즉 '문제를 종합적으로 보는 능력'과 유사하다. 하지만 통찰은 이 이외에도 '장기적 관점', '원인과 효과의 이해', '제한된 정보에 의한 추론' 등 다른 차원들을 포함하므로 더 큰 개념이라고 볼 수 있다.

이순신 장군은 그날 바닷물의 흐름을 보고 해전의 유불리를 통찰할 줄 알았다. 이것을 '워터맨십(watermanship)'이라고 한다. 물과 배와 때를 종합하여 언제, 어느 곳에서 전투를 치러야 유리하고 불리한지를 추론해 내는 능력이다. 그의 빛나는 23전 23승의 역사적 성과 뒤에는 '워터맨십'이라는 남다른 통찰이 있었다.

통찰은 번뜩이는 천재성으로 발현되는 것이 아니다. 수많은 경험과 정보수집, 분석과 고민과 학습의 결과로 얻어지는 것이다. 이순신 장군이 왜 지역 어민들을 불러 물의 흐름을 집요하게 묻고, 병졸과 장수는 물론 주민까지 참여할 수 있는 운주당을 만들어 난상토론을 했겠는가? 확실한 단서를 찾아 해전에서 승리할 방법을 통찰하기 위함이 아니었겠는가! 통찰을 이루면 문제해결의 목적과 전략이 분명해진다. 나아가야 할 때와 물러서야 할 때를 알게 되고, 희생이 많더라도 꼭 이겨야 할 전투와 피해야 할 전투를 알게 된다. 실용주의 리더였던 이순신 장군이나 사막의 여우로 불린 로멜(Rommel) 장군은, 탁월한 통찰로 이길 수 없는 전투, 목적 없는 전투에는 참전하지 않았다. 또한 실용주의 리더로 알려진 워런 버핏은 시장과 경제의 판세에 대한 탁월한 통찰로 투자할 때와 회수해야 할 때를 정확히 판단하여 큰 성공을 거뒀다. 그가 특정 회사에 투자하는 목적은 분명하다. 왜 그 회사에 투자하며, 어느 정도의 수익을 목표로 하는지를 분명히 한 뒤에 실행한다.

공정(Equity): 공정은 다섯 개의 기둥 위에 세워진다

공정은 실용주의의 '합리성'에 뿌리를 두고 있으므로 그 연장선에서 해석하는 것이 바람직하다. 합리성이란 이치와 논리에 합당한 것을 의미한다. 다시 말해 의사결정을 주먹구구로 하거나 편향된 기준으로 하는 것이 아니라 실증적 데이터나 정보를 가지고 현상을 분석한 후 분석 결과가 안내하는 바에 따라 결정한다는 뜻이다. 사람은 누구나 이성적 판단 기준을 가지고 있으므로 리더가 합리적으로 행동하면 '공정하다'라고 느끼게 된다.

실용적 리더십에서 공정성이 주목받는 이유는 공정이 요즘 Z세대 특성에 부합한다는 이유뿐 아니라, 이것이 실용주의 리더십과 대비하여 이념적·혁신적·조커 리더십을 구분하는 데 매우 중요한 기준이 되기 때문이다. 의사결정과 판단에서, 이념적 리더는 실증 결과가 아니라 이념적 가치를 기준으로 삼고, 혁신적 리더는 미래의 비전을 기준으로 삼기 때문에 공정성을 잃는 경우가 많다. 조커 리더는 자신의 이익을 기준으로 삼는다. 다시 말해, 실력이 없어도 이념적으로 같은 편이면 채용하고, 비전을 위해 희생하겠다는 사람을 고용하며, 자기에게 이익이 될 만한 사람을 선호한다. 이런 방식 아래에서는 누군가는 항상 불만을 느끼게 되므로 합리적이지 않다.

실용주의 리더는 실력대로 채용하기 때문에 떨어진 사람들도 선정 기준에 대해 불만을 품지 않는다.

2024년 여름, 파리올림픽에서 한국 양궁팀은 전 종목 석권의 쾌거를 이뤘다. 세계의 많은 언론이 그 비법에 관심을 보였다. 누구에게 물어도 답은 한결같이 '공정한 선발'이었다. 과거에 금메달을 땄다는 등의 '레거시(legacy)'를 선발 기준으로 적용하지 않고, 모두 똑같은 위치에서 선발전을 치러 최고의 선수를 선발하는 것이 탁월한 성과의 이유라는 것이다. 실력 이외의 다른 기준을 적용하지 않는 것, 이것이 공정이다. 실증적 결과에 기초하여 판단하는 것, 이 또한 공정이다.

공정성의 개념은 다섯 가지 차원으로 구성된다. 첫째는 실력을 객관적으로 평가받을 수 있도록 균등한 실증 기회를 주는 것(기회균등 원칙), 둘째는 실증 절차를 투명하게 유지하는 것(절차 투명성 원칙), 셋째는 실증 결과만을 기준으로 우열을 평가하는 것(실증 평가 원칙), 넷째는 성과를 낸 만큼 보상해 주는 것(성과 보상 원칙), 그리고 다섯째는 어느 한쪽의 특권 없이 서로 대등한 입장에서 존중하고 예를 다하여 교류하는 것(상호 존중 원칙)이다.

한국의 양궁 사례는 이 다섯 가지 원칙을 다 지켰다고 보여진다. 레거시를 불문하고 실력을 검증할 수 있는 기회를 균등하게 제공했고, 경쟁 과정을 공개적으로 진행하는 등 투명성 원칙을 준수했으며, 경쟁에서 나온 결과대로 1, 2등을 결정하여 선발함으로써 실증 평가 원칙을 지켰다. 또한 경쟁 결과에 따라 올림픽 출전이라는 보상이 주어졌으며, 그 과정에서 코치는 선수에게 필요한 피드백을 제공하고 선수는 그 조언을 믿고 전략을 조정하는 상호 존중 원칙을 지켰다.

하지만 많은 사람이 오랫동안 함께 생활하는 기업에서는 기회균등의 원칙을 지키기 쉽지 않다. 한 기업의 사례를 보자.

> A 기업 황 상무는 데이터센터 건설 프로젝트를 맡게 되었다. 팀이 세 개인데, 전체 부하 직원은 30명 정도다. 시작한 지 5개월밖에 안 되었다. 투자 금액은 조 단위인데, 전문가가 없는 상황에서 시작한 프로젝트라서 사장에서 말단까지 하나씩 배워 가면서 진행하고 있다. 그러니 사장에게 매일 보고할 내용이 많다. 문제는 신속하게 보고서를 작성해야 하는데, 세 팀장 중에서 같이 일해 본 3팀장이 순발력이 있고 이 일을 제일 잘할 것 같아서 그에게 일임했다. 3팀장은 황 상무와 함께 거의 매일 사장 보고에 참여하다 보니 사장의 눈에 들어, 연말 인사에서 영전시켜 주겠다는 언질까지 받았다. 이를 보고 다른 두 팀장은 공정하지 못하다면서 불만을 드러냈다. 보고서를 작성하다 보니 그가 일의 전후 내막을 잘 알고 전문성이 생겨 계속 그에게 맡길 수밖에 없는 상황이다. 황 상무는 이제 와서 보고 업무를 다른 팀장에게 맡길 수도 없고, 다른 빛나는 일을 만들어 줄 수도 없어서 매우 난감해한다. 무엇이 잘못된 것일까?

이런 일은 기업에서 흔한 일이다. 과거에는 이런 일이 있어도 나머지 두 팀장이 불만을 드러내지 않았지만 요즘은 다르다. 황 상무는 급한 나머지 실증 검증 과정 없이 자신과 함께 일한 경험을 기준으로 3팀장에게 보고 업무를 맡겨 '기회균등 원칙'을 어겼고, 이 원칙이 깨지면서 나머지 공정성 원칙들도 대부분 무너졌다.

그렇다면 황 상무는 어떻게 해야 했을까? 우선 처음에 1, 2, 3팀장들에게 똑같이 보고서를 작성할 기회를 줘야 했다. 불필요한 과정 같지만 때로 공정성은 투자가 필요하다. 각자 보고서를 써오게 한 후 비교하는 절차를 가졌어야 했다. 그리고 팀장 개인 면담을 통해 각자의 의사를 확인한 후 결정하는 과정을 거쳐야 했다. 그리고 황 상무가 보고서 작성 하나만 주목받도록 내버려 둔 것은 잘못이다. 다른 중요한 업무를 개발하여 1, 2팀장들이 주목받을 수 있도록 하는 노력이 필요했다. 다른 팀장들도 사장 보고의 기회를 가질 수 있도록 만들어야 했는데, 주어진 기회를 공정하게 배분하는 데만 치중하는 오류를 범했다. 요컨대 리더는 부하들이 성장하도록 계속 새로운 기회를 만들어 줘야 한다. '확장 능력'은 리더에게 가장 중요한 능력이다. 리더가 익숙한 관계나 관행에 안주하면 공정성은 성취하기 힘들어진다.

창의(Creative Adaptation): 창의적 적응은 집념의 대지에 뿌리내린다

창의는 유연성에 뿌리를 둔다. 실용주의의 유연성이란 개인이 환경 변화에 적응하는 무기다. 통찰이 문제의 성격과 원인을 밝혀내는 것이라면, 창의는 문제의 해법을 실행하는 과정에서 나타나는 상황 변화에 효과적으로 대응하는 것과 관련된다.

한때 포드, 토요타, 현대·기아차 등 세계의 내연기관 자동차 업체들은 수소차, 전기차, 하이브리드차 등 새로운 도전에 직면했다. 어느 쪽으로 주력해야 할지를 결정해야 했다. 포드는 상황의 추이를 지켜보며 기다렸고, 토요타는 기존 플랫폼에 투자해 놓은 것을 변용한 '내연+전기'의 하이브리드차를 선택했다. 둘 다 유연성이 떨어졌다. 가장 공격적으로 치고 나온 회사가 현대·기아차였다. 정의선 회장의 결단으로 기술개발에 집중 투자한 현대·기아차는 수소차, 전기차, 하이브리드차 등 모든 기종을 창안해 냈다. 처음 수소차를 밀다가 전기차가 득세하자 바로 전기차 쪽으로 방향을 틀었다. 현대·기아차는 앞으로 시장이 어떤 방향으로 전개되더라도 대응할 수 있는 유연성을 갖추게 됐다. 정 회장의 창의적 대응이 빛을 발한 것이다.

실용적 리더의 창의적 대응은 대략 세 가지 측면을 갖는다. 하나는 자유도를 유지하는 것이고, 다른 하나는 다양한 문제해결 원천을 활용하려는 자세이며, 또 다른 하나는 상황 변화에 대한 민감성과 변화에 적응하려는 용기다. 즉, 실용적 리더는 특정 대안에 대해서 선입관을 갖지 않는다. 내가 좋아하는 대안이나 내게 익숙한 소재 등에 연연하지 않는다. 정서적 나약함이나 익숙한 기억의 흔적은 리더의 자유도를 제한한다. 자유도란 개인이 어떤 제약이나 정해진 바 없이 선택할 수 있는 선택 영역의 크기다. 빈 종이에 그림을 그리는 것과 종이 가운데 집을 하나 그려 놓고 빈 곳을 채우라는 것 사이에는 큰 차이가 있다. 실용적 리더는 문제해결에 나서기 전에 항상 머리를 비워 빈 종이를 준비한다. 창의적 대안을 위해서 자유도를 100퍼센트 확보하려는 것이다.

또한 실용적 리더는 문제해결의 다양한 원천을 활용한다. 전문가의 의견, 현장의 목소리, 앞서 겪었던 사람들의 경험담, 다른 나라의 사례, 여러 이해관계자의 입장, 역사적 예시, 문서 등 문제해결의 레퍼런스에 파고들어 창의적 대응책을 찾는다. 발품을 많이 팔아야 한다. 다음의 사례가 다양한 원천 활용이 얼마나 중요한지를 말해 준다.

B 건설 법무팀의 최은혜 팀장은 어려운 문제를 맡았다. 사우디 아람코가 발주한 플랜트를 B 건설사가 건설하고 있는데, 공사 기간 중간쯤 되어 아람코가 계약 불이행을 이유로 B 건설을 상대로 약 3,000억 원 규모의 위약금 소송을 하겠다고 통보해 온 것이다. 최 팀장은 3개월 이내에 대응해야 했다. 2조 5,000억 원 공사에 3,000억 원 위약금이란 B사에 대단히 큰 피해였다. 사장은 급히 최 팀장을 불러 사태의 심각성을 설명했다. 해외 공사가 계속 적자를 내는 상황에서 현금 3,000억 원의 위약금을 물고 나면 회사가 위험해지며, 여기에서 밀리면 아람코가 또 다른 문제를 들고나올 것이라는 등의 내용이었다.

최 팀장은 팀원 3명을 모아 TF팀을 만들고 대응에 들어갔다. 계약서를 검토함은 물론 아람코가 보내온 예비 소송 내용, 과거의 사례, 사우디 법체계, B사 현장 소장의 소견, 아람코 프로젝트 담당자의 특성까지 모든 자료를 철저히 분석했다. 하지만 최 팀장의 창의적 대안은 다른 데 있었다. 그녀는 사우디의 법체계를 살펴보던 중, 코란이 모든 법에 우선한다는 사실을 알았다. 최 팀장은 바로 코란을 구해 읽기 시작했다. 예비 소송 내용에 관련되는 조항들을 모두 뽑아내어 논리를 구성했다. 특히 아람코 소송에 수비하는 자세를 버리고 오히려 아람코가 계약을 어겼다는 식의 공격형 논리를 구성했다. 그리고 팀원들과 사우디행 비행기에 올랐다.

아람코 담당자들과 만나 여러 차례 회의를 가졌다. 최 팀장은 영어권에서 로스쿨을 나오고 변호사로 활동한 경험이 있어 유창한 영어로 상대를 압도했다. 고비마다 창의적이고 기발한 아이디어로 돌파해 나가는 그녀의 모습은 팀원들은 물론 아람코 담당자들도 감탄할 정도였다. 3개월이 되기 전, 아람코는 항복했다. 약 7,000억 원이 넘는 위약금을 아람코가 B사에 내는 조건으로 합의했다. 이 엄청난 성과로 B사의 재무 상태는 크게 좋아졌고, 최 팀장도 임원으로 승진했다.

코란까지 동원하다니 기막히게 창의적이다. 한국인이 위기 돌파에 강한 것은 이념이나 비전 때문이 아니라 바로 최 팀장이 보여준 것과 같은 '실용적 창의' 때문이다. 현대그룹 창업자 정주영 회장이 조선소 시설도 없이 당시 지폐 500원에 그려진 거북선 그림 보여주고 영국 은행 자금을 빌려 선박 사업을 수주한 사례와 유사하다.

최 팀장의 사례는 실용주의 리더가 갖춰야 하는 변화 민감성 및 용기와도 관련된다. 실용주의 리더 최 팀장은 해결책 실행 과정에서 변화하는 상황을 민감하게 읽어 내어 효과적으로 대응했다. 상황은 수시로 변했고, 변수가 발생할 때마다 그녀는 창의적 아이디어로 상황을 돌파했다. 때로는 남다른 용기가 필요할 때도 있었다.

성과(Effective Outcome): 보상 없이 성과도 없다

성과는 실효성에 기초한다. 리더에게 실효성이란, 최고의 성과를 내는 방법을 찾는 것과 그러한 성과 창출이 반복될 수 있도록 동기

유발 체계를 구축하는 것이다. 계획한 일을 이루는 것이 성과지만, 넓게 보면 계획하지 않은 새로운 기회를 발굴하는 것, 예측하지 못한 사건이나 사고를 적절히 해결하는 것 등도 성과다. 실용적 리더는 이 모든 성과에 책임을 진다. 동기유발 체계를 구축한다는 것은 비슷한 문제가 발생했을 때, 똑같이 최고의 성과가 나올 수 있도록 성과-보상 연계시스템을 만드는 것이다.

이념형 리더나 혁신형 리더는 명분을 가지고 부하를 몰아붙이는 경우가 많다. 희생을 강요하든가 때로는 감당할 수 없는 부담을 줘 죽음으로 몰아넣기도 한다. 조커 리더는 사탕발림 약속으로 부하들의 열정을 끌어내지만, 원하는 결과를 얻으면 약속을 지키지 않는다. 하지만 실용적 리더는 자발성을 중요시하므로 부하들이 스스로 최고의 성과 창출을 위해 뛰도록 만든다. 성과에 따른 확실한 보상 메커니즘을 구축하여 자발성을 유도해 낸다. 실용적 리더는 장기적 관점을 가지고 있으므로 성과-보상 체계를 제도화하고 약속을 지킨다.

앞에서 '문제해결'을 강조하다 보니 실용적 리더가 문제만 해결하는 사람으로 잘못 인식될 수 있는데, 이것은 오해다. 실용주의 리더는 문제를 해결하는 것에 만족하지 않는다. 더 큰 성과를 내기 위해 새로운 기회를 포착하여 추진하는 일에도 열심을 보인다. 실용적 리더의 통찰은 잠재적 문제를 찾아내는 것뿐 아니라 아직 발굴되지 않은 기회를 발굴해 내는 행위도 포함한다. 현재의 문제해결을 우선시하지만, 새로운 성장의 기회가 발견되면 머뭇거리지 않고 그 기회를 활용하여 큰 성과를 이루려 한다.

또한 리더 혼자 기회를 발굴하는 것이 아니라 모든 조직원이 각자 기회를 발굴하도록 독려하는 것이 실용적 리더의 특징이다. 예컨대 리더 혼자 발굴하면 10개의 아이디어를 찾아내지만, 10명의 팀원이 함께 나서면 100개의 아이디어를 발굴할 수 있다. 구성원 각자가 자기 역할에 전략적 마인드를 가질 때, 유레카의 새로운 기회 발굴이 가능해진다. 기업 리더 중에는 새로운 기회 발굴에 적극적인 리더들이 꽤 있다. 다음의 사례는 아이디어 개발로써 성과를 거두는 한 마케팅 본부장의 이야기다.

> C 기업의 마케팅 본부장은 30명 구성원에게 끊임없이 새로운 아이디어를 개발하도록 독려한다. 좋은 아이디어가 있으면 회사 인트라넷에 올리게끔 하고 구성원들의 코멘트를 받은 후, 본부장은 2~3명이 조를 이뤄 바로 추진하도록 지원한다. 조직원 한 명당 4~5개의 아이디어를 추진한다. 분기에 한 번씩 발표회를 가져 실행 결과가 좋은 조에는 특별한 보상을 한다. 이 활동을 1년 동안 실시한 결과 소통이 원활해지고, 쓸데없는 갈등이 사라졌으며, 매출도 13퍼센트 향상되는 큰 성과를 얻었다.

실용주의 리더의 통찰, 공정, 창의, 성과를 구체적으로 살펴봤다. 그렇다면 실용적 리더의 이런 행동은 어디에서 나오는 것일까? 이 질문에 답하기 위해서는 실용적 리더, 이념적 리더, 혁신적 리더, 조커 리더의 행동에 영향을 미치는 내면 요인을 살펴봐야 한다. 학자들은 다양한 연구를 통해 리더 행동에 영향을 미치는 내면 요인이 '멘털 모델'이라는 사실을 밝혔다.

멘털 모델

모든 사람의 행동에는 이유가 있다

인간은 보통 이유 없이 행동하지 않는다. 이유 없이 소리를 지르는 사람은 미친 사람이다. 알베르 카뮈의 『이방인』에서 뫼르소가 이유 없이 방아쇠를 당긴 것도 순간 미쳤기 때문이다. 모든 정상적인 개인의 행동에는 이유가 있다. 그 이유 중 가장 중요한 것이 우리 머릿속에 존재하는 '멘털 모델(Mental Model)'[2]이다.

멘털 모델이란 개인마다 머릿속에 갖는 '세상을 이해하는 생각의 틀'을 말한다. 이 무의식의 틀이 우리 일상의 선택과 행동을 조정한다. 중요한 것은 실용적 리더가 가진 멘털 모델은 이념적·혁신적·조커 리더와 하늘과 땅만큼 다르다는 점이다. 네 유형의 리더들은 내면에 존재하는 생각의 틀이 확연히 달라 온종일 함께 얘기해도 통하지 않는다. 좋은 점도 있다. 리더의 멘털 모델을 잘 이해하면 그의 행동을 예측할 수 있기 때문이다.

아버지는 태극기부대, 어머니는 개딸, 함께 사는 것이 신기해요.

S 기업 송 상무의 하소연이다. 부모님이 사시는 아파트에 방이 세 개인데 하나는 '태극기'의 나라, 다른 하나는 '개딸'의 나라로 치

장하고 산다. 서로 싸울 때는 세 번째 방을 사용한다. 이들이 싸울 때 무슨 말이 오갈지는 누구나 예상할 수 있다. 먹고사는 문제와 전혀 무관한 쓸데없는 말로 상대방에게 공격을 퍼부을 것이다. 거실은 공동경비구역이다. 거실에 놓인 TV 양쪽 끝에 작은 태극기 하나, 푸른 깃발 하나가 꽂혀 있다. 송 상무는 하루하루가 조마조마하다. 손주들도 되도록 할머니, 할아버지 집에는 보내지 않는다.

사실 송 상무의 부모는 같은 이념족 사람들이다. 같은 족끼리 서로의 특성을 모르고 싸우는 것이 웃프기만 하다. 실용족이 되면 얼마나 유익하고 재미있게 이 세상을 살 수 있는지를 몰라서 벌이는 비극의 가족사다. 이념에 찌들면 인생이 피곤해진다.

멘털 모델이 일상생활에 작용하는 또 다른 예가 있다. 어떤 사람의 멘털 모델을 확인하려면 여행을 같이 가보면 안다. H 기업의 최 상무는 친구인 고 교수와 3박 4일로 제주도를 여행했는데, 70여 시간 내내 복장이 터져 죽는 줄 알았다고 고백했다. 음식에 까다로운 고 교수는 매끼 자신이 좋아하는 한식만 고집했다. 그래도 한 끼씩 번갈아 가면서 좋아하는 음식을 먹어줄 줄 알았는데…. 결국 제주에 가서 그 흔한 회 한번 못 먹고, 돼지갈비 한번 못 씹고 돌아왔다. 또한 고 교수는 모든 것이 느린 편이다. 걸음도 느리고 먹는 것도 느리고 아침에 일어나는 것도 늦다. 반면에 대기업 상무 자리까지 올라간 최 상무는 얼마나 빠릿빠릿했겠는가. 모든 행동이 "빨라야 한다"라는 멘털 모델을 가진 최 상무와 "느리면 어때"라는 모델을 가진 고 교수, 서로가 서로에게 고통이었다.

중요한 것은 고 교수가 조금이라도 최 상무에게 맞추려고 노력하지 않았다는 점이다. 결국 최 상무가 다 맞춰 주다 보니 불만이 쌓였다. 내면의 멘털 모델과 행동이 일치하지 않으면 '인지 부조화'가 생겨 스트레스를 받게 된다. 물론 역사학을 전공한 고 교수의 이야기를 들으려고 함께 가자고 권유했던 터라 할 말은 없었다. '이 친구가 이렇게 아집에 사로잡혀 사는 사람인지 처음 알았네.' 최 상무는 어금니를 깨물었다. 김포공항에서 헤어지면서 약속했다. "다시는 죽어도 같이 여행 가지 않기!" 죽고 나서 묫자리도 멀리 떨어져 잡자며 헤어졌다. 회사의 실용주의로 다져진 최 상무의 멘털 모델과 바쁠 것 하나 없는 직업적 이념에 찌든 고 교수의 멘털 모델이 극명하게 대비되는 사건이다. 유연한 실용족과 경직된 이념족, 이들에겐 답이 없다.

조커는 어디에나 있다

실용적 리더, 이념적 리더, 혁신적 리더, 그리고 조커 리더의 멘털 모델 차이를 연구한 결과는 넘쳐 난다. 이들을 일반 독자들이 이해하기 쉽게 정리해 보려고 한다.

그 전에 한 가지 분명히 알아 두어야 할 것이 있다. 그것은 바로 실용적 리더, 이념적 리더, 혁신적 리더는 공통적으로 공익, 즉 공공의 이익을 추구하지만 조커족 리더는 개인의 사적 이익만을 추구한다는 점이다. 조커족은 리더의 직위를 이용하여 자신의 이익을 취하는 사람들이다. 직위 권력을 사용해 개인 이익을 취하고, 기회만 있으면 불법·탈법·편법을 일삼고, 자리에 주어진 권력을 자신의 잘못을 은폐하고 빠져나가는 데 이용한다. 거짓말, 왜곡, 내로남불, 속임수, 비방, 탈취, 욕설, 살인 등 자신의 이익과 자기방어를 위해서라면 못 할 것이 없다. 조커 리더가 사회의 지도자가 되면 그 폐해를 국민이 고스란히 떠안아야 한다. 남아프리카공화국의 제이컵 주마(Jacob Zuma), 필리핀의 페르디난드 마르코스(Ferdinand R. Marcos), 벨기에의 왕 레오폴드 2세(Léopold II) 등은 조커 리더였다. 이들의 만행으로 국민이 감당해야 했던 피해가 얼마였으며, 목숨을 잃은 사람이 몇 명이었는지 정확히 파악하기도 힘든 참혹한 사례들이다. 어디 이들뿐이겠는가. 인류 역사에는 조커 리더들로 넘쳐 난다.

기업에도 조커 리더는 많다. 공론장에서 알려진 5대 최악의 리더십은 다음과 같다.[3]

- 엔론(Enron)의 분식 회계
- 테라노스(Theranos)의 피 한 방울 혈액 검진 사기
- 폭스바겐(Volkswagen)의 배출가스 속임수 스캔들
- 우버(Uber)의 각종 인종차별, 성희롱, 무책임 경영
- 웰스 파고 은행(Wells Fargo Bank) 직원의 사기 계좌 사건

내용은 달라도 모두 조커 리더가 주도했다는 공통점을 갖는다. 특히 테라노스의 창업자 엘리자베스 홈스는 피 한 방울로 여러 질병을 검진할 수 있는 획기적인 혈액 진단기를 개발했다고 홍보하면서 비전의 리더, 자수성가한 최연소 여성 억만장자 등 황홀한 평가를 받았다. 폭스뉴스, CNN 등 미국의 TV 프로그램에도 나와 자신의 비법을 전수해 주겠다며 설치던 인물이었다. 하지만 모든 것이

꾸며 낸 거짓으로 드러나 하루아침에 몰락했다.

기업 임직원 중에도 조커 리더가 많다. 사장의 오른팔, 왼팔 하던 팀장이 고객 돈을 자기 계좌로 빼돌려 수억 원을 가로챘다가 발각된 사례도 있고, 상무가 팀장에게 직원들 괴롭히는 법을 가르쳐 주고 월별로 팀원 괴롭힌 사례를 보고하라고 팀장에게 지시했던 어느 철강회사의 사례도 숨을 멎게 만든다. 어느 중소기업 사장은 돈을 좀 벌게 되자 수많은 지하철 역사에 광고를 했는데, 알고 보니 자기가 세운 광고회사에 일감을 몰아줘 돈을 빼먹는 수법이었다. 직원들이 아파하고 떠나도 자기 배만 불리겠다는 악덕 조커다.

일반인들 중에도 조커족이 많다. 가정에서, 각종 모임에서, 학교에서 얼마든지 조커족들을 찾아볼 수 있다. 명동에서 디자이너로 이름 날리던 인물이 있었는데, 동창회장이 되고 나서 돈이 궁했던지 친구들한테 돈 빌린 뒤 잠적했다. 감감무소식 3년. 그러던 어느 날 나타났는데 스님이더란다. 그날 그는 그럴듯한 변명을 늘어놓더니 친구들로부터 다시 시주까지 받아 갔다. 숨을 멈추게 하는 사례는 많다. 아이를 낳아 놓고 버렸는데 아이가 자라서 잘되자 다시 나타나 돈 좀 도와 달라는 부모, 청소년 아이 방에 CCTV 카메라 설치해 놓고 감시하는 엄마, 아내와 아이들 몰래 세 집 살림하던 의사가 죽고 나서 발각되어 장례도 제대로 못 치른 사례 등 우리 사회는 조커로 넘쳐난다. 대통령이든 CEO든 일반인이든, 조커 리더의 공통점은 이기적 탐욕이고, 그 이기적 탐욕의 근저에는 멘털 모델이 있다. 즉 조커의 멘털 모델이 이기적이고 탐욕스러운 행동을 유발하는 것이다. 그렇다면 실용족, 이념족, 혁신족, 조커족의 멘털 모델은 무엇이 다를까? 좀 더 구체적으로 살펴보자.

실용적 리더의 멘털 모델은 다르다

실용적 리더, 이념적 리더, 혁신적 리더, 그리고 조커 리더의 멘털 모델의 특징을 〈표 3〉에 요약했다.[4] 왼쪽 세로축에 있는 '시간 초점'부터 '원인 규명'까지는 리더들의 차이를 알아보는 기준이다.

삼성의 이건희 회장은 항상 '위기의식'을 강조했다. 오늘의 문제, 즉 현재에 집중하는 실용주의 리더의 모습이다. 자신이 직접 가전제품을 뜯어보기도 하고 반도체를 깊이 공부하여 투자의 실마리를 찾기도 했다. 엔지니어 못지않게 문제에 깊이 파고드는 습관이 있었다. 박태준, 정주영, 이병철, 최종건, 최종현, 신용호, 구인회, 구평회, 박승직, 조중훈, 신격호, 신춘호, 조홍제, 이원만, 워런 버핏,

〈표 3〉 각 리더의 멘털 모델 비교

구분	실용적 리더	이념적 리더	혁신적 리더	조커 리더
시간 초점	현재에 집중	과거에 집착	미래에 초점	편한 대로 선택
추구하는 결과	합리적 결과	초월적 결과	이상적 결과	자기에게 최대 이익이 되는 결과
추구하는 결과의 숫자	상황에 따라 다름	소수	다수	다다익선
멘털 모델의 지향점	외부 지향	내부 지향	외부 지향	자기 보호
결과에 대한 원인 규명	사람과 상황의 상호작용	상황 탓	사람 탓	내로남불

젠슨 황 등도 모두 여기에 속한다.

문재인 대통령은 과거의 적폐청산을 외치다가 임기를 끝냈고, 레이건 미국 대통령도 '미국을 위대하게'를 외치며 전임 대통령 지미 카터가 만든 나약한 미국을 다시 세우는 데 진력했다. 이들은 과거의 잘못을 극복하고 정의를 세우는 것을 자신의 사명으로 여기는 이념의 리더들이다. 이들은 시진핑 주석의 '중국몽'이나 케네디 대통령의 '달을 정복하자', 알렉산더의 '더 넓은 세계를 위하여'라는 미래의 환상을 내세우는 혁신적 리더들과 대비된다. 아울러 실용적 리더는 추구하는 결과를 합리적으로 선택하지만, 이념적 리더는 이념의 가치에 기초한 질적으로 다른 '초월적 목표'를 추구한다. '미국을 다시 위대하게(Make America Great Again, MAGA)'라는 기치를 내세우고 등장한 이념의 리더 트럼프가 2019년 재임 시 주한미군 방위비 50퍼센트 인상을 제시한 것은 초월적 목표의 예다. 한꺼번에 50퍼센트 인상이라니! 이것은 근거 없이 허황한 목표를 추구하는 이념적 리더의 '초월적 목표' 인식의 증거라고 할 수 있다. 문재인 대통령이 국제사회에 한국이 '2030년까지 국가 온실가스 배출을 2018년 대비 40퍼센트 감축하겠다'라고 선언한 것도 현실을 망각한 초월적 목표라고 볼 수 있다.

혁신적 리더는 경제공황을 탈출하려 했던 루스벨트 대통령의 뉴딜 정책처럼 구성원들의 열망을 담은 이상적 목표를 추구한다. 추종자들이 열망하는 미래이므로, 리더가 비전 달성을 위해 강하게 통제와 제재를 가해도 사람들은 받아들인다. 루스벨트 대통령은 20세기 전반, 경제 대공황으로 좌절하고 있던 미국민에게 뉴딜(New

Deal) 정책으로 희망을 불어넣었다.

한편 조커 리더는 자기한테 가장 유리한 결과를 추구한다. 인도네시아의 수하르토(Suharto), 필리핀의 마르코스 전 대통령이 여기에 해당한다. 2004년 글로벌 투명성 보고서는 이들을 각각 부패 순위에서 세계 1, 2위로 지목했다.

목표의 수준은 이념적 리더가 가장 높다. 현실이 어떻든 정의를 구현해야 하므로 초월적 수준을 목표로 삼는다. 혁신적 리더도 구성원의 열망을 담은 목표를 추구하기 때문에 이상적 수준을 목표로 삼는다. 실용적 리더는 다양한 정보를 참고하여 '도전적이지만 달성할 수 있는(Challenging But Achievable, CBA)' 수준을 목표로 한다. 특히 장기적이고 근본적인 문제해결을 목표로 하는 특징이 있다. 조커 리더는 자신의 이익을 위해서라면 마이너스 목표 설정도 주저없이 선택한다.

혁신적 리더였던 박정희 대통령의 후반기 스타일과 일론 머스크는 여러 가지 목표를 동시에 추구했다는 공통점이 있다. 경제부흥, 자주국방, 새마을운동, 기술개발, 인프라 구축, 중화학공업 육성, 베트남 파병, 인재 육성 등이 박 대통령의 목표 세트였고, 화성 거주, 전기차, AI, 자율주행차, 튜브 터널 구축, 스타링크(StarLink), 머리 칩 이식 등은 일론 머스크의 목표 세트다. 목표의 숫자는 혁신적 리더가 다른 어떤 리더들보다도 많다. 이념적 리더는 정의 구현에 필요한 소수의 목표에 집중하고, 실용적 리더는 발견되는 문제에 따라 목표 숫자가 달라진다. 조커 리더는 뭔가 자신에게 이익이 되는 사업 목표라면 다다익선, 즉 많을수록 좋아한다.

미국의 아이젠하워 대통령은 '평화와 번영의 시대' 또는 '좋은 시절'을 이끌었던 대통령이다. 그는 8년 재임 기간 동안 지지율 60퍼센트를 유지했다. 이렇게 높은 지지율은 얻을 수 있었던 이유는 무엇일까? 총 길이 6만 6,000킬로미터의 미 대륙 횡단 고속도로 건설, CIA 강화, NATO 지원, 사회보장제도 확장, 최저임금 인상, NASA 설립, 핵의 평화적 이용 프로그램 추진, 인종차별 철폐 등 다양한 업적을 이룩했다. 그는 철저히 세계와 국민을 바라보는 외부 지향의 실용주의를 선택하여 세계 평화와 경제 번영에 이바지했다. 케네디나 박정희 대통령 같은 혁신족도 마찬가지로 외부 지향의 관점을 갖는다. 이에 반해 공산주의 이념을 전면에 내세운 소련의 스탈린은 집단농장, 정치 탄압, 숙청 등 내부 지향적 권위주의로 일관하여 수많은 사람을 몰살시켰다. 이념적 리더는 사람을 쓸 때도 자기편인가 아닌가를 기준으로 삼는다.

최근 한국의 대통령들도 자기편 위주로 사람을 쓰는데, 이는 바람직하지 않다. 오늘날 나라가 좌파와 우파로 나뉘어 극심하게 대립하고 있는 것은 '대통령의 사람 쓰기'가 그 시발점이라고 본다. 국민과 나라의 문제해결에 진정성을 가진 리더라면, 사람을 쓸 때 '자기편'(즉 이념이 같은 사람, 같이 근무했던 사람, 아는 사람, 익숙한 사람, 신세 진 사람, 측근이 추천하는 사람 등)에 국한하지 않는다. 자기편 위주로 사람을 쓴다는 것은 대통령이 국민이 직면한 문제들을 직시하지 않고 있다는 증거다.

어떤 결과의 원인을 찾을 때도 리더마다 성향이 다르다. 실용적 리더는 사람과 상황의 상호작용으로 원하는 결과를 얻었다고 추론한다. 이념적 리더는 결과에 대한 원인 규명으로 상황 탓을 하는 성향이 강하며, 혁신적 리더는 사람 때문이라고 여긴다. 조커 리더는 '내로남불'을 신봉하는데, 좋은 결과는 모두 내가 잘한 결과이고 나쁜 결과는 상황 탓으로 돌린다.

예컨대 완벽한 공산주의를 실현하겠다는 이념으로 킬링필드를 주도한 이념의 학살자 폴 포트는, 자국민의 4분의 1을 죽였으면서도 단 한 번도 자신의 잘못을 인정한 적이 없다. 이념의 리더는 절대로 자기 잘못을 인정하지 않는다. 이념적 리더란 정의를 세우는 사람이고, 정의의 사도는 완벽해야 하므로 일의 결과에 대해 항상 상황 탓을 하는 습관이 있다. 반면 혁신적 리더는 사람 탓을 한다. '우리가 부족한 탓이다. 우리가 더 열심히 했어야 했다'라는 식이다. 비전을 위해 함께 모인 사람들이기 때문이다.

여기까지 다시 정리해 보자. 21세기에는 오늘의 문제를 직시하는 실용주의 리더십이 회복되어야 한다는 점을 강조했다. 실용주의자는 현재성, 합리성, 유연성, 실효성 등의 4대 행동 원칙에 따라 생활한다. 실용적 리더는 이 원칙들을 실천하는 사람이다. 이를 실천할 때 통찰, 공정, 창의, 성과의 네 가지 행동이 두드러진다. 또한 실용적 리더의 행동은 실용적 멘털 모델에 의해 규제받는다. 실용주의 멘털 모델은 현재 중심, 합리적 결과 추구, 외부 지향, 사람과 상황의 상호작용을 중시하는데, 이것은 과거에 집착하고 정의와 불의의 편을 나누는 이념적 리더, 미래에 초점을 두고 강한 통제로 밀고 나가는 혁신적 리더, 그리고 무초점의 '내로남불' 조커 리더와 다르다는 점을 밝혔다.

그렇다면 실용주의 리더십의 허점과 강점은 무엇일까? 실용주의 리더들이 현장에서 겪는 어려움은 무엇이며, 그 어려움을 어떻게 극복하는가?

실용주의 리더십의 허점

정치인을 예로 들면 실용주의자는 선거에서 당선되기 힘들다. 그 이유로, 첫째는 재미가 없고, 둘째는 퍼줄 줄 모르고, 셋째는 환상을 심어 주지 못하기 때문이다. 이것이 우리나라 대통령이나 국회의원 중에 실용주의 리더를 찾아보기 힘든 이유다. 그러니 정치판이 온통 이념족과 조커족으로 득실거린다. 혁신족도 간혹 보이지만, 실용족은 '백지 위에 떨어진 물방울'처럼 존재가 희미하다. 처음엔 있는 듯 없는 듯 보이다가도 조금만 있으면 흔적도 없이 증발해 버린다. 강점보다 허점을 먼저 말하는 것은, 이 허점이 나라 발전과 국민 생활에 치명적 약점으로 작용하기 때문이다. 이에 대해 자세히 알아볼 필요가 있다.

재미없는 실용주의 리더 뒤집기

첫 번째로 '재미없음'에 대해 살펴보자. 기업의 CFO(재무 담당 최고 책임자)는 대부분 실용주의자인데, 한결같이 '재미가 없다'. 돈을 다루는 사람은 항상 정확해야 하기 때문인 듯하다. 정치판에도 이런 사람들이 있다. 일반 국민은 대부분 심각하게 조목조목 따지고 드는 것을 싫어하는데, 실용주의 리더는 국민이 싫어하는 '따지는 일'을 잘한다. 따지고 분석하고 진위를 헤아리는 것은 실용주의자의 사명이다. 하지만 실용주의 리더가 모두 재미없는 사람인 것은 아니다. CFO 중에도 간혹 일에는 엄격하지만, 일 이외의 관계에서는 한없이 너그럽고 유머 넘치는 사람이 있다. 실용주의 리더가 꼭 재미없을 거란 법은 없고, 이는 고정관념에 불과하다.

혁신족인 나폴레옹은 미래 비전을 내걸고, '내가 먼저 희생하겠다'며 앞장섰다. 비전은 대개 환상이지만 국민은 그 환상에 감동한다. 재미없는 실용주의 리더, 내 편이 되어 주는 이념의 리더, 환상으로 이성을 마비시키는 혁신적 리더, 이들이 선거판에서 경쟁할 때, 국민은 누구에게 표를 줄까? 재미없는 실용주의 리더에게 표를 주기는 힘들다. 결국 실용주의자의 존재감은 희미해질 수밖에 없다. 이념족 도널드 트럼프가 2024년 5월 31일 유죄판결을 받은 날, 열렬한 지지자들이 24시간 만에 5,280만 달러(약 730억 원)의 정치자금을 몰아 줬다. 그가 만약 실용주의자였다면 턱도 없는 일이다. 한국의 제삼지대 신당들이 실용주의 중도를 표방했지만, 존재도 없이 사라지는 이유가 여기에 있다.

이를 극복하려면 국민이 제대로 평가해야 한다. 실용주의 리더가 진정한 리더이고, 이념적 리더, 조커 리더, 혁신적 리더는 환상이라는 사실을 국민이 제대로 구별할 줄 알아야 한다. 이것은 교육의 문제다. 초등학교부터 실용주의 교육을 해야 하는데, 우리나라 교육은 이념 교육으로 오염되어 있다. 교과서뿐만 아니라 교사들도 이념에 물든 사람들이 많다. 세상에 눈뜨는 초등학생 3학년이 고등학교 졸업하기까지 10년이 걸린다. 그 10년은 이념의 각질을 벗겨 내고, 실용주의 갑주를 입히는 데 필요한 마지막 기회일 수 있다. 파국의 임계점을 향해 달려가고 있는 대한민국을 방어하는 최후 전선이다.

단기 해법도 필요하다. 실용주의 리더는 자신의 '리더십 브랜드(Leadership Brand)'를 확실히 세워야 한다. 평소에는 가만히 있다가 선거 때만 "내가 당신의 문제를 해결할 수 있는 적임자요"라며 나서는 사람들이 있다. 선거가 있든 없든, 평소에도 고되게 살아가는 국민을 만나 문제의 성격과 근원을 파악하는 데 진력하는 모습을 보여야 한다. 그 바탕 위에 그려진 '생생지락'의 청사진을 들고 국민에게 표를 달라고 하면, 그 진정성에 감동하지 않을 국민이 어디 있겠는가! 실용주의 리더가 물에 물 탄 듯, 술에 술 탄 듯해서는 이념족, 조커족을 이겨 낼 방도가 없다. 아예 북한의 '선전선동부'와 비슷한 간판까지 내걸고 전문적으로 간계를 꾸며 대는데 어떻게 이길 수 있겠는가! 실용주의 리더를 '순진하다'라고 평가하는 것은 이 때문이다.

아울러 실용주의 리더가 성공하려면 리더십 스킬이 탁월해야 한다. 리더십 훈련도 받고 코칭도 받는 모습을 국민에게 보여 줄 필요가 있다. 완벽한 리더는 없다. 하지만 더 좋은 리더가 되려고 노력하는 것은 얼마든지 가능할 뿐 아니라 국민을 위한 의무이기도 하다. 소통력, 설득력, 협상력, 배려법, 의사결정 능력, 협업 스킬, 시스템 장악력 등 리더십 기본 역량은 훈련하면 얼마든지 향상할 수 있다. 정치인들은 당선되는 순간 이런 스킬들을 자기가 타고났다는 착각에 빠진다. 강의 한번 안 듣고 리더십 진단도 받은 적 없는데, 스스로가 리더십 스킬이 뛰어나고 그리하여 당선된 것처럼 행동한다. 이 기본 스킬은 초등학교에서 대학까지 학창 시절에 가르치는 것이 가장 바람직하다. 리더십 기초 훈련을 못 받은 상태에서 대통령, 장관, 국회의원이 되다 보니 자기 성질 대로 권력을 휘둘러도 되는 것으로 착각하게 된다. 특히 고위직은 리더십 훈련을 법으로 의무화할 필요가 있다.

실용주의 리더에게 필요한 것은 용광로

둘째의 '실용적 리더는 퍼줄 줄 모른다'라는 것은 포퓰리즘으로 국민을 들뜨게 하는 이념족·조커족 리더와 대비시킨 것이고, 셋째의 '환상을 심어 주지 못한다'는 환상을 통해 국민을 동요시키는 혁신족 리더와의 비교이다. 이념, 조커 그리고 혁신의 리더들은 국민의 마음을 흔들어 달아오르게 하는 공통점이 있다.

실용주의 리더가 이를 극복할 방법은 무엇일까? 결론부터 말하면 '용광로'를 만들어야 한다. 뭐든 그 안에 들어오면 다 녹이는, '실용주의자 집단'을 구축해야 한다는 말이다. SNS 시대에는 리더 혼자서 집단을 이길 수 없다. 이념의 달콤함과 혁신의 환상을 '실용의 용광로'에서 녹여 국민이 현혹되지 않도록 방어해야 한다. 거짓과 환상으로 달아오른 국민의 마음을 진실을 추구하는 실용의 용광로에 태워 진정시켜야 하는 것이다.

이것은 각계의 전문가들이 용광로의 불꽃이 되어 줘야 가능한 일이다. 다른 족들이 제기하는 이슈를 모든 각도에서 분석하여 벌떼처럼 국민에게 그 진실을 전달해야 한다. 지금까지 한국에서는 '실용의 용광로'의 크기와 강도가 너무 작았다. 실용주의자들은 모래알처럼 흩어지는 속성이 있다. 모여 봤자 남는 게 없다는 실용적 판단과 내가 아니라도 할 사람 많다는 나약한 생각이 실용의 용광로를 작게 만들었다.

돌이켜 보면, 세종 이래 이 땅에 단 한 번도 실용의 용광로가 강렬한 불꽃을 작렬했던 적이 없다. 이대로 가다가는 요동치는 글로벌 경쟁에서 나라의 운명이 위태로워진다. 더 미적거릴 시간이 없다. 색깔 없는 전문가들이 실용의 깃발 아래 모여 시대를 주도해야 한다. 이것은 향후 10년, 건강한 실용주의자들에게 주어진 국민을 위한 의무라고 생각한다.

실용주의 리더는 자유민주주의 국가 선거에서 이념이나 혁신의 리더, 또는 조커 리더와 경쟁할 때 상대적으로 불리하다. 멋진 미래의 희망이나 달콤한 약속 대신 현재의 문제해결에 집중하기 때문이다. 하지만 역사적으로 이런 불리함을 극복하고 선거에 승리했던 실용주의 리더의 예가 없지는 않다. 미국의 아이젠하워 대통령, 독일의 앙겔라 메르켈 총리, 그리고 뉴질랜드의 저신다 아던(Jacinda Ardern) 총리가 그들이다. 이들은 탁월한 '설득과 협상' 능력을 보였다는 공통점을 갖는다. 설득과 협상은 실용주의 리더가 갖는 거의 유일한 무기다. 진정성 있는 설득과 협상으로 이념의 족쇄를 풀고, 혁신의 환상을 깨고, 조커의 유혹을 이겨 내고, 다름과 차이를 실용의 용광로 속에서 녹여 냈다.

아이젠하워 대통령은 1949년 북대서양조약기구(NATO)의 초대 사령관으로서 캐나다, 벨기에, 덴마크, 프랑스, 아이슬란드, 이탈리아, 룩셈부르크, 네덜란드, 노르웨이, 포르투갈, 영국 등으로 구성된 회원국들의 이해관계를 설득과 협상으로 조율하여 당시의 적대국이었던 소련의 위협에 공동으로 대응하는 임무를 수행했다. 그가 보여 준 설득과 협상 능력은 1952년 대선에서 공화당 대통령 후보로 지명받아 대통령으로 당선되는 데 결정적인 영향을 미쳤다. 대통령에 당선된 후 내각을 조각하는 과정에서도 다름과 차이를 실용의 용광로에서 녹여 내는 통합의 리더답게, 다수의 기업 CEO, 노조위원장, 배관공, 야당 인사 등을 장관직에 임명하였다. 그는 설득과 협상을 통하여 당시 미국의 문제였던 한국전쟁 휴전, 고속도로와 가로등 같은 국가 인프라 구축, 소련의 공산화 대응 등의 과제를 충실히 해결했다.

양자화학자인 독일의 메르켈 총리도 설득과 협상의 달인으로 알려져 있다. 설득과 협상은 정권을 유지하기 위해 연정(coalition)을 해야 하는 내각제에서는 더욱 중요한 리더십의 수단이다. 그녀는 나치 독일 이후 가장 강력한 정당인 기독민주당(CDU)의 당수로서, 설득과 협상으로 기독사회당(CSU)과 사회민주당(SPD) 두 정당과 대연정(grand coalition)을 구축하여 독일 최초의 여성 총리이자 최초의 동독 출신 총리가 된다. 총리가 되고 나서 그녀의 설득과 협상 능력은 더욱 빛을 발했다. 2005년부터 2021년까지 독일 총리로 재직하면서, 그리스, 포르투갈, 아일랜드에서 촉발된 EU 경제위기 때 '긴축정책 대 구제금융제공'의 해법을 협상을 통해서 타결했으며, 2015년 시리아 난민 문제에 대한 EU 회원국들의 동참도 설득을 통해 끌어냈다. 같은 해의 파리기후조약도 그녀의 설득과 협상 능력의 산물이었고, 나토의 방위비 증액, 러시아 푸틴과의 에너지 협상 등에서도 그녀의 협상 능력이 빛을 발했다. 그녀는 해법이 안 보이면 문제를 잘게 쪼개서 하나씩 협상해 나가는 방법으로 최종 결과를 산출해 내곤 했다. 재직 당시 '자유 세계의 리더'라는 찬사를 받은 것은 우연이 아니다. 메르켈 총리는 설득과 협상으로 다름과 차이를 실용의 용광로에 녹여 낸 예이다.

37세에 최연소 뉴질랜드 총리가 된 저신다 아던은 설득과 공감의 리더십을 보였다. 2017년 과반 정당이 없는 상황에서, 노동당 당수였던 그녀는 뉴질랜드 퍼스트당과 녹색당을 설득하여 소수 정당 간 연정을 끌어내 총리직에 오른다. 그녀는 진보적 성향을 보이기도 했지만 전체적으로 실용적 리더에 가깝다. 문제의 핵심을 파악하여 정확히 소통하고, 상대방의 입장을 헤아려 공감하는 능력이 탁월했다. 특히 오랫동안 갈등을 빚어 온 마오리족에 먼저 손을 내밀어 화해한 점, 청년들의 목소리를 듣기 위해서 정책 결정에 참여시킨 점, 코로나19 위기 때에에 과학자들과 적극적으로 소통하여 8만 명을 구제한 점, 총리직을 수행하는 와중에 딸까지 출산하여 삶에 대한 긍정적 메시지를 전한 점 등은, 그녀를 '소통과 공감'의 모델로 인식하게 했다. 2019년 3월 15일 크라이스트처치의 모스크에서 발생한 총기 난사 사건을 처리하면서, "희생자들의 이름은 한 분씩 부르겠지만, 범인의 이름은 부르지 않겠다. 그는 이름을 가질 자격도 없는 자다"라고 하여 국민의 큰 공감을 샀다. 그녀는 특별한 이념에 집착하거나 덧없는 미래의 희망으로 유권자들을 현혹하지 않았다. 그보다는 현실의 문제를 해결하기 위해 충실히 소통하고 설득하고 공감하는 자세를 보였다. 힘들고 어려운 문제 앞에서 자주 좌절했지만, 젊은 패기와 실용적 지혜로 밀고 나가 두 차례나 총리직을 수행할 수 있었다.

이처럼 아이젠하워, 메르켈, 아던의 관점에서 오늘날 한국의 내부를 들여다보면, 우리에게 과연 '설득과 협상과 공감의 실용적 리더'가 있었는지 의문을 갖게 한다. 설득은 만남 자체를 거절하는 장벽에 막히고, 협상을 타결하면 야합했다고 비판하고, 공감할 만한 메시지를 전하는 사람에 대해서는 메신저의 자격을 깎아내리는 험악한 문화가 고착되어 있다. 이것은 진정한 우리 민족의 전통이 아니다.

우리 민족에게는 면면히 이어져 내려온 진정한 '실용주의의 DNA'가 있다. 이 DNA에 무대를 내어 줘야 한다. 세종, 류성룡, 이순신, 정약전으로 이어지는 한민족 실용 DNA는 20세기에 들어와 기업으로 이어졌다. 오늘날 우리 기업은 실용주의의 보고(寶庫)다. 가끔 이념에 휩쓸리고, 혁신의 헛발질을 하고, 조커의 유혹에 빠질 때도 있지만, 그래도 기업의 근간은 실용이다. 기업경영은 현재성, 합리성, 유연성, 실효성을 기조로 하기 때문이다. 아이젠하워가 여러 기업의 CEO들을 끌어들여 정치판을 쇄신했듯이, 우리도 출중한 기업가들이 한민족 DNA를 꽃피우도록 무대를 내줘야 한다.

하지만 세상에 완벽한 리더는 없다. 소수이지만, 기업 경영자들도 잘못된 이념의 함정에 빠져 심각한 문제를 초래하기도 한다. 그 대표적인 예가 최근 이슈가 되는 항공회사 보잉이다.

보잉 사고의 원인은 이념적 CEO

여러 언론이 "보잉이 큰일이다"라고 보도했다. 어떻게 한밤중 하늘을 날던 비행기 동체의 옆구리가 떨어져 나갈 수 있단 말인가! 테러를 당한 것도 난기류를 만난 것도 아닌데, 비행 중인 비행기의 도어 플러그가 파열되면서 1만 6,000피트 상공에서 동체의 옆구리가 떨어져 나갔다. 비행기 안은 그야말로 아비규환이었다. 다행히 조종사가 능수능란하게 착륙시켜 사망자는 없었지만, 뉴스를 접하는 사람마다 충격을 받기에 족했다. 2024년 1월 5일의 일이다. 기종은 악명 높은 '보잉 737 Max 9'이었다.

보잉은 2018년과 2019년에도 인도네시아와 에티오피아에서 '737 Max 8'이 추락하는 사고를 냈다. 이 두 건의 사고에서 346명이 사망했다. 이후 보잉은 나름대로 제조 과정에서 기체의 안전성을 향상하는 조처를 했다고 했지만, 2024년 1월 5일 알래스카 항공기 사고로 조치가 미흡했음이 드러났다.[5] 더 우려되는 것은 사고가 여기에 그치지 않았다는 점이다. 〈표 4〉에 정리한 것처럼 2024년 1월부터 5월까지 발생한 사고만 해도 10건이 넘는다. 이게 무슨 해괴한 일인가?

사고는 하늘에서만 일어난 것이 아니었다. 2024년 2월 21일, 문제의 '737 Max' 프로그램 책임자인 에드 클라크가 해고된다. 3월 4일에는 연방항공청(Federal Aviation Agency, FAA)이 보잉이 제조 과정에서 품질관리 필수조건을 여러 차례 어긴 사실을 발견한다. 3월 9일에는, 내부 고발자 62세 존 바넷이 보잉 상대 소송에서 "보잉의

〈표 4〉 2024년 1월부터 5월까지 발생한 보잉 사고

사고 날짜	항공사	사고 내용
2024년 1월 5일	알래스카 항공	737 Max 9. 16,000피트 상공에서 도어 플러그 파열, 동체의 옆구리 구멍.
3월 3일	유나이티드 항공	737 Max 8. 기어 고장으로 휴스턴 공항에 착륙 후 활주로 벗어남.
3월 6일	유나이티드 항공	737 Max. 휴스턴에서 포트마이어스로 가던 중 10,000피트 상공에서 한쪽 엔진에 불이 붙어 휴스턴으로 회항.
3월 7일	유나이티드 항공	777-200. 샌프란시스코 공항 이륙 직후 바퀴가 떨어져 나가 아래에 있던 자동차들 파손.
3월 11일	유나이티드 항공	777-300. 시드니발 샌프란시스코행 여객기에서 이륙 도중 착륙 장치 부근에서 액체가 뿜어져 나와 강제 착륙.
3월 15일	유나이티드 항공	737-800. 오리건주 메드퍼드 공항에 착륙한 비행기 동체 하부의 외벽 패널이 떨어져 나간 것 발견.
3월 20일	델타 항공	737-900. 애틀랜타행 비행기가 아루바 공항에서 이륙한 후 엔진이 꺼져 강제 회항하여 비상 착륙.
3월 29일	유나이티드 항공	777-200. 샌프란시스코발 파리행 항공기가 엔진 고장으로 덴버에 조기 착륙.
4월 26일	델타 항공	767-332ER. 로스앤젤레스행 비행기의 오른쪽 비상 슬라이드가 떨어져 나가, 케네디 공항으로 회항 후 비상 착륙.
5월 8일	페덱스 항공	767. 파리 드골 공항에서 출발한 화물기의 앞쪽 착륙 장치가 열리지 않아, 튀르키예 이스탄불 공항의 관제탑 가이드로 이스탄불 공항에 비상 착륙.
5월 9일	코렌돈 항공	737. 튀르키예 남부의 한 공항에서 착륙 중 앞바퀴가 터지는 사고.
5월 9일	에어 세네갈 항공	B737-300. 세네갈 수도 다카의 블레스 다이아그네 국제공항에서 이륙하던 비행기가 활주로를 벗어나 적어도 10명 부상. 왼쪽 날개에 화재 확인됨.
5월 21일	싱가포르 항공	777. 런던발 싱가포르행 비행기가 미얀마 상공에서 난기류를 만나 5분간 6,000피트 하강하여 태국에 비상 착륙. 1명 사망, 여러 명 부상.

품질관리에 문제가 있다"라고 증언한 며칠 뒤, 사우스캐롤라이나의 한 호텔 근처에 세워진 자신의 트럭에서 숨진 채 발견됐다. 바넷은 보잉에서 32년간 품질관리 매니저로 일했다. 4월 10일, 또 다른 내부 고발자인 샘 살레푸어는 미 상원 청문회와 NBC 프로그램에 나와 보잉 '777'과 '787 Dreamliner 제트기'를 제조할 때, 필수 과정을 생략함으로써 공중에서 분해될 수 있는 치명적 결함을 갖고 있다고 증언했다. 그는 또 회사로부터 보복 협박을 받았다고도 했다. 4월 30일에는, 두 번째 내부 고발자 45세 조수아 딘이 '737 Max 제트기'에 결함이 있다고 경고한 뒤 갑자기 사망했다. 그는 2022년 10월 해고될 때까지 품질관리자였다. 특히 그는 상사에게 기체 결함 문제를 제기하자, 다른 직원들에게 이런 문제를 말하면 해고된다는 것을 경고하기 위해 회사가 자신을 본보기로 해고했다고 주장했다. 5월 6일, FAA는 보잉의 사우스캐롤라이나 공장의 근로자들이 787기 제조 과정에서 검수 기록을 조작했다는 혐의에 대해 조사에 착수했다고 밝혔다.

참으로 이상한 일이다. 계속되는 사고와 내부 고발자들의 증언을 놓고 볼 때, 보잉에는 뭔가 심상치 않은 일이 벌어져 왔던 것이 아닐까? 내부 고발자들이 연이어 사망하는 이유는 왜일까? 하버드 경영대학원의 윌리엄 조지(William George) 교수는 오래전부터 보잉의 내부 문제를 추적해 왔다. 2020년, 그전 해에 737 Max 추락 사고가 있고 나서 그 결과를 사례로 발표했고, 2024년 1월 알래스카항공 사건이 발생하자 다시 한번 보잉의 내부 문제를 지적하고 나섰다.[6] 조지 교수의 분석을 요약하면 이렇다.

보잉은 본래 항공기 제조에서 타의 추종을 불허하는 최고의 디자인 실력과 기술력을 보유한 '기술과 품질 중심 회사'였다. 그런데 '비용 최소화, 단기 이익 극대화, 주식 가치 상승'이라는 잘못된 이념을 가진 일련의 CEO들이 보잉을 맡으면서, 품질과 기술력 중심의 조직문화를 단기 이익 위주의 '재무적 회사'로 바꿔 놨다는 것이다. 이에 따라 신기술을 활용한 새로운 항공기 제조에 투자하는 대신, 비용 절감에 주력하고 자금이 생기면 자사 주식을 사들여 주가를 올리는 데 써버림으로써, 항공기의 품질이 열악해지고 경쟁력을 잃게 되었다는 것이 요점이다.

'기술보다 이익'이란 이념을 처음 보잉에 주입한 사람은 CEO 필립 콘딧(Philip Condit)이었다. 그는 1997년 전투기 생산 업체인 맥도넬 더글러스(McDonnell Douglas)를 인수한다. 그런데 맥도넬 더글러스는 비용 절감을 추구하는 문화를 갖고 있었으며, 새로운 항공기를 만들어 시장에 내놓기보다는 기존 항공기 모델을 업그레이드시켜 수익을 내는 전략을 추구하고 있었다. 콘딧은 바로 이 맥도넬 더글러스의 '비용 최소화 조직문화'를 보잉에 도입한 것이다. 그때부터 신기술과 신제품 투자는 획기적으로 줄어든다. 아울러 콘딧은 세금을 절감하기 위해 본사를 시애틀에서 시카고로 옮겼다. 하지만 시카고에는 보잉의 공장이나 연구소가 전혀 없었다. 이로써 본사와 디자인센터나 공장이 완전히 분리되는 결과를 초래한다. 시애틀에 근무하는 엔지니어들은 이제 본사의 임원들을 만나기조차 힘들게 되었다. 임원들의 공장 관리와 통제도 그만큼 소원해졌다. 콘딧이 물러나고, 해리 스톤사이퍼(Harry Stonecipher)가 보잉의 새 CEO

가 되었다. 그도 '기술보다 이익'의 이념을 따랐다. 다음은 그가 한 말이다. "이제 보잉은 위대한 전문 기술 회사라기보다는 하나의 비즈니스처럼 운영될 것이다."[7]

이어서 2005년에 제너럴일렉트릭(GE)과 3M의 CEO를 지낸 제임스 맥너니(James McNerney)를 보잉 CEO로 영입했다. 2011년 그는 737기종이 에어버스 'A320neo'에 시장을 뺏기고 있다는 보고를 받고, 신기술을 장착한 새로운 기종을 개발하는 대신 737을 업그레이드한 '737 Max'를 출시하기로 한다. 최소의 비용으로 최대의 이익을 내기 위한 선택이었다. 일종의 땜빵을 한 것이다. 그런데 이 737 Max가 지속해서 사고를 일으키고 있다. 또한 2015년에는 737 Max에 중요한 소프트웨어를 새로 장착했는데, 이 소프트웨어는 조종사의 비행 매뉴얼에 설명이 빠져 있었고, FAA에도 보고되지 않았다. 불행하게도, 이 소프트웨어는 조종사가 통제할 수 없는 결함을 가지고 있어 2018년과 2019년 737 Max 추락사고가 발생했다고 한다.

'기술보다 이익'이란 이념을 20년 동안 좇았는데, 보잉은 2018년 이래 주가가 추락하여 투자자들에게 870억 달러(113조 1,000억 원)의 손실을 발생시켰다. 기술 명가의 명성도 날아가고, 시장에서의 경쟁력도 바닥에 떨어졌다.

이처럼 기업경영에서 '비용 절감 → 단기 이익 → 주식 가치 향상'의 재무적 이념에 집착하기 시작하면 순간적으로는 잘 되는 듯 보이지만, 장기적으로 속이 곪아 주가도 내려가고 경쟁력도 떨어진다. GE도 그렇게 무너졌다. 최근 토요타, 나이키, 인텔까지 이 이념의 길을 가고 있다. 끊임없이 새로운 기술을 개발해야 하는 산업에서는 '기술보다 이익'이라는 이념은 독이다.

한국의 몇몇 기업들도 이 같은 이념을 추구하고 있다. 냉철하게 되돌아봐야 한다. 상각전영업이익(EBITDA), 투자자본수익률(ROI), 주가 등 재무 지표만 보고 경영하다가 공장이 무너지고 회사 자체가 쇠퇴할 수 있다. 한국 유수 기업의 재무 출신인 어느 회장은 재임 기간 중 재무 지표는 크게 올렸지만, 1년에 공장을 한 번도 방문하지 않는 해가 있을 만큼 현장관리를 소홀히 하여, 결국 기술 개발은 뒤처지고 안전사고가 끊이질 않는 회사로 전락시키고 말았다.

보잉의 살길은 '실용주의 리더십'을 회복하는 것이다. 지금까지의 경영방식은 합리적이지 않다. 효율을 높이기 위해 비용 절감을 하는 것은 필요하다. 주가도 높여야 한다. 하지만 비용 절감을 칼로 무 자르듯 획일적으로 하는 것은 이념족의 행태다. 실용주의자는 여러 상황과 궁극적으로 추구하는 결과를 종합적으로 분석하여 장기적 실효성 측면에서 선택한다. 보잉은 산업 경쟁력이 기술에 있고 인명과 관련된 품질을 절대 훼손해서는 안 되는 항공기 제조라는 특수성을 망각하고, '경영의 본원'을 잘못 건드렸다. 그들은 비용을 줄이기 위해 고도의 기술을 가진 노련한 품질 전문가들도 상당수 내보냈다. 훈련 비용도 법정 최소한으로 줄였다. 근로자 숙련도가 낮으면 일이 더디고, 문제를 제대로 인지하지 못하며, 문제가 발생해도 물어볼 사람이 없다. '비용 절감'이라는 이념의 귀신에게 홀려 정상적 판단 기능이 마비된 것이다.

GE의 잭 웰치는 한때 '혁신의 모델'로 숭배되었다. GE의 크로톤빌 연수원은 혁신의 메카로 불릴 정도로 유명했다. 한국 대기업

총수들도 소위 혁신의 '기(氣)'를 받는다며 방문하곤 했다. 하지만 최근 그의 혁신을 비판하는 시각이 많아졌다. 잭 웰치는 기업을 상품으로 생각하여 마구잡이로 사고팔았다. 구조조정을 통해 비용을 절감하고, 이익을 많이 내어 주가가 오르면 내다 팔았다. 그의 방식을 답습한 후임 CEO 제프리 이멜트도, 2001년부터 2017년 사이 GE의 수장으로 재직하면서 계열사 3분의 2를 팔아 치웠다. 그러나 그의 재임 중 S&P500 지수가 134퍼센트나 증가했는데, GE의 주가는 30퍼센트 떨어졌다. 결국 '단기 이익의 이념'에 사로잡힌 그는 회사를 그르치고 자리에서 쫓겨났다. 아이러니하게도 GE가 만드는 항공기 엔진의 최대 고객이 보잉이다.

지금까지 보았듯이, 기업은 실용주의의 보고지만 경영자들이 때때로 잘못된 이념의 노예가 되어 기업을 위험에 빠뜨린다. 실용주의 리더는 허점이 많지만 조금만 보완하면 최고의 성과를 낼 수 있다. 기업을 이념으로 이끌어서는 안 된다. 진정한 실용주의 리더십을 회복하는 것만이 보잉과 GE 그리고 토요타, 나이키, 인텔이 다시 일어설 수 있는 길이다. 특히 나이키에는 지금 그 유명한 '슈독(Shoe Dog: 신발에 미친 기술자)'들이 거의 사라졌다니 참으로 안타까운 일이다.

실용주의 리더의 강점

실용주의 리더는 허점 못지않게 강점도 많다. 첫째는 재미는 없지만 진실을 꿰뚫어 보고, 둘째는 퍼줄 줄은 모르지만 돈을 벌 줄은 알고, 셋째는 환상은 못 심어 주지만 문제는 해결할 줄 안다.

이순신 장군의 사례가 실용주의 리더의 강점을 잘 반영한다. '퍼줄 줄은 모르지만 돈을 벌 줄은 알고'를 '정치는 못 하지만 적을 이길 줄은 알고'로 바꾸면 잘 맞아떨어진다. 특히 '진실을 꿰뚫어 보는 통찰력'은 심금을 울릴 정도다.

이순신의 진실을 꿰뚫어 보는 통찰력

이순신 장군은 철저한 실용주의로 23전 23승을 거뒀다. 상황을 통찰하여 질 것 같은 싸움은 하지 않았다. 한마디로 '재미없지만 진실을 꿰뚫어 보고, 퍼줄 줄 모르지만 승리할 줄 알고, 환상은 못 심어 주지만 문제는 해결할 줄 아는' 최고의 실용주의 리더였다. 그의 '진실을 꿰뚫어 보는 능력'이 가장 잘 드러나는 사건은 수군통제사의 직을 잃고 옥에 갇혔다가 풀려나 백의종군하게 했던, '요시라(要時羅) 간첩 사건'이다. 이 사건은 왜의 입장에서는 임진왜란을 통틀어 왜가 거둔 최대의 간첩 전(戰) 승리 사건으로 기록되어 있다.

요시라는 본래 대마도의 장사꾼이었다. 조선인과 거래를 하다 보니 조선말도 하고, 조선인들과 교분도 꽤 생겼다. 전쟁이 나자 조선군 진영을 드나들며 왜의 정보를 팔았는데, 역으로 조선의 정보를 얻어 왜에 팔기도 했다. 일종의 2중 첩자였던 셈이다. 임진왜란 막바지에 중국의 심유경(沈惟敬)과 왜의 고니시 유키나가(小西行長)의 강화회담이 결렬되고 나서 심유경은 본국으로 소환되었고, 왜장 고니시는 울산, 동래, 한산도 등 남해안 지방으로 퇴각해 있었다. 어느 날, 고니시는 요시라를 경상우병사 김응서(金應瑞)에게 보내 은밀한 정보를 넘긴다.

> 가토(加籐)의 군대가 며칠 뒤 바다를 건너올 텐데 바다 가운데 기다리고 있으면 그를 죽일 수 있을 것이다. 내가 그를 미워하여 주는 정보다.[8]

고니시와 가토는 당시 왜의 양대 축을 이루는 장수였는데, 서로 앙숙 관계라는 것은 당시 조선에도 잘 알려진 사실이었다. 김응서는 이 사실을 즉각 조정에 알렸다. 조정에서는 이 정보를 믿었다. 이순신에게 꼭 나가 싸우라고 잇달아 재촉했다. 하지만 이순신 장군은 나가 싸우지 않았다. 그는 '환상에 휘둘리지 않고 승리의 급소를 잡는' 실용주의 리더의 셈법을 따랐다. 조정에서는 왜 싸우지 않느냐고 난리를 쳤다. 이처럼 좋은 기회가 어디 있느냐고 성화가 대단했다. 하지만 이순신은 요시라를 믿을 수 없었다. 적이 준 정보를 믿고 그들이 주문한 대로 군대를 움직인다? 이것은 명장의 눈으로 볼 때 너무나 위험한 전술이었다.

이순신 장군이 꿈쩍도 하지 않자, 고시니는 다시 요시라를 보내어 "가토가 이미 바다를 건너와 상륙해 버렸다. 왜 그를 치지 않았나?"라고 압박해 왔다. 이 사실이 조정에 또 보고되자, 조정의 말꾼들은 이순신 장군을 공격하기 시작한다. 장군이 워낙 전과를 많이 올린 후여서 그냥 좌천시킬 수는 없다고 생각한 선조는, 성균관 사성(司成) 남이신(南以信)을 보내어 진상 파악에 나선다. 남이신이

나가 조사해 보니 이순신 장군이 옳은 것 같았다. 하지만 그는 정반대의 보고를 올린다.

> 나가 싸웠으면 이겼을 겁니다. 가토가 7일 동안 바다에 머물렀다고 합니다. 순신이 머뭇거리다가 기회를 놓친 겁니다.[9]

선조는 바로 이순신을 잡아들여 하옥시킨다. 이순신을 참수하라는 상소를 올린 자도 있었다. 판중추부사 정탁(鄭琢)만이 그를 방어해 줬다. 명장을 죽여서는 안 되며, 필경 무슨 사연이 있어서 나가 싸우지 않았을 것이라고 항변했다. 선조는 이순신을 한 차례 고문한 뒤, 삭탈관직하고 권율의 부하로 편입해 버렸다. 이때 아들의 투옥 소식을 들은 이순신의 모친은 충격을 받아 쓰러져 별세했다. 당연히 이순신의 분노는 극에 달했다. 감옥에서 풀려나 모친상을 치른 뒤, 남해안 전쟁터로 내려가는 모습이 『난중일기』에 자세히 기록되어 있다. 가는 곳마다 지방관들이 이순신을 마중하여 잠자리를 제공하고 밥과 술을 정성껏 대접했다.

당시 이순신 장군이 맡던 통제사직을 원균이 꿰차고 한산도 진영으로 부임했다. 과연 조커 리더답게 원균은, 이순신이 의견을 수렴하기 위해 만들었던 운주당에서 사랑하는 첩과 함께 날마다 방탕한 생활을 즐겼다. 부하들은 새로 온 통제사를 만날 수도 없었다. 고니시가 이 기회를 놓칠 리 없었다. 그는 다시 요시라를 김응서에게 보낸다. '며칠 뒤 가토의 군대가 더 올 것이니 공격하라'는 것이었다. 원균은 주저하지 않고 가진 함선을 다 거느리고 출전했다. 그런데 함정이었다. 원균의 수군은 이리저리 조리돌림을 당한 뒤, 결국 왜군에 쫓겨 달아나다가 가덕도에 내렸다. 그러자 섬에 잠복해 있던 왜군이 뛰쳐나와 원균의 병사들을 몰살시켰다. 구사일생으로 칠천도로 도망 온 원균도 한밤중 왜적의 습격을 받았는데, 살찐 몸으로 별로 도망도 못 간 채 살해당했다.

참으로 어이없는 일이다. 실용주의 리더 이순신은 진실, 통찰, 자기 규제, 분석, 검증, 실효성 등을 중시하는 품성을 가졌지만, 조커 원균은 방탕, 무책임, 환상, 무지, 무식, 무절제의 성질을 가졌다. 극적으로 대비된다. 요시다의 첩보는 결국 두 사람을 구분 짓는 리트머스시험지의 역할을 했다고 할 수 있다. 실용주의 리더의 '진실을 꿰뚫어 보는 통찰력'이 무엇인지 잘 드러난다. 실용주의 리더는 결정적 순간에 빛을 발한다.

실용주의 리더는 고객 욕구에 집중한다

실용주의 리더는 사람의 욕구를 정확히 파악하여 120퍼센트 충족시키는 것을 목적으로 한다. '퍼줄 줄은 모르지만 돈은 벌 줄 안다'라는 것은 고객의 세 가지 욕구를 잘 충족시킨다는 것이다. 첫째는 싸게 사고 싶은 욕구, 둘째는 품질이 좋은 물건을 사고 싶은 욕구, 셋째는 기대를 뛰어넘는 특별한 물건을 소유하고 싶은 욕구 등이다. 실용주의 리더는 치밀한 조사분석 없이 대충 만들어 시장에 내놓는 '나약한' 방식을 배격한다. 철저한 분석과 검증이 실용적 리더의 무기다. 실용적 물건은 '싼 것'이라는 인식이 있는데 절대 그렇지 않다. 실용주의는 위의 세 가지 욕구를 다 충족하기 때문에 그런 인식은 잘못된 것이다. 이념, 혁신, 조커 리더의 목적은 결코 고객이 아니다.

사람의 소비욕에는 옳고 그름이 없다. 우리 물건이 '옳으니' 사야 한다고 하는 이념적 판매는 예외적일 때만 가능하다. 예컨대 가격이 비싸도 친환경 제품을 사는 것은 '환경오염 극복'이라는 가치에 기반을 둔 이념적 상행위이다. 하지만 시간이 지나면, 이들도 비용과 품질을 따지는 실용주의로 회귀하게 마련이다. 또 유명한 뮤지션을 좋아하여 그 모습을 따라 비슷한 옷을 구매하고 같은 브랜드의 신발을 사는 것은 혁신족의 구매 행위라고 볼 수 있는데, 이 또한 일시적 현상이다.

다이소 창업자 박정부 회장은 실용주의 리더다. 그는 고객의 싸게 사고 싶은 욕구에 주목하여 사업을 시작했다. 일본에 100엔숍이 있다면 한국에는 1,000원 다이소가 있다.[10] 2023년 기준 다이소의 매출이 3조 4,604억 원에 이르고, 이익은 2,617억 원이나 된다. 매장 수도 1,500개를 돌파했다. 가격은 500원, 1,000원, 2,000원, 3,000원, 5,000원 등 균일가 정책을 쓰고, 유통구조를 단순화하여 전 세계 36개국 3,600개 협력사를 활용하면서 구매비용을 최소화한다. 1,000원짜리 물건 팔아서 얼마나 남을까 싶은데 그렇지 않다. 숫자란 무서운 것이다.

품질 좋은 물건을 사고 싶은 욕구는 마트에서 수박을 살 때에도 느낀다. 잘 익고 당도가 높은 수박을 사고 싶은데, 아무리 두드려 봐도 잘 익었는지 알 수가 없다. 또한 수박을 갈라 보고 빨갛게 잘 익었다고 좋아했는데 막상 먹어 보니 당도가 기대에 못 미치기도 한다. 수박의 품질은 도무지 알 수가 없다. 요즘 실용주의 리더들은 고객의 이러한 욕구를 알아차리고 수박을 팔 때 당도를 나타내는 '브릭스(Brix)'를 표시한다. 누가 아이디어를 냈는지는 몰라도 대단한 실용주의 통찰이다.

건설사가 아파트를 지은 뒤 시공자의 이름을 적어 놓고, 가전제품에 만든 사람들의 이름을 적는 관행, 또 시공 중 부실공사가 발견되어 80퍼센트가 넘게 진행된 건물을 폭파하는 등의 행위도 품질에 대한 자신감을 드러내는 실용주의 리더들의 행동이다. 고객의 고품질 욕구를 충족시키는 일은 리더의 창의성과 고객 욕구에 대한 통찰이 있어야 가능하다. 이것은 끊임없이 과거와 비교하는 이념족 리더나, 모든 것을 의무로 부과하는 혁신족 리더로서는 할 수 없는 일이다. 합리성에 깊이 뿌리를 둔 실용적 리더만이 품질에 진정성을 갖는다.

사람들의 소비욕에는 기대를 뛰어넘는 특별한 물건을 소유하고 싶은 욕구도 있다. 이는 신기술을 이용한 물건, 혹은 새로운 디자인의 물건이나 새로운 서비스를 원하는 욕구를 말한다. 이를 실용이 아니라 '사치'라고 보는 이들도 있는데, 시대착오적인 발상이다. 사람들의 가치가 점차 변화하고 있고, 값비싼 명품 백을 사서 쓰다가 나중에 더 비싼 값에 팔 수 있는 시대다.

실용주의 리더는 제품의 '꼭 필요한 기능'에 주목한다. 가령 전투기에는 스텔스 기능과 다양한 무기 장착 기능이 핵심이다. 그 후에 가격, 유지비, 부품 구매의 용이성, 확장성 등을 고려한다. 이러한 기준들은 제품을 구매할 때 반드시 짚어 봐야 하는 실용성 판단의 표준이다. 이런 측면에서 한국이 양산하기 시작한, 'KF-21'은 최적의 전투기라고 할 수 있다. 스텔스 기능을 극대화했고, 무기를 탑재할 수 있는 하드 포인트(Hard Point)도 10개나 된다. 특히 가격도 1,000억 원대로 경쟁력이 있고, 유지비가 적게 들며, 국산화율이 높아 부품을 구하기도 쉽다. 무엇보다도 현재 4.5세대로 만들어졌지만, 5세대, 6세대로의 확장을 가능케 했다는 장점이 있다.[11] 기대를 뛰어넘는 특별한 제품임이 분명하다.

이처럼 실용주의 리더는 고객의 욕구를 정확히 파악하여 값싼 것, 품질 좋은 것, 특별한 것을 합리적으로 제공하는 강점이 있다. 이념의 리더, 혁신의 리더와 확실히 차별화되는 강점이다.

제프 베이조스는 독립적으로 사고한다

실용주의 리더의 독립성이란 '사람을 중심에 둔다'라는 뜻이다. 이념의 리더는 이념적 가치를 사람보다 중시하고, 혁신의 리더는 미래 비전을 최고 가치로 여기지만, 실용적 리더는 개인의 자유도를 중시한다. 이런 의미에서 실용적 리더십은 인간 중심적이다. 그러므로 이념의 리더가 지시를 하고, 혁신의 리더가 통제를 할 때, 실용적 리더는 앞서 설명한 대로 자발적 참여로 사람들을 이끈다. 자발적 참여를 통하여 토론하고 논쟁하는 과정에서, 독창적이고 날카로운 관점을 갖게 된다.

리더가 독립성이 없는 것은 능력의 문제이고, 부하가 독립성이 없는 것은 태도의 문제다. 흔히 리더가 자기 생각이 지나치게 강한 것도 문제가 되지만, 그보다 더 심각한 것은 자기 생각이 전혀 없는 상태이다. 임무를 맡은 리더가 자기 생각이 없으면, 앞에서 살펴본 원균과 같은 결과를 초래한다.

지금도 믿기지 않는 불가사의한 인물 중 하나가 중국 명나라 황제 만력제(萬曆帝)다. 임진왜란 때 조선에 군사를 파견했던 그는, 신하들과 사이가 틀어져 30년 동안 조회에 얼굴 한번 안 내밀고 태업(怠業)을 하여 신하 중에는 그의 얼굴을 알아보지 못하는 사람도 있었다. 국정 운영에 관심이 없이 매일 놀아나기만 했다니 참으로 개탄스러운 일이다. 아이러니한 것은 황제가 그렇게 태업을 했는데도 나라가 평화롭고 풍요로웠다는 사실이다.[12] 그가 30년 동안 한 일 딱 한 가지가 조선 파병이었다.

기업에서 리더가 독립성을 갖는다는 것은 성과를 달성하고 문제를 해결하는 '날카로운 관점'을 보유하고 있다는 뜻이다. 실용적 리더는 자기 생각을 계속 검증하고 개선하기 때문에 목표 달성과 문제해결 메커니즘을 계속 업그레이드한다. 즉, 자기 스스로 학습하고 실험하면서 진화한다는 뜻이다. 실용적 리더는 지적으로 날카로운 관점, 즉 독창적 해법을 갖는다.

아마존 창업자인 제프 베이조스(Jeff Bezos)의 독립적 사고가 담긴 경영 비법을 알아보자. 그는 성과를 내는 메커니즘을 여섯 가지로 제시했다.[13]

- 리스크에 도전하라
- 결코 실험을 멈추지 말라
- 장기적으로 생각하라

- 내부 성장에 집중하라
- 고객보다 더 중요한 것은 없다
- 변하지 않는 추세에 전략을 세워라

별로 특별한 것이 없는 것 같지만 사실은 이것이 실용적 리더의 참모습이다. 생필품처럼 경기 불문하고 필요한 '변하지 않는 추세에 전략을 세우라'고 한 것이나, 요즘 불붙은 인수합병(M&A)을 통한 성장보다 직접 땅 파고 지어서 키우는 '내부 성장'을 강조하는 것도 환상을 팔지 않는 실용적 리더십과 일치한다. 무엇보다도 베이조스 자신만의 독창적 발상임을 느낄 수 있다. 특히 '결코 실험을 멈추지 말라'고 한 것은 독립성을 계속 갈고닦아 판단력을 예리하게 유지하라는 의미로 실용주의 리더의 강점을 잘 표현하고 있다.

한편, 부하 직원들이 독립성이 없는 것은 조직문화에 눌려 있기 때문이다. 조직문화는 더운물에서 꺼낸 치즈 같아서 상온에 놔두면 열기가 식으면서 점점 굳어지는 속성이 있다. 조직문화가 굳어지면 조직원이 독립성과 자유도를 잃는다. 냉랭한 조직문화에서 개인은 소멸하게 된다.

실용적 리더십은 디지털 시대의 진주다

실용적 리더십은 디지털 시대에 잘 들어맞는다. 실용주의 리더의 최대 약점은 대중을 이끌어 가는 데 약하다는 점이다. 이념의 리더나 혁신의 리더는 나름대로 지지 세력을 갖는다. 하지만 실용적 리더는 지지하는 사람들이 그때그때 다르다. 모였다가 흩어지고 또 필요에 따라 모일 따름이다. 실용주의는 소수의 사람을 대상으로 설득할 때 빛을 발한다. '뺑 치고 편 갈라' 이룰 수 있는 대중 설득에는 약하다.

디지털 소통 수단이 이 약점을 보완해 줄 수 있다. 실용주의 리더는 따지고 분석하면서 말하는 데에 능숙하다. 이런 스타일은 오프라인의 대중 설득에 적합하지 않다. 하지만 SNS나 유튜브 방송은 다양한 기법을 통해서 이런 스타일의 소통을 맛나게 각색하여 대중의 관심을 끌게 할 수 있다. 가짜뉴스가 횡행하기도 하지만 그럴수록 팩트와 데이터에 대한 욕구도 그만큼 커진다.

디지털 소통은 21세기 현대인의 생활을 장악했다. 먹고 주문하고 선택하고 대화하고 만나는 모든 실용적 행위에 디지털 소통이 개입한다. AI는 여기에 새로운 지평을 열고 있다. AI와 디지털 소통은 실용이다. 이념이나 혁신, 또는 조커의 DNA는 존재하지 않는다. 그러므로 디지털 시대는 실용주의 리더들에게 가장 유리한 무대가 되고 있다. 앞서 언급한 '실용의 용광로'를 만드는 데 디지털 소통 수단이 유용하게 활용될 수 있다.

언론 보도에 따르면, 22대 국회의원으로 선출된 1980~1990년대생 국민의힘 초선의원 네 명이 '질풍노도'라는 단톡방을 만들고, 청년 주거, 여성 경력 단절, 직주근접(職住近接) 등 '먹고사는 문제'를 집중적으로 논의하기 시작했다고 한다.[14] 언론은 이 기사를 작게 취급하지만, 국민은 이 기사를 크게 생각한다. 이것이 정치인의 본업인데, '특검', '탄핵', '개헌' 이런 말들이 주요 기사가 되니 국민은 정치에 희망을 잃는다.

당내에서만 논의하지 말고 전 세계 전문가들의 말을 들어야 한다. 이미 그 문제를 고민했던 사람들의 말을 참고하면 해법에 이르는 첩경을 찾을 수 있고, 시행착오를 줄일 수 있다. 단편적으로 상식 수준에서 한두 가지에만 꽂히지 말고 종합적으로 관련 변수들의 '개념 관계 지도'를 만들면서 제대로 된 해법을 내놨으면 좋겠다. 오늘날에는 하나의 문제가 다른 여러 문제와 연동되어 있다. 하나에만 집중하면 해법이 궁색해지고 실효성에 문제가 생긴다. 따라서 치밀하게 그려진 개념 관계 지도에 따라 시스템의 역학관계를 이해하고 해법을 찾아야 제대로 된 해답을 찾을 수 있다. 그 초선의원들에게 지금 가장 필요한 것은 '우리는 이 문제에 전문가가 아니다'라는 사실을 인정하는 것이다. 세종처럼, 또 벤저민 프랭클린처럼 전문가를 찾아가 만나야 한다.

시대에 따라 필요한 리더십 스타일이 달라진다. 일제강점기나 6·25 전쟁 시기에는 이념의 리더가 필요했다. '항일'이나 '반공'의 이념이 없었다면 목숨을 내놓고 싸우기 힘들었을 것이다. 적에 대한 분노가 타오르지 않으면 적을 향해 방아쇠를 당기기 힘들 것이다. 대중의 욕구불만이 쌓여 있는 시대에는 대중의 불만을 불태워 줄 '혁신의 리더'가 필요하다. 1960~1970년대를 풍미한 박정희 카리스마는 당시 한국인의 욕구불만을 미래의 비전으로 치환하는 데 성공했다. 자존심 강한 국민의 열망을 묶어 희망을 향해 영혼을 갈아 넣었다. 하지만 지금은 그런 시대가 아니다. 아직도 '죽창 반일'과 '태극기 반공'을 얘기하고, 아직도 '박정희 향수'에 젖어 있다면, 시대에 뒤떨어진 삶을 사는 것이다.

21세기 디지털 시대는 알고리즘이 지배하는 질서의 시대다. 분노와 불만은 새로운 질서에 자리가 없다. 냉철한 이성과 치밀한 설계가 질서를 주도한다. 현재성, 합리성, 유연성, 실효성을 추구하는 실용주의는 알고리즘의 논리와 정확히 일치한다. 그러므로 실용주의는 알고리즘 시대의 주인이다. 알고리즘은 우리 사회 곳곳을 파고들고 있다. 일상생활에서 사람들이 알고리즘 논리에 맞춰 행동하기 시작한 지는 오래되었다. 알고리즘에는 이념과 환상이 끼어들 자리가 없다. 오직 계획된 논리에 따라 리더의 과업을 수행해 낸다. 이것은 곧 우리 사회 각계의 리더가 이념과 환상을 버리고, 실용주의 원칙을 받아들여야 한다는 것을 뜻한다. 요컨대, 실용주의 리더의 최고 강점은 그가 견지하는 원칙이 알고리즘 시대의 특성과 정확히 일치한다는 점이다.

MIT 슬론경영대학(Sloan School of Management) 부설 MIT리더십센터의 데보라 안코나(Deborah L. Ancona) 센터장은, 2017년 세계를 주도하는 과학자, 기술 전문가, 엔지니어들에겐 뭔가 특별한 리더십이 있지 않을까 생각하여 MIT 학생, 대학원생, 교직원, 졸업생 37명을 인터뷰했다. 아울러 MIT가 발행하는 대학신문과 각종 간행물 200여 편의 내용을 분석하고, 여러 콘퍼런스와 워크숍에 참석하여 어떤 내용이 오가는지를 관찰했다. MIT 졸업생들 3만 200명이 전 세계에서 올리는 수익을 다 합치면, 2014년 기준으로 1.9조 달러로 대략 세계 9위 국가의 GDP 수준에 해당하므로, 이들에게서 특별한 리더십 DNA를 찾으려는 노력은 상당히 설득력이 있어 보였다.[15]

하지만 결과는 의외였다. 인터뷰 응답자 대부분은 '리더십'이라는 단어에 매우 부정적인 반응을 보였다. 일종의 알레르기 같은 반응이었다. 이들은 '리더십'이란 말을 선동과 음해를 전문으로 하는 정치꾼들이나 쓰는 단어로 봤다. 이들은 리더가 없어도 문제를 중심으로 자기들끼리 모여 원하는 해법을 찾아내는 데 전혀 어려움이 없다고 입을 모았다. 안코나 교수는 이것을 '안티 리더십(anti-leadership)'이라고 이름 붙였다. 이러한 안티 리더십이 여실히 드러내는 것은 이념과 혁신의 리더십이 설 자리가 없다는 것이다. MIT 전문가들이 알레르기 반응을 보인 것은 정치인들이 보여 주는 이념과 환상과 조커 리더십이었다. 이들이 사라지면, 세상은 실용적 리더의 독무대가 된다. 합리적·논리적·반복적인 리더의 일을 알고리즘에 맡겨 프로그램화하고, 리더는 부가가치 높은 일에 집중할 수 있게 된다.

알고리즘이 리더십을 완전히 대체하지는 못하겠지만, 상당 부분 리더의 역할을 보완해 줄 수는 있을 것이다. 이러한 관점에서 미국 노스이스턴대학의 데이비드 드 크리머(David De Cremer) 교수는 『알고리즘 리더십(Leadership by Algorithm)』이라는 책을 펴냈다. 그는 알고리즘이 여러 리더의 행동 패턴을 관찰하고 학습하여 최고의 리더십 행동을 따라 하게 할 수 있다면, 변덕스럽지 않고 윤리적으로 투명하며 비용이 훨씬 적게 드는 알고리즘 리더십이 더 효과적이라고 주장한다. 하지만 아직은 알고리즘 리더십이 현실의 리더를 완전히 대체하기는 불가능하다고 보고 있다. 그의 해법은 리더와 알고리즘이 공생 관계를 구축하는 것이다. 반복적이고 단순한 것은 알고리즘에 맡기고, 리더는 부하들의 감정 관리, 복잡한 문제해결,

예외적 상황 대응, 전략적 이슈 개발 등에 집중하면 인간과 알고리즘이 '윈-윈'할 수 있다는 주장이다. 실용적 리더십의 논리로 보면, 리더의 논리적·반복적·규칙적인 업무를 알고리즘에 맡기면 리더는 통찰, 창의, 성과 등 부가가치 높은 일에 더 많은 시간을 투자할 수 있게 된다. 이는 획기적인 성과 창출을 이루게 할 것이다.

팀원이 10명이면, 이제는 11명으로 계산해야 한다. 11번째 팀원은 알고리즘이다. DEI(Diversity·Equity·Inclusion, 미국에서 일어난 흑인, 여성, 히스패닉 등 소수자집단 구성원을 더 채용해 다양성을 늘리고, 공정하게 처우하며 동등한 구성원으로 포용해야 한다는 운동) 관점에서 다양성과 포용성이 문제가 될 수도 있다. 알고리즘을 차별 없이 받아들이고 충분한 기회를 줘야 할 것이다. 이것은 얼마든지 가능한 일이다. 또한 기업들은 이미 이러한 방향으로 움직이고 있다.

실용주의 리더십은 성과지향적이다

실용적 리더의 가장 큰 강점은 결과 지향적이라는 점일 것이다. 이들은 직접적인 효과가 있는 이슈에 집중한다. 실용주의란 뜻의 영어 'pragmatism'은 그리스어에서 파생된 단어로 'pragma'에 어원을 둔다. 'pragma'란 'activity(활동)' 또는 'work done(일의 완성)'을 뜻한다.[16] 즉 '실용(實用)'이라는 말 자체에 '일의 결과를 취한다'라는 의미가 포함되어 있다.

어렸을 때는 왜 그렇게 눈에 다래끼가 자주 났는지 모르겠다. 의사도 약사도 없는 작은 바닷가 어촌에 살았던 나는 다래끼가 날 때마다, 눈을 감고 방에서 나와 마당 끝에 있는 변소까지 가서 돼지우리의 담돌 하나를 뒤집어 놓고 와야 했다. 그렇게 하면 다래끼가 낫는다고 했다. 소위 근거 없는 미신인데 우리 어촌에서는 모두가 이 방법의 효험을 믿었다. 신기하게도 돌을 뒤집은 후 며칠이 지나면 다래끼가 곪아 터지고 부기가 가라앉곤 했다. 때가 돼서 나은 것이겠지만, 동네 사람들은 '눈 감고 돼지우리 돌 뒤집기'가 효험이 있다고 굳게 믿었다. 이러한 '다래끼 발병→눈 감고 변소 돌 뒤집기→다래끼 완치'의 공식은 우리 어촌 주민들이 공유했던, 결과에 이르는 경로를 밝히는 법칙이었다.

인간은 어떤 문제에 직면했을 때 이처럼 '결과에 이르는 경로 법칙'을 갖고 산다. 실용주의 리더는 원하는 결과에 이르는 가장 효과적인 경로를 과학적 검증을 통하여 밝히는 사람이다. 나라의 문제, 회사의 문제, 가정이나 자녀의 문제를 해결할 때, 수많은 대안이 있다. 대안을 어떻게 선택하는가가 중요하다. '눈 감고 돼지우리 돌 뒤집기'처럼 동네 사람들이 모두 그렇게 믿는다고 해서, 진짜 원하는 결과를 얻을 수 있는지에 관한 과학적 검증 없이 대안을 선택해서는 안 된다.

과학적 검증이란 '따질 것을 모두 따져 봤느냐?'를 뜻한다. 너무 어렵게 생각할 필요 없다. 위의 '눈 감고 돼지우리 돌 뒤집기' 사례를 들어 따져 보자.

- 돌을 뒤집었을 때와 안 뒤집었을 때, 치유 기간 차이가 있는가?
- 그것이 밥 뜸 들일 때 김 쐬기나 간장 바르기보다 더 효과적인가?
- 눈을 감고 돼지우리까지 가는 절차는 왜 필요한가?

- 다래끼가 다 나았다는 기준은 무엇인가? 고름 제거, 통증 완화, 볼품 회복?
- 다래끼가 나는 원인은 무엇인가?

이것을 고상하게 표현하면 아래와 같다.

- 뒤집었을 때와 안 뒤집었을 때 차이: 다른 조건에서의 결과 검증
- 돌 뒤집기 vs. 김 쏘이기, 간장 바르기 차이: 다른 대안과의 결과 비교검증
- 눈 감고 돼지우리 가기: 과정의 비효율성 점검
- 다래끼 완치 기준: 최종 결과의 개념 명확화
- 다래끼의 원인: 문제의 근원 해결, 문제해결의 생태계 구축

한마디로 무엇이 진정 기대하는 성과를 가져올 수 있는 처방인지를 꼼꼼하게 따져 봐야 한다는 얘기다. 무릇 실용주의자라면, 이 정도는 이미 일상생활에서 습관적으로 잘하고 있으리라고 본다. 나라나 회사의 리더처럼, 경쟁과 도전이 치열한 상황에서 문제를 해결해야 하는 리더들은 이 과정을 좀 더 정확히, 그리고 때로는 좀 더 빨리 수행해야 한다. 정확성과 타이밍이 모두 중요하다.

'성과에 이르는 경로'를 빠르고 정확히 따져야 하는 직업이 전투기 조종사다. 이들은 소위 '우다 루프(OODA loop)'라는 훈련을 받는다. 우다(OODA)란 Observe(관찰), Orient(상황판단), Decide(결정), Act(행동)의 첫 글자를 딴 것이다. 관찰(Observe)은 육안으로나 레이

더 등 각종 기기로 적기를 탐지하는 것을 의미한다. 일종의 미가공 자료(raw data)를 수집하는 것이다. 상황판단(Orient)은 탐지한 데이터를 바탕으로 상황을 인식하고 가치 판단을 하는 것이다. 즉 적기가 공격할 가능성이 얼마나 되는지를 판단한다. 의사결정(Decide)은 앞서의 가치 판단에 따라 행동계획을 하는 것이다. 예컨대, 선제공격할지 아니면 더 지켜볼지를 결정한다. 그리고 행동(Act)이란 실제 미사일을 발사하는 행위이다. '루프(loop)'라는 단어를 넣는 이유는 행동이 끝난 후 다음 '관찰'로 바로 이어져 '우다' 프로세스가 반복된다는 것을 뜻한다. 전투가 완전히 끝날 때까지 이 루프는 계속된다. 중요한 것은 적기 조종사도 똑같은 절차를 밟는다는 것이다. 그러므로 누가 더 빨리, 그리고 정확히 상대의 의사를 읽어 내고 행동을 취하느냐에 따라 생사가 갈린다. 이것은 곧 조종사가 무의식적으로 정확한 판단을 할 수 있도록 훈련되어 있어야 함을 뜻한다. 조종사가 이 '우다'를 늦게 하면 당할 수 있고, 너무 섣불리 틀리게 하면 무고한 생명을 앗아 가든가 전쟁을 유발할 수도 있다. 모든 것이 몇 초 만에 이루어져야 한다.

'우다 루프'를 개발한 사람은 미 공군 대령 존 보이드(John Boyd)이다.[17] 이 개념은 이제 군사전략뿐 아니라 비즈니스, 정치, 소송, 치안 등에서도 널리 사용되고 있다. 우리는 성과에 이르는 경로 판단이 정확하고 빨라야 하는 시대에 살고 있다.

지금까지 실용적 리더의 강점을 살펴봤다. 요컨대 실용주의 리더는 자유 선택과 독립성을 중시한다. 또한 실용주의 리더십은 알고리즘 시대에 가장 적합한 리더십 스타일로서, 반복적 일을 알고리즘에 맡기고 리더는 부가가치 높은 통찰, 공정, 창의, 성과에 더 많은 자원을 투자할 수 있게 한다. 실용주의 리더는 고객의 다양한 욕구를 적극적으로 충족하는 데 집중한다. 무엇보다도 실용적 리더십은 다른 리더십 스타일보다 훨씬 더 정확하고 빠르게 성과에 이르는 경로를 찾아낼 줄 아는 강점이 있다.

'전세 사기 사건'으로 본 실용주의 정치 리더의 임무

시야를 넓혀 정치인들 얘기를 좀 해보자. 실용주의 정치인은 어떻게 행동할까? 정치인은 회사의 팀장과는 다르다. 그런데 안타깝게도 정치인들이 때로는 팀장보다 못한 행동을 할 때도 많다.

2024년 5월 시점에서, 정치인이 가장 시급히 해야 할 일은 '전세 사기' 근절이다. 이 사건은 정치권의 '현재성 보호 능력'을 검증하는 리트머스시험지다. 지난 1년간 '전세 사기 피해자 인정 사례'가 1만 7,060건이나 된다고 한다.[18] 이 문제는 사기를 당한 사람들이 억울함이나 어떤 부담 없이 해결돼야 한다. 더불어 이는 정치인들의 실용주의 리더십 역량을 평가하는 척도다. 이 문제에서 눈 돌리는 정치인은 리더의 자격이 없다. '사회적 신뢰 파괴 처벌법' 같은 강력한 법을 제정하여 대응해야 한다고 생각한다.

전세 사기는 인간이 인간으로 존재하는 데 가장 기본적인 '현재성 권리'에 대한 도전이다. 특히 피해 사례 중 보증금 3억 원 이하가 97퍼센트이고, 40세 미만의 청년층이 74퍼센트라고 하니, 사회의 약자들을 대상으로 벌인 기획 범죄인 것이 분명하다. 국토교통부가 '전세사기피해지원위원회'를 설치하여 '주거, 금융, 법적 절차 지원'을 해준다고 하는데, 이 정도로는 충분하지 않다. 펀드를 만들어 피해자들에게 우선 피해 금액을 보상해 주고, 국가가 철저히 수사하여 가해자로부터 최대한 회수하는 것을 고려할 필요가 있다. 피해자에게는 실질적인 대책이 시급하다.

여야 간에 입법 공방이 벌어지고 있다. 하지만 이것은 정치 문제가 아니다. 모든 사기 계약을 원천 무효시키고, 피해자들이 그동안 받은 스트레스와 시간비용도 다 보상해 줘야 한다. 세입자는 잘못이 없다. 정치권은 이 문제를 직시하고 통찰하여 문제의 근본을 해결해야 한다.

국민은, 사람을 믿고, 믿은 대로 이뤄지는 사회에 살고 싶다.

정치권이 집중해야 하는 문제는 간단하다. 앞에서 말한 인간의 7대 욕구, 즉 먹는 것, 아픈 것, 자는 것, (억울한 일 당하지 않고) 안전을 보장받는 것, (무시당하지 않고) 존중받는 것, (빚지지 않고) 안정적인 소득을 얻는 것, (공정한 처우로) 화목하게 사는 것이라는 점을 직시하고 이를 철저히 보장하는 것이다. 여기에는 사회적 신뢰가 전제되어야 한다. 계약과 거래에 신뢰가 깨지면 서로 등쳐 먹는 조커들의 천국이 되고 만다.

최근 들어, 우리나라 대통령들이 '민생'을 입에 달고 살지만, 국민의 기본 욕구 증진에 충실히 집중한 대통령은 드물다. 모두 국민 문제보다 국가 문제 해결을 우선시했다. 대통령의 국가 문제 해결은 역사적 평가를 위한 것이지만, 국민 문제 해결은 현재의 국민을 위한 것이다. 국민의 삶에 집중하지 않으면 국민은 대통령을 이기적 '조커족'이라고 평가하게 된다. 세종처럼 국가와 국민, 국민과 국가에 주의균형(主意均衡)을 이뤄야 대통령이 성공한다.

국가와 국민 중에서 국민이 먼저다. 국민 문제는 시급을 다투기 때문이다. 이에 집중하지 않으면, 국민의 고통이 가중되고 해법을 찾지 못해 헤매다가 문제해결의 최적 타이밍을 놓치게 된다. 그래서 실용주의 리더는 각 분야 최고의 전문가들과 네트워크를 형성해 놓고 수시로 자문해야 하고, 현장을 실시간 체감할 수 있는 시스템을 갖고 있어야 한다. 실용주의 리더 세종대왕이 가장 중요시했던 관료는 영의정도 아니고 집현전 학사도 아니었다. 바로 각 지방으로 발령받아 내려가는 '수령'이었다. 조선 8도에 퍼져 사는 백성들의 삶의 현장과 가장 가까운 관료가 수령이었기 때문이다. 다음은 세종이 수령에 대해 가졌던 인식을 보여 주는 기사다.

> 수령은 백성에게 가까운 관직이니, 그 선임(選任)이 더욱 중요하였다 (…) 각 도와 각 고을에서는 30년 동안 수령의 치적(治績)을 사실대로 찾아내어, 이름을 자세히 적어서 아뢸 것이다.[19]

『세종실록』에는 32년 재위 중 '수령'이라는 단어가 1,388회 나온다. 조선 27명의 왕 가운데 가장 많다. 오늘날 대통령이 실효성 있게 통치하려면 국민 삶의 '모세혈관 메커니즘'에 관심을 집중해야 한다. 이것이 통찰, 공정, 창의, 성과를 구현하는 실용적 리더의 길이다.

실용적 리더십은 세종대왕, 류성룡, 이순신, 정약전, 미국의 아이젠하워 대통령, 포르투갈의 엔리케 왕자 등의 사례를 통해서 확인할 수 있다. 기업 CEO 중에서 젠슨 황, 워런 버핏, 월트 디즈니, 샘 월튼 등도 실용적 리더에 해당한다. 일반 임원이나 팀장들의 실용적 리더십 사례도 많다. 다음 장에서는 실용주의 리더의 사례를 좀 더 구체적으로 살펴볼 것이다.

3장

역사를 바꾼 실용주의 리더들

해석 수준

"알아서 하세요." 우리가 흔히 쓰는 말인데, 이를 영어로 번역해 달라고 챗GPT에 요청했더니 "Do it yourself."라고 나온다. 정확한 번역이 아닌 것 같아서 다시 맥락을 더해서 물었더니, "Figure it out on your own."이라고 한 뒤, "주도권을 갖고 과업을 독립적으로 처리하라"라는 뜻풀이까지 해준다. 비슷하기는 한데, 속뜻보다 껍데기만 번역한 느낌이다.

한국인은 '추상적인' 말을 다양하게 해석한다. 상사가 부하에게 알아서 하라고 할 때는, "내가 신경 안 써도 문제 안 생기게 또는 기대 이상으로 잘 해봐"라는 의미를 내포한다. 하지만 눈치 없는 부하는 "네가 하고 싶은 대로 해봐"라고 해석하여, 문제를 철저히 분석하여 최선의 해답을 찾기보다 자기 좋을 대로 했다가 혼쭐이 나곤 한다.

이것을 '해석 수준(construal level)' 차이라고 한다. '해석 수준이 높다'라는 것은 표현이 추상적이란 말이다(상위 해석 수준). 구체적이고 자세하게 표현할수록 해석 수준은 낮아진다(하위 해석 수준). 특정 대상을 기억할 때, 시간 차이가 크고 거리가 멀리 떨어져 있을수록 해석 수준이 높아진다는 이론이지만, 일반 언어습관에도 이 개념을 적용할 수 있을 것이다.

직장인이라면 '알아서 하세요'라는 말에 얽힌 사연이 많을 것이다. S 기업 박 과장은 본부장이 점심 식사 예약을 알아서 하라고 해서 중식당으로 했더니, 일주일째 중식당만 간다고 얼굴을 찡그렸다. "아차!" 하고 한식당으로 바꾸려는데, 본부장이 "됐다!" 하며 획 돌아서 나가고 찬바람이 불더라는 것이다. 그다음부터는 한식, 중식, 일식 식당에 모두 예약을 해놨다가, 본부장이 가고픈 식당을 정하면 나머지를 취소하는 식으로 상황을 모면하곤 했는데, 너무 번거로워 요즘은 과감하게 묻는다. "어디로 할까요?"

앞에서 실용주의 원칙과 실용적 리더십에 대해 알아봤다. 이는 어찌 보면 상위 해석 수준의 추상적 표현이라고 할 수 있다. 이것을 하위 해석 수준으로 낮추려면, 구체적 사례를 살펴보는 것이 도움이 된다. 통찰이라는 것은 사람과 상황에 따라 여러 유형으로 나타날 수 있다. 공정, 창의, 성과에 대해서도 마찬가지다. 여러 사례를 통해 각 요인의 다양한 행동을 접하다 보면, "아하! 나도 이럴 때는 이렇게 행동해야겠구나"라는 생각이 들 것이다. 〈표 5〉에서 '사례 행동'(○ 표시)이 우리가 사례분석을 통해서 메워 나가야 하는 영역이다.

〈표 5〉 실용주의 원칙과 실용주의 리더십

실용주의 4대 원칙	정의	실용주의 리더십 대표 요인	사례 행동
현재성	• 문제를 직시함 • 문제의 성격을 정의하고 공감대 형성	통찰	ooooo
합리성	• 검증적·비판적 사고 • 선입관 없는 대안 평가 및 선택	공정	ooooo
유연성	• 상황변화에 적응함 • 더 나은 대안에 개방적 자세 유지	창의	ooooo
실효성	• 결과를 만들어 내기 위한 노력/영향력 행사 • 계속 좋은 성과를 내는 에코시스템 구축	성과	ooooo

실용주의 리더의 계보

그렇다면 어떤 사례를 살펴보는 것이 좋을까? 흔히 옛날 사례는 낡고 외국의 사례는 우리에게 안 맞는다고 생각한다. 하지만 실용주의 사례는 시간과 공간의 제약을 받지 않는다. 우리가 앞서 세종대왕과 벤저민 프랭클린 사례에서 봤듯이, 실용주의 리더십은 시공을 초월하여 서로 통한다. 인간의 본능은 고금동서를 막론하고 비슷하기 때문이다. 조선 시대의 실용주의 리더 계보는 대표적인 리더 사례로만 들었을 때, 세종대왕, 류성룡, 이순신 그리고 정약전으로 이어진다. 물론 다른 실용주의 리더들도 많고, 이는 일부에 지나지 않는다. 한 역사학자는 조선 시대의 실용주의에 대해 다음과 같이 냉철하게 평가했다.

조선의 실용주의는 세종대왕 때 부흥했다가 성종 때부터 주자학에 심취한 지배층이 점점 사변적으로 변하면서 맥이 끊겨, 조선 시대 내내 큰 의미 있는 변화를 이루지 못했다.

과거 시험 문제를 보면 이 사실을 알 수 있다. 세종 때 과거 시험은 제술(논술) 문제를 중시했는데 대개 현실의 문제를 주고 그 해법을 묻는 문제가 많았다. 하지만 조선 후기에는, 사서삼경의 내용을 묻는 이론적 문제 일색으로 바뀐다. 사서삼경을 달달 외워 과거에 합격한 자들이 지방관으로 내려가면, 현실 문제를 아무것도 모르기 때문에, 지방 아전(衙前, 공무원)들에게 휘둘려 그들이 하라는 대로 하다가 얼마 지나지 않아 중앙 관서로 전근하곤 했다. 지방행정을 장악한 아전들은 타락했고, 나라의 엘리트들은 당파싸움에 매몰되어 백성과 멀어졌다.[1]

이렇게 보면 조선의 실용주의는 세종 이후 완전히 맥이 끊긴 것처럼 보인다. 그러나 그렇게만 볼 수는 없다. 우선 조선 후반기 지배층이 주자학의 노예로 전락한 것은 맞다. 주자학의 신봉자 우암 송시열은 '주자의 말은 완벽하므로 토씨 하나 바꿔도 안 된다'라고까지 주장했다.[2]

하지만 당시 전체 인구 중 지배층인 양반의 비율은 5퍼센트에 불과했고, 또 문맹률이 높아 주자학의 영향이 사회의 저변에까지 미쳤다고 보기 힘들다. 나라의 주요 정책은 사회 지배층이 주도했지만, 상당수의 백성은 이념보다 삶이 더 시급했다. 먹고살 방법만 있다면 주자학 원리를 어기는 것쯤은 문제도 아니었다. 실효성 있는 호구지책을 찾아 길을 떠난 백성도 무수히 많았다. 실록의 기록들을 보면, 실제로 백성 대부분은 먹고사는 문제가 삶의 전부였다. 따라서 역사에 기록되지 않았다고 해서 실용주의가 조선 후기에 맥이 끊겼다고 할 수는 없을 것 같다.

특히 성종 이후에도 세종의 실용주의 정신을 이어받은 리더의 흔적이 남아 있다. 서애 류성룡, 충무공 이순신, 그리고 일성 정약전 등이 그들이다. 이들은 『징비록(懲毖錄)』, 『난중일기(亂中日記)』, 『자산어보(玆山魚譜)』 등을 남기며 조선의 실용주의를 이어 왔다. 우선 류성룡의 사례로 조선의 실용주의를 살펴보자.

실용주의 리더의 거두, 서애 류성룡의 통찰

우선 아래의 그림 (A)와 (B)는 각각 누구를 그린 것인지 맞혀 보자.[3] 둘 다 우리나라에는 잘 알려지지 않은 그림이다. 일본 사람들

(A) (B)

이 그린 그림인데 그 대상은 조선인이고, 우리에게 너무나 잘 알려진 인물들이다. (A)와 (B)의 인물은 서로 아주 잘 아는 사이이다. 과연 누구일까? 그림 (A)는 임진왜란 때 영의정 류성룡이 길가에 죽은 어느 여인의 젖을 빨고 있는 어린아이를 보면서 눈물을 흘리는 장면이다. 『징비록』에 기록된 내용을 일본인이 그림으로 그린 것이다. 그림 (B)는 놀랍게도 이순신 장군의 모습이다. 장군의 영정을 봤을 리 없는 일본인이 장군에 관한 이야기를 전해 듣고 상상하여 그린 것이다.

그런데 왜 일본인은 이 그림을 그렸을까? 자신들의 조상인 도요토미 히데요시(德川家康)가 20만 명에 달하는 대군을 이끌고 한반도에 쳐들어와 벌인 전쟁이 아니던가? 그리고 무고한 조선 백성들을 수없이 죽이고 약탈하지 않았던가? 그런데 왜 적국의 영상과 승장의 그림을 그린 것일까? 이에 답하기 위해서는 『징비록』의 배경을 좀 설명할 필요가 있다.

『징비록』은 왜란이 끝난 1599년(선조 32년)에 관직을 내려놓고 하회마을로 낙향한 류성룡이 1604년까지 약 5년에 걸쳐 저술한 임진왜란 7년(1592~1598년)의 기록이다. 1632년(인조 10년)에 『서애집』이 간행되었고, 1642년(인조 20년)에 당시 의령 현령 엄정구가 목판본으로 『징비록』을 간행했다고 알려져 있다.[4]

그러다가 1695년(숙종 21년), 일본 교토에서 '야마토야 이베에(大和屋伊兵衛)'가 『조선징비록(朝鮮懲毖錄)』을 간행한다. 그가 조선의 역관(譯官)들로부터 서애 선생의 『징비록』을 얻어 일본에서 처음으로 발행한 것이다.[5] 이뿐만 아니라 일본에 통신부사로 다녀온 김성일이 1590년 일본에서의 경험과 보고 들은 풍물을 기록한 『해사록(海槎錄)』과 정유재란 때 일본에 끌려갔던 강항이 1597년과 1600년 사이의 포로 경험을 기록한 책 『간양록(看羊錄)』까지 일본에서 간행되었다. 이에 1712년 숙종은 "적정을 정찰하여 적에게 알려주는 것"이라고 한탄하며, 이 세 책에 대해 뒤늦게 금수조치(禁輸措置)를 취한다. 특히 『징비록』은 너무 자세하게 기록되어 있어 국가 기밀에 속한다면서 해외 유출을 금지했다.

『조선징비록』은 일본인들에게 하나의 충격이었다. 그들이 침략했을 때 조선은 어떤 상황이었고 무엇을 하고 있었는지 전혀 모르고 있던 일본인들은 조선의 대응을 날짜별로 자세하게 기록한 『징비록』을 읽고 임진왜란의 전모를 꿰어 맞출 수 있었기 때문이다. 교토에서 발간된 『조선징비록』이 인기를 끌자, 일본에서는 그 후 약 300년 동안 최소 30여 종 이상의 '징비록'이 출간된다. 그중 상당수는 내용 일부를 삽화 형태로 그려 넣었는데, 위의 서애 류성룡과 이순신 장군의 그림 (A)와 (B)도, 그들 중 두 곳에 수록된 그림이다.[6] 일본에서 『조선징비록』은 베스트셀러를 넘어 스테디셀러의 반열에 올랐다고 볼 수 있다. 반면 조선에서는 지난 300여 년 동안 4종밖에 발간되지 않아, 일본인들이 『징비록』에 얼마나 큰 관심을 가졌는지를 짐작하게 한다.

이순신 장군이 일본에 널리 알려지게 된 것도 바로 『조선징비록』 때문이다. 『징비록』은 이순신 장군에 대해 별도의 장(障)을 마련하여 매우 자세히 기술하고 있다. 그의 업적뿐 아니라 품성도, 어릴 적의 일화까지 들어가면서 구체적으로 묘사한다. 일본인들은

『조선징비록』을 읽기 전까지는 이순신 장군을 단순히 무자비하고 포악한 장수로만 인식하고 있었다. 하지만 책을 통해서 그들은 이순신 장군이야말로 문과 무를 겸비한 명장 중 명장이라는 사실을 깨닫고 일종의 경외심을 갖게 된다. 일본인들이 이순신 장군을 '조선 구국의 명장' 또는 '세계 제일의 해장'이라고 부르게 된 것은 『조선징비록』의 기여가 컸다. 일본인들은 류성룡에 대해서도 경외심을 갖고 '조선의 명재상', '전략가', '역사가' 등으로 부른다.

한편 19세기 말엽 『징비록』은 양수경이라는 학자에 의해 청나라에도 알려져 상당한 인기를 끌었다. 조선 파병군을 이끌고 왔던 명나라 장수 이여송, 심유경 등에 관련된 중요한 정보를 확인할 수 있기 때문이다. 이로써 『징비록』은 한·중·일 베스트셀러가 되었다. 아마도 한국 책 중 최초일 것이다.

그렇다면 왜 서애 선생은 실용주의 리더의 '거두(巨頭)'일까? 이유는 간단하다. 『징비록』과 『선조실록』, 『선조수정실록』 등에 나타난 그의 행적이 실용주의 리더의 조건을 거의 완벽하게 반영하기 때문이다. 조선 시대 500년 동안 영의정을 임명한 건수는 246회였다.[7] 두 번 이상 역임한 사람이 다수 있는데, 그 수가 약 160명 수준이다. 류성룡 선생은 1592년부터 1598년까지 약 7년 동안 영의정을 지냈다. 세종 때 황희 정승이 18년 동안 최장수 영의정을 역임한 것과 비교하면 짧지만, 조선 역사를 통틀어 유일한 전시(戰時) 영의정이었으며, 임진왜란과 정유재란의 양란을 처음부터 끝까지 총괄했다는 점은 매우 특이한 경력이라고 볼 수 있다.

전시에는 국가의 모든 기능이 중앙정부에 의해 통제된다. 전시재상 류성룡에게도 상당한 권한이 주어졌다. 당시의 정황으로 봤을 때, 독단과 편 가르기도 가능한 상황이었다. 하지만 서애 선생은 이 권한을 이념의 리더들처럼 편 가르기를 위해 쓰든가, 혁신의 리더처럼 허황한 환상을 추구하는 데 쓰지 않았다. 오직 현실의 문제를 해결하는 데 집중했다. 그리고 그 하루하루의 선택과 아픔과 고뇌를, 이순신 장군이 『난중일기』를 기록한 것처럼, 온몸으로 기록하여 『징비록』을 남겼다.

『징비록』을 읽어 보면, 특별한 기교나 허세 없이 사실 위주로 기록된 느낌을 강하게 받는다. 내용은 담담하고 표현은 냉철하다. 진실을 기록하려고 노력한 흔적이 역력하다. 이념이나 환상의 흔적이 없다. 객관적 사실과 함께 자신의 판단과 그 판단의 이유를, 기교 없는 사실적 문장으로 진솔하게 기술하고 있다.

무엇보다도 『징비록』은 서애 선생의 실용주의 독립성을 잘 보여 준다. 그런 의미에서 이 책은 앞서 언급한 세종 시기의 『농사직설』과 맞닿아 있다. 농사를 잘 짓는 프로 농부들에게 농사 잘 짓는 법, 즉 '베스트 프랙티스'를 직접 물어 정리한 책이 『농사직설』이라면, 직접 경험하고 목격하고 고민한 전쟁을 사실적으로 기록한 책이 『징비록』이다. 실용주의의 근간인 이 '생각의 독립성'은 세종 때 직접 꽃을 키우면서 관찰한 내용을 책으로 편찬한 강희안의 『양화소록(養花小錄)』이나, 흑산으로 유배를 떠나 물고기들의 생태를 정밀하게 기록한 정약전의 『자산어보』와 연결된다.

요컨대 『징비록』은 조선 시대 실용주의 사상의 바이블이다. 또한 '통찰의 서(書)'라고 할 만하다. 단순한 사건의 나열이 아니라 당면한 문제를 직시하고 분석하여 통찰한 결과를 기술했다. 퇴계 이황 밑에서 유학(儒學)을 배운 그가 사변적이고 편협한 생각에서 벗어나 어떻게 그런 폭넓은 실용주의 리더의 '통찰력'을 갖게 되었는지 신비로울 정도다. 물론 『징비록』에는 상황에 대한 통찰과 함께 실용주의 리더의 다른 면모도 많이 실려 있다. 이 책은 합리적 사고와 유연한 태도, 결론을 내고야 마는 실효적 사상이 빛나는 실용주의 이야기를 담고 있다.

그렇다면 서애 선생은 어디에서 이런 실용주의를 배웠을까? 그가, 실사구시의 양명학(陽明學) 영향을 받았을 것이라는 주장을 펴는 학자도 있다. 하지만 퇴계 선생이 양명학을 물리쳤기 때문에, 그의 제자였던 서애 선생이 양명학의 영향을 크게 받았다는 주장은 설득력이 떨어진다. 나아가 양명학이 임진왜란 같은 절체절명의 상황에서 긴급히 발생하는 구체적 문제에 대해 답을 주지는 못했을 것이다. 아울러 학습 기간과 깊이에서도, 주자학을 학습한 기간이 양명학보다 훨씬 길고 깊었으므로, 학문이 서애 선생에게 영향을 미쳤다면 주자학이 훨씬 더 큰 영향을 주었을 가능성이 크다. 그런데도 『징비록』에는 주자학적 변론보다 '실용주의 통찰'로 가득 차 있다. 학습의 결과가 아니라면 나머지는, "서애 선생이 본래부터 실용주의자의 특성을 갖고 있었다"라는 해석만 남는다.

요컨대 서애 선생은 본래 현실 문제에 관심이 많은 사람이었다. 그는 당시 조선 사회의 '생활 속 문제'를 해결하기 위해 깊이 사유했다. 이러한 그의 특성이 전시의 복잡한 문제를 다양한 각도에서 통찰하여 해법을 찾는 데 큰 도움을 줬을 것이다. 그의 실용주의의 원천은 바로 그 자신이었다. 이 실용주의 DNA가 우리 민족에게 면면히 내려오면서 저항과 극복과 번영의 꽃을 피웠던 것이다.

전쟁은 서로를 죽여야 하는 극한 상황이다. 학문적 추상성은 용납되지 않는다. 왜놈들이 쏘아 대는 조총 탄환 피하는 법을 찾기 위해서 사서삼경을 참고할 수는 없다. 과거에 읽었던 경서(經書)의 내용을 떠올릴 겨를도 없다. 우선 바위 뒤로 몸을 숨겨야 하고, 기회를 봐서 적을 죽여야 내가 산다. 이 상황에서 남는 것은 본능과 생존의 지혜뿐이다. 모든 역량과 자원을 현재에 모아 살아날 방법, 생존의 전략을 찾는 것뿐이다. 그러므로 전쟁은 실용주의 리더십을 강요한다. 『징비록』에는 서애 선생이 펼친 실용주의 리더십의 사례들로 가득 차 있다. 이들을 실용주의 리더십 원리 차원에서 질문 형식으로 엮어 보았다.

질문 ①: 왜 같은 편인 김성일을 질타했을까?

학봉 김성일(金誠一)이 임진왜란 직전 해인 1591년 2월, 일본에 통신부사로 다녀온 후 선조에게 보고했던 말은 우리나라 역사에 영원히 남아 화젯거리를 제공한다.

> 신(臣)은 그러한(왜군이 침입할 것이라는) 정세가 있는 것을 보지 못하였습니다. 윤길(통신정사 황윤길)이 인심을 동요시키는 것은 옳지 못합니다.

우리가 주목해야 하는 것은 김성일의 이 보고에 대해 서애 선생이 아래와 같이 질타한 장면이다.

> 그대의 말이 황사(黃使, 황윤길)의 말과 같지 않으니 만일에 병화(兵禍)가 있게 되면 장차 어떻게 할 것인가?

이에 대해 김성일은 이렇게 대답한다.

> 나 역시 어찌 왜적이 끝내 동병(動兵, 병사를 움직임)치 않을 것이라고 단언하겠는가마는, 다만 황윤길의 말이 너무 지나쳐 중앙과 지방의 인심이 놀라 당황할 것이므로 이를 해명했을 뿐입니다.[8]

학봉과 서애는 퇴계 이황 선생 밑에서 동문수학한 사이다. 둘은 당시의 영의정 이산해(李山海), 조식(曺植) 등과 함께 동인(東人)에 속한다. 반면 통신정사[통신사(通信使)의 우두머리] 황윤길은 율곡 이이, 송강 정철과 가까운 서인(西人)의 반열이었다. 그렇다면 서애 선생은 김성일을 지지해야 했다. 하지만 그는 황윤길의 말이 옳다고 여겼다. 이것은 서애 선생이 무조건 자기편의 손을 드는 이념의 리더가 아니라, 공정한 합리적 사고를 중시하는 실용적 리더였음을 보여 주는 사례다.

친분은 친분이고 진실은 진실이다. 이것은 실용주의 리더의 전형적인 자세다. 왜가 침입하자 선조는 잘못된 보고를 한 죄를 물어 김성일을 국문하려 했다. 하지만 이때는 서애 선생이 김성일을 도와준다. 그는 서애 선생의 도움으로 석방되어 경상우도초유사(慶尙

右道招諭使)가 되고 이어 순찰사가 되어 전쟁에 참전했다가 1593년 2월 병사한다.[9] 이처럼 실용주의 리더는 친분을 중시해야 하는 상황과 진리의 편에 서야 하는 상황을 구분하여 행동한다. 김성일의 잘못은 크지만 특별히 그를 비난할 필요는 없을 듯하다. '왜가 침략할 것'이라는 정황은 당시 이미 명나라에까지 다 알려진 사실이었다. 『징비록』에도 다음과 같은 구절이 나온다.

> 이때 복건성(福建省) 사람 허의후(許儀後)·진신(陳申) 등이 왜국에 잡혀 있었는데 이미 왜의 이러한 정세[倭亂, 왜란]를 비밀리에 본국에 보고하였으며….[10]

선조는 이 소문을 확인하기 위해 통신사를 일본에 파견한 것이고, 정사 황윤길이 돌아와서 그 소문을 확인해 줬다. 선조가 김성일의 말만 믿고 전란을 대비하던 것을 멈췄다든가 늦췄다는 증거는 없다. 선조도 나름대로 "왜의 동태를 걱정하여" 방비를 했다. 재신(宰臣, 임금을 보필하는 최고 책임자)을 뽑아 경상도, 전라도, 충청도를 맡겨 병기(兵器)를 준비하고, 서애 선생의 추천으로 이순신을 전라좌도수군절제사(全羅左道水軍節制使)로 발탁했다. 또한 성을 쌓도록 했는데, 특히 왜적의 이동 경로로 예측되는 경상도 쪽에 성 쌓기를 집중하여 영천, 청도, 삼가, 대구, 성주, 부산, 동래, 진주, 안동, 상주에 성을 신축 또는 수축했다.

문제는 전쟁에 대한 조정의 '통찰 부족'이었다. 조정에서는 예상되는 왜란을 왜구들이 대마도 마을에 쳐들어와 약탈해 가는 수준, 또는 그보다 좀 더 큰 수준으로 착각했다. 그러다 보니 준비하는 과정에 착오가 많았다. 성을 쌓을 때도 많은 사람을 수용할 목적으로 되도록 크게 만들어 오히려 방어에 어려움을 겪는 결과를 초래했다. 노역하는 백성들도 동네에 있는 작은 강을 믿고, '강이 있는데 왜적이 어떻게 건너오겠는가?'라고 항변하기도 했다. 서애 선생은 이 통찰 부족을 신랄하게 비판한다.

> 대저 성은 튼튼하고 작은 것을 위주로 하는 것인데도, 오히려 그것이 넓지 않음을 염려하였으니 또한 그 당시의 의론이 대체로 그와 같이 된 것이었다. 군정(軍政, 군사정책)의 근본이라든지, 장수를 뽑는 요령이라든지, 군사를 훈련하는 방법 같은 것은 백 가지 중에 어느 한 가지도 정돈되지 못했던 까닭에 결국 전쟁에 패하고 말았다.[11]

이를 놓고 볼 때, 통찰 부족뿐 아니라 '실효성 인식'에도 문제가 있었으며, 이 모든 요인이 합쳐져 실패했다고 보는 것이 타당할 것이다. 당시 조정의 대비책 중에서 실효성 있는 대책이라고는 서애 선생이 추천하여 이순신과 권율을 발탁한 것뿐이었다.

서애 선생의 '친분은 친분, 진실은 진실'(이하 '친친, 진진')이라는 생각은 실용주의의 근간이다. 그러나 이런 행동은 사람들에게 너무 차갑고 정이 없다는 비판을 받게 된다. 남인(南人)이었던 서애 선생과 대척점에 있던 파벌들은 이런 그의 모습을 그냥 지나치지 않았다. 북인(北人)이 기록한 『선조실록』의 류성룡 졸기(卒記, 내신이 죽고 했을 때 사관이 그 인물에 대해 적은 평가문)에서 그를 가리켜 "규모(規模)

가 조금 좁고"라고 한 것이나, 서인(西人)이 기록한 『선조수정실록』에 "국량(局量)이 협소하고 지론(持論)이 넓지 못하여"라고 비판한 것은 모두 그의 냉철한 합리주의 성향에 대한 반작용이라고 평가할 수 있다. 요컨대 류성룡은 당시 조선 백성의 실용주의 사상을 대변하며, 탁월한 통찰과 '친친, 진진'의 냉철한 합리주의로 전란을 극복하는 데 크게 이바지한 '실용주의의 거두'였다.

오늘날에도 '친친, 진진' 식으로 행동하면 차갑다고 여긴다. 정치적 리더로 떠올랐다가 그렇게 행동하여 주변 사람들이 다 떠나고 비난을 받기까지 한 사례도 있다. 하지만 사람들이 떠난 것은 '친친, 진진'의 태도가 잘못된 것이 아니라 이기적 조커의 속성이 엿보였기 때문일 것이다. '친친, 진진'을 추구하면서도 따뜻하고 배려심 깊은 리더는 얼마든지 많다. 서애 선생도 학봉을 질타했지만, 나중에는 그를 보호해 주지 않았는가! '친친, 진진'과 '따뜻함'은 동시에 펼쳐져야 하늘을 날을 수 있는 양 날개와 같다.

중요한 것은 따뜻함과 같은 미시적 요인이 아니라 '적이 쳐들어올 것'을 예견한 통찰이다. 그리고 그러한 위협에 대해 실효성 있는 대응 방안을 찾아 구현하는 행동이다. '따뜻함'이라는 단어가 주는 달콤함에 매몰되어 이 거시적 요인을 놓치면 전쟁 대비 부족에 따른 막대한 비용을 치르게 되는 것이다.

요즘 기업에서는 '친친, 진진'이 필수적이다. 행정기관에서도 마찬가지다. 친분으로 계약자를 선정했다가는 바로 고발당한다. 리더가 부하들을 대할 때도 마찬가지다. 지연, 학연, 혈연을 내세우다가는 SNS에 도배된다. 물론 기업경영에서 '친친'이 효력을 발휘할 때도 있다. 노사관계나 IR(Investor Relations)에서는 '친하다, 익숙하다, 괜찮다'라는 관계가 도움을 주기도 하지만, 오늘날 대부분의 기업 경영 국면에서는 '친친, 진진'이 정석이고 좋은 결과를 낳는다. 21세기는 실용주의 시대다.

질문 ②: 왜 선조가 압록강 건너는 것을 막았을까?

도주하는 왕도 목표는 있어야 한다. 어디로 갈 것인가, 어디까지 갈 것인가? 한양을 빠져나온 선조도 같은 생각이었다. 어디까지 가야 하나? 그래서 선조는 동파관(東坡館)을 지나 개성으로 가면서 신하들에게 속마음을 꺼낸다.

> 이날 아침에 상(임금)이 대신 이산해와 류성룡을 불러 손으로 가슴을 치며 괴로운 모습으로 이르기를, "이모(李某)야 류모(柳某)야! 일이 이렇게까지 되었으니 내가 어디로 가야 하겠는가? 꺼리거나 숨기지 말고 속에 있는 생각을 털어놓고 말하라."[12]

선조는 당황했다. 가슴을 치는 왕의 모습, '통찰 부재' 그대로다. 임금은 가슴을 쳤고, 신하들은 엎드려 눈물만 흘릴 뿐 대답을 못 했다. 임금이 이항복에게 직접 묻는다. 이항복의 답이다.

> 거가(車駕, 임금이 탄 수레)가 의주(義州)에 머물 만합니다. 만약 형세와 힘이 궁하여 팔도가 모두 함락된다면 바로 명나라에 가서 호소할 수 있습니다.[13]

이것이 소위 요동내부화(遼東內附化) 책략이다. 우리가 잘 아는 이항복의 입에서 이 아이디어가 처음 나왔다. 임금이 요동으로 가서 의탁한다는 뜻이다. 쉽게 말하면, 선조에게 나라를 버리고 국경 너머 가까운 중국 요동으로 도망가라는 권유다. 선조는 다음으로 류성룡에게 "승지의 뜻은 어떠한가?"라고 물었다. 이어서 류성룡과 선조, 이항복 간의 논쟁이 벌어졌다.

> 성룡이 아뢰기를, "안 됩니다. 대가(大駕)가 우리 국토 밖으로 한 걸음만 떠나면 조선은 우리 땅이 되지 않습니다"라고 하였다.
>
> 상이 이르기를, "내부(內附) 하는 것이 본래 나의 뜻이다"라고 하니, 성룡이 안 된다고 하였다.
>
> 항복이 아뢰기를, "신이 말한 것은 곧장 압록강을 건너자는 것이 아니라 극단의 경우를 두고 한 말입니다" 하고, 성룡과 반복하여 논쟁하였다.
>
> 성룡이 말하기를, "지금 관동과 관북 제도(諸道)가 그대로 있고 호남에서 충의로운 인사들이 곧 벌떼처럼 일어날 텐데 어떻게 이런 말을 갑자기 할 수 있겠는가" 하였다.[14]

그날 선조 곁에는 류성룡을 비롯하여 이항복, 윤두수, 이산해 등 쟁쟁한 신하들이 둘러싸고 있었다. 아무도 임금이 서울을 버리고 도주하는 절체절명의 상황에 대한 통찰력 있는 해법을 제시하지 못했다. 이항복이 답이라고 낸 것이 나라를 버리고 도망가라는 것이었고 거기에 임금이 맞장구를 쳤으니, 유일하게 상황을 통찰하고 있던 사람은 서애 선생뿐이었다는 얘기다. 얼마나 기가 막힌 일인가? 류성룡의 통찰은 명쾌했다.

> 임금이 한 걸음만 우리 땅을 떠나면 조선은 없다. 호남에서 의병이 벌떼처럼 일어나 나라를 구할 것이다.[15]

문제 인식이 명쾌하고 해법도 구체적이다. 앞서 김성일이 일본에 다녀와서 '침략은 없다'라고 보고했다가 류성룡에게 혼난 것처럼 이번에는 이항복의 차례다.

> 성룡이 물러 나와 항복을 책망하며 말하기를, "어떻게 경솔히 나라를 버리자는 의논을 내놓는가. 자네가 비록 길가에서 임금을 따라 죽더라도 궁녀나 내시의 충성밖에 되지 못할 것이다. 이 말이 한번 퍼지면 인심이 와해(瓦解)될 것이니 누가 수습할 수 있겠는가" 하니, 항복이 사과하였다.[16]

선조는 그래도 포기하지 않았다. 선조의 머릿속에 어떤 멘털 모델이 있었을까? 그는 도저히 이해할 수 없는 일을 벌인다. 왜군 16만 7,900명이 부산에 처음 침략한 것이 4월 13일인데, 한 달도 안 되는 5월 1일에 나라를 버릴 생각을 하고, 요동에 사람을 보내어 "나를 받아주시겠습니까?"라고 요동 순무(명나라 지방관)에게 의사를 타진했다. 그것도 한 번도 아니고 여러 번 사람을 보내어 애원하다시피 했다. 한 나라의 임금이 한낱 지방관에게 애원하는 모습을 상상하니 참으로 가슴이 미어터진다.

요동 순무 어사 학걸(郝杰)은 선조의 부탁을 받고 황당했다. 처음에는 '가짜 임금'이 보낸 가짜 서신이라고 생각했다. 아니 어떻게 한 나라의 임금이 자기 나라를 버리고 북경도 아니고 요동으로 온단 말인가? 그래서 사람을 조선에 직접 보내어 왕을 만나 서신이 진짜인지를 확인까지 한다. 선조의 의중이 사실임을 확인한 어사 학걸은 자기 선에서 해결할 수 없음을 알고, 황제에게 사실을 보고하고 해답을 구한다.

다음은 명나라 황제 만력제가 요동 순무 어사 학걸에게 보낸 회신이다.

> 왜적이 조선을 함몰(陷沒)시켜 국왕이 도피하였으니, 짐(朕)은 매우 측은하게 여긴다. 구원병을 일단 파견하고 사람을 차견하여 그 나라 대신들에게 선유(宣諭, 황제의 뜻을 알림)하되, 충성을 다하여 나라를 수호하고 각처의 병마(兵馬)를 속히 결집하여 성지(城池, 성 주변에 파 놓은 못)를 굳게 지키며 요해처(要害處, 우리에게 꼭 필요하고 적에게 해로운 지점)에 웅거하여 힘껏 회복을 도모하도록 하라. 어떻게 앉아서 망하는 것을 볼 수 있겠는가?[17]

한마디로 '도와줄 테니 죽을 때까지 한번 싸워 보라고 전해라'는 것이다. 참으로 낯 뜨거운 일이다. 겁먹고 도망치겠다는 왕에게 '한번 싸워나 봐라'라고 충고하는 것이 아닌가. '싸워나 보고 망해야지, 어떻게 앉아서 망하겠다는 것이냐'라고 추궁하고 있지 않은가!

당시 상황을 제대로 통찰하지 못하여 벌어진 기막힌 장면이다. 리더에게 문제를 직시하고 제대로 통찰하는 능력이 얼마나 중요한지를 일깨워 주는 가슴 아픈 일화다. 결국 선조는 요동으로 도망치지도 못하고 훈계만 들은 꼴이 되었다.

오늘날에도 선조처럼 통찰이 부족한 리더들이 많다. 자기 이익만을 내세우는 조커족들이 정치권을 장악하고 있다. 기업에서는 일을 못하면 내보낼 수 있지만, 정치권은 한번 당선되면 웬만해서는 내쫓을 수가 없다. 나라가 얼마나 궁지에 몰려야 조커 정치인들이 사라질까? 국가 문제가 산적해 있는데 조커 정치인들은 자기 밥그릇 챙기느라고 정신이 없다. 그들을 선출한 이 시대의 국민도 함께 책임을 져야 한다. 역사란 이어달리기가 아닌가? 현재를 사는 우리 구간에서 출생률 세계 꼴찌, 자살률 세계 1위, 행복도 세계 최하위 수준을 만들었다면, 다음 구간을 맡은 후발 주자들이 이 시대를 얼마나 한심하게 생각할까? 이제 정부나 국회에서도 실용주의를 회복해야 한다. 급변하는 세계에 맞서 진정한 통찰 능력을 갖춘 실용주의자를 나라의 지도자로 선출해야 할 것이다.

기업도 시급한 문제에 당면해 있다. 글로벌 경쟁의 최전선에서 있는 우리 기업들이 흔들리고 있다. 제4차 산업혁명이 시작됐다고 야단법석을 떨던 것이 1~2년 전인데, 이제는 'AI 폭주'로 주제어가 완전히 바뀌었다. 자율주행차가 '플라잉 카(flying car)'에 자리를 내주고, 반도체 시장은 HBM(고대역폭 메모리) 칩에 지배당할 위기에 처해 있다. 경수로 원자로는 SMR(소형모듈형 원자로)로 발전하고, 은행도 플랫폼 사업으로 변신했다. 우주, 방위, 에너지, 제약 등도 만

만치 않은 도전이다. 복잡한 변화 속에서 리더의 통찰은 더욱 중요해지고, 또 제대로 통찰하기가 점점 어려워지고 있다. 우리 기업들이 글로벌 경쟁의 최전선에 참전하고 있지만 '지배적 주도'는 못 하는 실정이다. 이는 내부의 문제도 크다. 정치권은 대기업을 이념의 대상으로 보아 적대시하고, 근로자들의 근로 가치는 예전 같지 않다. 과거의 경직된 관성에 갇힌 조직문화는 능력 있는 신세대 젊은이들을 수용하지 못하고 있다. 통찰력 있는 미래세대를 키워 내는 일은 요원하다.

2013년에 발행된 '미래예측보고서'를 다시 들여다봤다. 2024년에 관한 예측은 전혀 맞지 않을 뿐 아니라 엉뚱한 예측이 많다.[18] 그 내용에는 "해수면 상승으로 대도시가 내륙으로 이주"하고, "동성결혼이 미국의 모든 주에서 허용"되고, "아프리카코끼리가 멸종한다" 등이 있다. 아직까지 그런 일은 일어나지 않았다. 2018년에 디지털 시대가 완성된다고 했지만 오늘날 상식이 된 AI란 말은 어디에도 나오지 않는다. 2026년에는 알츠하이머의 새로운 치료법이 나오고, 2028년까지는 비행기 조종사가 사라지며, 2029년에는 인간과 동일한 인공지능을 가진 안드로이드가 등장해 인간처럼 행동하게 될 것이란다. 2030년에 이르면, 전 세계 대학 절반이 문을 닫고, 바이오폰이 출현하며, 스마트 그리드(smart grid) 때문에 한국전력이 소멸할 것이라고 했다. 물론 비슷하게 맞힌 것도 있지만 대부분은 예측이 빗나갔다. 오늘날의 변화는 그만큼 예측하기 힘들다는 방증이다. 이것은 곧 기업 경영자의 통찰이 한층 더 고도화되어야 한다는 것을 뜻한다. 시대는 빛의 속도로 날아가는데 경영자의 통찰이 마차로 가고 있다면, 선조처럼 나라를 버리고 도망치는 이기적 조커의 운명을 맞이하게 될 것이다.

오늘날 통찰은 '가정에 도전(Assumption Challenge)'하는 데서 출발한다. '가정(假定)'이란 우리의 마음 깊은 곳에 있으면서 우리의 생각을 조정하는 무의식의 신념을 말한다. 이것도 일종의 이념이다. 가정에 도전하여 빛을 보는 회사가 SK하이닉스다. 사사(社史)를 살펴보면, SK하이닉스는 참으로 대단한 회사임을 알게 된다. 1983년 현대전자로 시작해서, 1999년 LG반도체를 합병하고, 2001년 3월 상호를 하이닉스로 바꿨다. D램 가격이 90퍼센트 하락하면서 유동성 위기로 그해 10월 법정관리에 들어갔다가, 2011년 11월에 SK에 인수된다. 이 기업 사람들은 2001년부터 2011년까지의 기간을 '고난의 10년'이라고 부른다. 이 경험은 SK하이닉스를 단련시켰다. 고난에 쉽게 흔들리지 않는 뿌리가 깊은 기업으로 만들었다. '고난의 10년' 동안 직원들은 물론 노동조합, CEO와 경영진 그리고 이천 시민들까지 똘똘 뭉쳤다. 살을 깎는 비용 절감은 당연했지만, 특히 어려웠던 것은 고가의 반도체 장비를 구매할 여력이 없다는 점이었다. 이를 극복하기 위해 하이닉스는 최고의 엔지니어들을 모아 고가 장비 없이 반도체를 생산하는 '블루칩 프로젝트'를 시행하여 성공했다. 이 경험은 하이닉스의 레전드가 되었다. 집념과 창의로 난관을 극복한 것이다.

2011년, SK가 하이닉스를 인수하여 재원이 공급되면서 SK하이닉스는 날개를 단다. 고난을 뒤로하고 성장 기조가 정착되었다. 급여도 오르고, 투자도 정상화되었으며, 좋은 인력도 많이 유입되었다. 그렇게 몇 년이 지나자 이번에는 '안주(安住)의 위기'가 찾아왔다. 모두가 편하고 행복해졌기 때문이다. 위기의 핵심은 임직원들 마음속 깊은 곳에서 자라난 다음과 같은 가정이었다.

> 2등이면 어때, 세계 2등인데. 삼성은 사업 구조가 다르잖아. 뱁새가 황새를 쫓아가면 안 돼.

경영진은 이 안주의 위기를 극복하기 위해 사장을 비롯한 전 임원 워크숍을 수차례에 걸쳐 시행했다. 메시지는 바로 "2위에 만족하면 2위를 지킬 수 없다", "경쟁의 국면을 달리하면 1위도 얼마든지 가능하다"라는 것이었다. 쇼트트랙 경기에서 순위가 바뀌는 변곡점(deflection point)은 터닝 포인트, 즉 커브를 돌 때 일어난다. 반도체 산업에도 분명히 터닝 포인트가 올 것이다. 1위, 2위의 기준이 꼭 매출이나 이익 등 재무 지표일 필요는 없다. 특정 기술, 특별한 공정, 미래의 신기술 등 경쟁의 국면이 다양한데, 그중 어느 국면에서는 얼마든지 1등을 할 수 있다. 그러므로 '1등 스피릿'을 가지고 도전하자. 가정에 도전하자. 이 워크숍 때문인지는 확실하지 않지만, 최근 SK하이닉스는 HBM에서 삼성전자를 앞지르고 있다. 가정에 도전하면 새로운 통찰이 생긴다.

질문 ③: 어떻게 산속에 숨은 백성들을 돌아오게 했을까?

사람들은 직함을 가지면 그 직함에 맞는 행동을 보인다. 완장 차면 사람이 달라진다는 말이 있다. 평범한 사람에게 '간수'라는 직함을 붙여 죄수를 지키게 했더니, 그 사람은 진짜 간수처럼 죄수를 학대하고 잔혹한 행동까지 보였다고 한다. 이는 1971년 '스탠퍼드대학 교도소 실험(The Stanford Prison Experiment)'에서 나온 결과다. 이 실험을 이끈 필립 짐바르도(Philip Zimbardo) 교수는 일당 15달러를 주고 실험 참가자 24명을 고용해 간수와 죄수로 12명씩 나눴다. 그리고 역할에 맞는 제복을 입혀 2주 동안 간수와 죄수로 생활하게 했다. 시간이 지나면서 실험 참가자들은 자기 역할에 맞는 행동을 점점 보이기 시작하더니, 급기야 간수가 죄수를 비인간적으로 난폭하게 다루는 일까지 벌어졌다. 결국 5일 만에 실험을 중단했다. '완장을 차면 사람이 달라진다'라는 속설을 엿볼 수 있게 하는 연구였다.

임진왜란 당시 서애 선생은 '영의정 및 도체찰사'라는 큰 완장을 찼다. 전쟁이라는 절체절명의 위기 상황이므로 독단과 카리스마가 통할 수 있는 상황이었다. 하지만 그는 합리적인 길을 선택했다. 백성들을 강제로 동원하기보다 스스로 따라오게끔 동기를 부여했고, 아무리 시급한 상황이라도 설득과 협상을 통해 문제를 해결했다. 목숨이 오가는 전쟁 상황에서 쉽지 않은 선택이었다. 실용적 리더의 합리성이란 바로 이런 것이다.

1592년 7월 초, 명나라 군대가 조선에 들어왔다. 임진왜란 발발 3개월여 만이었다. 요동 부총병 조승훈(祖承訓)이 군사 5,000명을 거느리고 처음으로 조선을 구하러 압록강을 건너온 것이다. 선조는 벌써 의주에 가 있었고, 여차하면 강을 건널 심사였다. 평양성을 함락한 고니시 유키나가의 진격 추세라면, 의주까지 치고 올라오는데 하루밖에 안 걸릴 것으로 봤다.

그(왜가 진격하는) 형세가 마치 높은 곳에서 병을 세워 물을 쏟아붓는 것과 같아서, 아침 아니면 저녁에 압록강까지 쳐들어올 것이라 여겨졌기에….[19]

그런데 여기서 기적이 일어났다. 『징비록』의 표현을 따르면, “참으로 하늘의 도움”이었다. 평양성에 들어간 고니시 군대가 더는 진격하지 않고 그곳에 눌러앉아 버린 것이다. 하루 이틀이 아니라 몇 개월 동안 눌러앉아 움직이질 않았다! 당시 고니시가 왜 평양성에 눌러앉았는지는 지금도 미스터리로 남아 있다. 그가 만약 진격해 오던 추세대로 바로 밀고 올라갔다면, 조선은 영원히 사라졌을지도 모른다.

이 몇 개월은 서애 선생의 시간이었다. 바야흐로 그의 눈부신 활약이 시작된다. 그가 선조로부터 부여받은 첫 번째 임무는 ‘명나라 장수를 접대하라’라는 것이었다. 하지만 정작 중요한 임무는 그 다음에 나왔다.

구원병이 오는 길에 나가서 군량을 준비하라![20]

여기서 새롭게 알게 된 사실은 구원병이 왔을 때 그들의 식량을 조선이 마련해야 한다는 것이었다. 선조는 처음에 이 임무를 좌의정 윤두수에게 맡겼다. 그런데 서애 선생이 자기가 맡겠다며 나선 것이다. 이유는 두 가지였다. 하나는 좌상 윤두수가 식량을 구하러 떠나면 임금 옆에 대신이 아무도 남지 않는다는 것이고, 다른 하나는 자기가 이미 명나라 장수 접대 임무를 맡았으니 식량 조달까지 함께 맡는 것이 효율적이라는 것이었다. 합리적이고 실효성 있는 제안이었다. 선조가 마다할 이유가 없었다.

이때부터 서애 선생의 통찰, 공정, 창의, 성과 등 실용적 리더의 모든 행동이 줄줄이 나온다. 그런데 문제가 하나 있었다. 선생이 병에 걸린 것이다. 제대로 서서 걷지도 못하는 병이었는데, 오늘날의 병명으로는 치질이다. 어떻게 이런 역사적인 순간에 그런 병에 걸렸을까? 증상이 매우 심했던 모양이다. 글을 올려 선조의 허락을 받은 뒤, 직접 가서 뵈어야 하는데 걷지를 못하는 것이다. 『징비록』에는 이렇게 기록되어 있다.

> 초 7일에 병든 몸을 억지로 견디어 임금 계신 곳에 나아가서 하직하니, 임금께서 불러 보시므로, 엉금엉금 기어들어 가서 아뢰기를….[21]

임금 앞으로 기어들어 가는 그 모습이 참으로 웃픈 상황이다. 내가 임금이라면 가서 좀 쉬라고 했을 텐데 선조가 참 얄밉다. 그래도 인정은 있는지 선조는 류성룡에게 웅담(熊膽)과 내의원에서 만들었다는 납약(臘藥)을 하사한다. 그런데 치질에 이런 약이 효능이 있었을까? 중요한 것은 이때 서애 선생이 선조에게 보고한 내용이다. 그는 어디서 어떻게 식량을 구할지를 벌써 다 파악해 놓고 있었다. 통찰과 성과의 리더십이 빛나는 순간이다.

"명나라 군사가 지나는 길에서, 소곶(所串)에서 남쪽으로 정주·가산에 이르기까지는 5,000명이 지나갈 동안에 하루이틀 먹을 것은 준비될 수 있으나, 안주·숙천·순안 세 고을에는 양식이 전혀 없으니, 명나라 군사가 이곳을 지날 때는 먼저 사흘 동안 먹을 양식을 가지고서, 안주 이남(以南)의 식량에 대비해야 할 것입니다. 군사가 평양에 이르러서 즉시 수복(收復)하게 되면, 성안에 곡식이 많으므로 능히 보급될 수 있을 것이며, 비록 성을 포위하는 것이 여러 날이 되더라도 평양 서쪽 세 고을(江西·龍岡·咸從)의 곡식을 또한 힘을 다하여 운반해서, 전선(前線)에 수송하게 되면 부족한 점은 없을 것입니다. 이와 같은 자세한 사정은 이곳에 있는 여러 신하로 하여금 명나라 장수와 서로 의논하여 융통성 있게 계획하고, 편의한 대로 일을 시행하도록 하시옵소서." 하니 임금께서 그렇게 하라고 지시하였다.[22]

선생은 통찰을 벌써 끝내 놓고 있었다. 명군이 입국한 것과 거의 시차가 없는 7월 7일의 일이었다. 선조가 묻기 전에, 명군이 왔을 때 필요한 일을 생각하여 대비했다고 볼 수 있다. 선생의 통찰이 경탄스럽다! 시시각각 전개되는 상황을 직시하면서, 상황별로 치밀하게 시나리오를 짜놓고 대응책을 마련해 놨다는 얘기다. 선조는 아무런 통찰이 없었고, 좌상 윤두수도 대안을 내놓지 못했다. 오죽 답답했으면, 서애 선생이 자진해서 그 어려운 식량 조달 임무를 맡겠다고 나섰겠는가!

선생은 바로 그날, 아픈 몸을 이끌고 어렵게 길을 떠난다. 제일 먼저 식량을 찾아 나선 곳은 소곶역(所串驛)이었다. 소곶역(또는 소곶이역)은 세조 때 만들어진 역참이다. 아마도 중국으로 가는 사신이

쉬어 가던 곳으로 평안도 북쪽 의주에서 멀지 않은 곳에 있었던 것 같다. 소곶역은 텅 비어 있었다. 아전과 백성 모두가 산속으로 도망가 숨어 아무도 없는 빈 마을이었다. 식량은 고사하고 사람이 있어야 얘기라도 해볼 것 아닌가? 참으로 난감한 상황이었다. 선조에게 큰소리치고 왔는데, 사람을 만날 수조차 없으니 식량을 어떻게 구한단 말인가? 이런 상황에 처하면 어떻게 해야 할까?

선조는 이렇게 했다. 1592년 9월 12일, 선조는 갑자기 10만 병사가 먹을 식량을 구해 오라고 난리를 친다. 그때는 조승훈의 5,000명 군대가 평양성을 공략하다가 실패하여 중국으로 돌아가고 없는 때였다. 순수하게 비축용으로 10만 명분을 구하라는 것이었다. 물론 류성룡은 식량을 구하러 다니느라 그 자리에 없었으므로, 좌상 윤두수와 호판 이성중에게 명령을 내렸다. 이때 선조가 제시한 식량을 구하는 방법이 류성룡과 너무 대비되어 소개하는 것이다.

> 상(임금)이 이르기를, "중원(中原)의 군량은 믿을 수가 없다. 10만의 군사가 두서너 달 먹을 양식을 마련하여 두어야 한다. 급히 민간에서 추수할 때 거두어 모으거나 곡식을 사들여야 할 것이요. 순전히 풍원(豐原, 류성룡)만 믿어서는 안 된다. 좌상(윤두수)과 호판 이성중은 조처하도록 하라. 또 중원의 병세(兵勢, 전쟁의 양상)는 멀리서 헤아릴 수가 없는데 만일 중지되면 어떻게 하겠는가? 나의 뜻으로는 10만의 군사가 두서너 달 먹을 군량을 마련하여야 할 것으로 여긴다"라고 하니,
>
> 이성중이 아뢰기를, "올 곡식을 거두어들이고 싶으나 명분이 없으니 어떻게 해야 합니까?" 하였다.

상이 이르기를, "명분이 없는 것에는 구애될 필요가 없다. 어떻게 해서라도 많이 모아야 한다. 만일 이 시기를 놓친다면 어디서 얻을 수 있겠는가. 10만의 군사를 지탱하고도 남는 것이 있다면 기민(飢民)을 구제하면 된다" 하니,

성중이 아뢰기를, "낭청(郎廳)을 보내 군량 조달 상황을 살피고자 합니다" 하였는데,

상이 이르기를, "완만히 하여서는 안 된다. 도미(稻米)가 아니고 전미(田米)라도 좋다. 마두(馬豆)도 준비하도록 하라" 하였다.[23]

이것이 통찰이 없는 선조의 방식이었다. '강압적으로 하든 빼앗아 오든, 명분이 있든 없든 무조건 모으라'라는 것이었다. 합리성이라고는 찾아볼 수 없다. 고민의 흔적도 거의 안 보인다. 사실 10만 명분의 식량을 모아야 하는 이유도 불명확하다. 감으로 필요할 듯하여 일단 모으고 보자는 식이었다. 왜 10만 명분인지, 그 이유는 아무도 모른다.

반면 서애 선생은 비슷한 상황에서 다른 방법을 선택한다. 소곶역 주변 촌락을 수색하여 군관들이 백성 몇 사람을 데리고 왔다. 그리고 이들을 산속에 숨은 주민들과의 소통 창구로 활용했다. 선생은 이들에게 간곡히 부탁했다.[24]

나라에서 평상시에 너희들을 보살펴 온 것은 지금 같은 때에 쓰고자 한 것인데, 어찌 차마 도망칠 수가 있겠는가. 더구나 명나라 군사가 방금 이르러 나랏일이 급하니, 이때야말로 너희들이 힘을 다하여 공

을 세워야 할 시기인 것이다.

여기까지는 서론이다. 그다음 행동이 명품이다.

이내 공책(空冊) 한 권을 꺼내어 그곳에 와 있는 사람의 성명을 먼저 써서 그들에게 보이면서, "훗날에 이것으로써 공로(功勞)의 등급을 사정(查定)하여 임금께 아뢰어서 상을 줄 것인데, 만일 이 기록에 기재되지 않은 사람은 난리가 평정된 뒤에 일일이 조사해서 벌을 줄 것이니, 한 사람도 면하지 못할 것이다."

공로자의 이름을 적은 공책을 '고공책(考功冊, 공로를 조사하는 책)'이라고 부른다. 이 사건을 우리는 '고공책 사건'이라고 부르자. 과연 이 고공책 방법은 효과가 있었을까? 당시 사람들은 순수했던 것 같다. 고공책 소문이 나돌자, 산에 숨었던 백성들이 잇달아 내려와 공책에 이름을 적었다. 그리고 서애 선생이 계획했던 식량 조달은 물론 땔감 운반, 집 짓기, 솥과 가마 걸기 등 모든 일에 적극적으로 참여하는 것이 아닌가! 참으로 기가 막힌 방법이다. 실용주의 리더십이란 바로 이런 것이다. 선조처럼 '어떻게 해서든지'에 기대기보다, 공정하면서도 효과적으로 마음을 움직이는 동기부여 기제를 활용해서 스마트하고 깔끔하게 백성을 움직였다. 고공책 사건은 선생의 통찰에 기초한 방침이었고, 공정하고 창의적인 방법이었으며, 성과가 너무나 뚜렷하게 나타났다. 실용적 리더십의 4대 행동이 집약적으로 나타난 사건이다. 선생은 『징비록』에 이렇게 적었다.

며칠 동안에 모든 일이 점차 이루어져 나갔다. 나는 생각하기를 난리 때의 백성은 급하게 사역(事役)해서는 아니 될 것이라 여겨서, 오로지 성심껏 타이르며 한 사람도 매질하지를 않았다.[25]

고공책 사건은 조커 리더 선조와 실용주의 리더 류성룡의 차이를 극명하게 보여 준다.

오늘날의 경영학 이론 중에서, 'A-B-C의 법칙'으로 고공책 사건을 설명할 수 있을 것이다. A-B-C의 법칙에서 알파벳은 각각 'Antecedent(자극)', 'Behavior(행동)', 'Consequence(결과)'의 약자로, 어떤 사건(자극)이 있을 때(A), 긍정적 결과(C+)가 따르는 행동(B+)은 강화되고, 부정적 결과(C-)가 따르는 행동(B-)은 소멸한다는 이론이다. 예를 들어, 아파트 앞에 커피 맛과 거리, 친절도 등 모든 조건이 똑같은 카페가 두 곳([카페 1]과 [카페 2])이 있는데, 커피를 마시고 싶을 때마다(A), [카페 1]에 간다(B+). 이유는 [카페 1]에서는 아파트 주민들에게 10퍼센트 할인(C+)을 해주기 때문이다. 사람은 보상이 있는 쪽으로 움직인다.

고공책 사건에 대해서도 이 이론을 적용할 수 있다. 즉, 백성을 동원해야 할 필요가 있을 때(A), 고공책에 이름을 적은(B+) 사람에게는 보상(C+)을 주고, 이름을 안 적은(B-) 사람에게는 벌(C-)을 내린다고 선언했다. 백성은 자연스럽게 보상을 주는 쪽으로 모여들었다. 만약 보상 없이 벌만 준다고 했더라면 이렇게까지 큰 호응은 없었을 것이다.

극히 상식적인 이론이다. 하지만 실제 상황이 눈앞에 닥치면 이런 합리적 선택보다는 벌주고 매질하는 불합리한 선택을 하는 경우가 더 많다. 왜냐하면 사람들은 벌과 매가 즉각적인 효과를 가져온다고 믿기 때문이다. 그러나 이것은 제어되지 않은 충동이고 잘못된 믿음이다. 서애 선생이 이 충동을 이겨 내고 고공책 방법을 시행했다는 것은 그가 얼마나 합리적인 리더였는지를 말해 준다.

질문 ④: 왜 DIY를 신봉했을까?

서애 선생이 'DIY(Do-It-Yourself)'의 신봉자였다는 것을 아는 사람은 드물다. 그는 효과적으로 방어할 수 있는 성(城)을 직접 연구했고, 조선의 4대 발명품 중 하나로 알려진[26] 부교(浮橋)를 직접 만들었으며, 자모포(子母砲)라는 화포[27]까지 직접 창안하였다. 지시에 따라 어쩔 수 없이 한 것이 아니었다. 스스로 학습하고 연구하여 나름 최선의 방법을 찾으려 했다. 오늘날 말하는 'DIY'를 실천한 것이다. 이 발명품들은 서애 선생이 세종대왕의 실용주의를 계승하고 있다는 증거다. 사실 세종과 서애 선생 사이에는 열 명의 왕이 존재하지만 기억할 만한 발명품은 거의 남기지 못했다. 그래서 역사학자들이 성종 이후 조선의 실용주의가 죽었다고 선언했던 것인데, 류성룡 선생과 이순신 장군, 그리고 정약전에게서 죽은 줄 알았던 조선 실용주의의 맥을 발견할 수 있다.

세종, 류성룡, 이순신, 정약전 같은 실용주의 리더는 주어진 상황에서 필요한 것이 무엇인지를 찾아, 분석하고 연구해서 스스로 뭔가를 만들려는 'DIY 습성'이 있다. 오늘날 발명은 부귀영화가 그 목적이라고 하면, 당시에는 '공익적 필요'를 충족시키기 위해서였다. 지금은 공익적 발명도 큰 수익으로 이어지지만, 옛날에는 돈 벌려고 책을 쓴다든가 성을 쌓는 일은 없었다. 따라서 과거의 '공익적 필요를 충족시키기 위한 발명'이란 사회를 위한 순수한 헌신이었다. 아무런 개인적 이득이 없었는데도 DIY를 실천했다는 것은 옛 리더들이 공익을 중요시했다는 것을 말해 준다.

DIY 발명을 한다는 것은 문제를 직시한다는 얘기이고, 백성의 욕구와 필요에 관심을 가졌다는 뜻이며, 그것을 충족시키기 위해 행동했다는 의미다. 그러므로 실용적 철학이 없이 DIY 발명을 실천하기는 힘들다. DIY 발명이 꼭 세상을 바꿀 만한 큰 발명일 필요는 없다. 우리가 일상생활에서 불편하고 불합리한 관행을 느낄 때, 그 이유를 통찰하여 편하고 합리적인 습관이나 제도를 도입하는 작은 변화도 DIY 발명이라고 할 수 있다. 아울러 DIY는 철저한 합리성의 증거이기도 하다. 막연한 결기나 의지만으로 발명품이 나오지는 않는다. 주변에 일어난 현상에 대해 통찰하고, 정보와 지식을 결집하여, 유연성을 가지고 실효성 있는 해법을 찾아내야 성과를 낼 수 있다. 실용주의의 모든 요인이 적용돼야 한다.

서애 선생의 DIY 발명은 분명한 실용적 목적이 있었다. 성을 설계한 것은 진주성과 남원성이 무너지는 모습을 보면서 난공불락의 튼튼한 성을 만들어 백성을 보호하고 나라를 지키기 위한 목적이었고, 부교를 만든 것은 명나라 지원군이 임진강을 건너 왜를 추격할 수 있도록 하기 위함이었다. 화포는 왜군이 점령한 성을 실효성 있게 공격하여 탈환하려는 의도였다.

서애 선생은 특히 성에 관심이 많았다. 그는 성을 적의 공격을 방어하는 최고의 수단이라고 생각했다. 1595년 10월 전란의 와중에 경기도, 평안도, 황해도, 함경도의 4도 체찰사로 임명됐을 때, 북쪽의 여진을 막는 것도 염두에 둬야 하는 상황이었다. 이를 위해 선생은 강 위에 '얼음 요새'를 쌓자고 주장했다.[28] 겨울에 강이 얼면 여진족이 언 강 위로 말을 타고 침입하므로, 강 위에 얼음 요새를 쌓아 방어하자는 것이다. 강이 얼어붙는 겨울에만 잘 대처하면 됐다. 강물이 녹으면 여진족은 말을 타고 강을 건너올 수가 없고, '얼음 요새'는 쌓기 쉬우니 겨울마다 새로 쌓는다고 해도 할 만하다는 합리적 생각이었다.

서애 선생은 『징비록』과 『녹후잡기』 등 여러 곳에서 성에 대해 언급하고 있다. 선생은 진주성과 남원성이 함락되고 수많은 백성이 처참하게 도륙당한 모습을 생생하게 기록하면서 제대로 된 성의 기능을 강조한다.

1593년 4월 20일, 조선은 한성을 왜로부터 탈환했다. 1년 만이었다. 왜군은 남쪽으로 달아나 울산, 부산 쪽에 성을 쌓고 장기전에 돌입했다. 그리고 남쪽으로 퇴각하던 왜군은 진주성에 결집했다. 1592년 10월, 진주 목사 김시민은 3,800명의 적은 병력으로 7일 동안 공방전을 벌여 3만여 명의 왜군을 사상시킨 바 있었다. 왜는 이 굴욕에 대해 복수를 하려는 것이었다. 김시민 목사는 1차 전투에서 입은 상처로 별세한 뒤였다.

진주성에서 2차 전투가 벌어졌다. 하지만 이번에는 조선군이 오래 버티지 못했다. 8일 만에 진주성은 함락되고 만다. 이때 군사와 백성 사망자만 6만여 명에 이르렀다. 왜군들은 소, 말, 닭, 개까지 모두 죽였다. 6월 28일의 일이다.[29] 서애 선생은 진주성 함락을 못내 아쉬워하면서 근본 원인을 다음과 같이 분석하고 있다.

> 진주성은 본래 사방이 험준한 곳에 웅거해 있었는데, 임진년에 동쪽 평지로 옮겼다. 이번에 적군은 비루(飛樓, 성을 공격하기 위해서 성벽보다 높게 만든 가설물) 여덟 개를 세워 그 위에서 성안을 내려다보며, 한편으로 성 밖의 대숲을 베어다가 큰 묶음을 만들어 둘러 세워, [비루를] 가려서 시석(矢石, 화살과 돌)을 막고, 그 안에서 조총을 빗발처럼 쏘아 대니, 성안 사람은 감히 머리를 내놓지도 못하였다.[30]

서애 선생은 성의 위치가 잘못되었다는 점을 지적했다. 평지에 세운 성은 사방을 방어해야 하므로 적은 수의 병사로 적군을 막는데 비효율적이다. 합리적이지 않고 방어의 실효성도 떨어진다고 보았다. 성이란 많은 사람을 수용하는 것보다 방어가 목적이어야 하는데, 사방 평지에 너무 크게 세워 방어에 실패할 수밖에 없었다는 것이다. 성에 대한 통찰 부재를 절절히 지적하고 있다.

남원성 방어에서도 똑같은 문제가 발생한다. 1597년 왜는 정유재란을 일으켰다. 임진왜란 때, 호남지방을 소홀히 하여 조선군과 명군의 식량 조달을 차단하지 못했다는 반성에서, 이번에는 호남지방을 집중적으로 공략했다. 왜군은 성 밑에 잡초와 볏짚을 쌓아 성벽을 넘었다. 명나라 요동 장수 양원(楊元)은 구사일생으로 달아났고, 조선군 장수와 군사 3,000여 명이 몰사했다. 서애 선생은 같은 진단을 내놓고 있다.

수원 화성. 이 성에는 모두 8개의 치(雉)가 세워져 있다.

평지에 쌓은 성은 수비하기가 매우 어렵다.[31]

이러한 통찰을 바탕으로 선생은 『녹후잡기』에서 성에 대한 'DIY 해법'을 제시하고 있다. 그는 1592년 가을 평안도 안주에서 식량을 조달하면서, 명나라 명장 척계광(戚繼光)의 『기효신서(紀效新書)』를 바탕으로 성의 구조를 연구하기 시작했다. 그는 좋은 성의 핵심은 적군이 성벽 바로 밑에 와서 붙지 못하도록 하는 것이라고 봤다. 그 방법 중 하나가 위의 사진과 같이 '치(雉)'를 설치하여, 성벽 밑에 접근한 적에게 옆에서 화살이나 조총을 쏠 수 있도록 하는 것이었다. 수원 화성에는 이러한 치가 8개나 설치되어 있다.[32]

성 위에 요철 모양으로 쌓은 벽을 타(垜) 또는 여장(女墻) 또는 '화살받이'라고 한다. 50타마다 치를 설치하면, 치 하나가 좌우로 25타씩을 커버할 수 있어 성벽에 붙어 벽을 오르려는 적군들을 옆에서 제어할 수 있게 된다. 아울러 타에는 멀리 있는 적을 향해 화살을 쏘는 원총안(遠銃眼)과 가까이 있는 적을 쏘는 근총안(近銃眼)을 뚫었는데, 근총안의 구멍은 바로 아래를 향하도록 비스듬히 만들어졌다. 이것이 『기효신서』의 아이디어다. 하지만 선생은 여기서 한 걸음 더 나아가 창의적인 해법을 제시한다.

> 성 밖에 지세를 따라서 별도로 뾰족하게 나온 성을 치의 구조와 같이 하여 쌓고, 그 속은 비워서 사람을 수용하도록 하며, 전면과 좌우에 포혈(砲穴)을 뚫어 그 안에서 포를 쏘게 하고, 위에서는 마주 보는 누(樓)를 세우되 누의 상거(相距)는 1,000여 보 이상이 되도록 하며, 대포 속에는 새알과 같은 탄환을 서너 말 넣어 두었다가, 적군이 성 밖에 모여들 때 대포의 탄환을 두 곳에서 번갈아 발사하면, 사람과 말은 말할 것도 없고, 비록 쇠와 돌이라도 가루가 되지 않는 것이 없을 것이니, 이같이 되면 다른 성가퀴에는 비록 수비하는 군사가 없더라도 다만 수십 명만으로 포루를 지키게 되어서, 적군은 감히 가까이 오지 못할 것이다.[33]

이름하여 포루(砲樓)를 세워 아예 대포로 공략하자는 것이다. 서애 선생은 이 아이디어를 여러 번 조정에 제안했지만 받아들여지지 않았다. 특히 경상우감사 김성일에게 왜가 반드시 진주성을 공격하러 올 것이니, 위의 아이디어에 근거하여 포루를 두어 수비하라고 제언했지만, 백성들의 반대로 준비하지 못하여 결국 2차 진주성 전투에서 참패하게 되었다. 이처럼 서애 선생은 창의적 아이디어를 DIY 방식으로 개발하고 이를 적용하려고 노력했던 실용적 리더였다.

부교는 조선의 4대 발명품 중 하나라고 한다.[34] 다른 세 발명품은 금속활자, 한글, 거북선이다. 이는 한국을 위해 독립운동을 했던, 미국 사학자 호머 헐버트(Homer Hulbert) 박사가 주장한 것이다. 다른 세 가지는 수긍하지만, 부교에 대해서는 고개를 갸우뚱하는 사람이 있을 것이다. 아마도 급박한 전란 상황에서 짧은 시간 내에 아이디어를 내어 문제를 해결한 측면을 높이 평가한 듯하다.

1593년 1월 9일, 평양성이 수복되었다. 이여송 제독이 이끄는 명군과 도원수 김명원과 순변사 이일의 1만 병사, 그리고 서산대사 휴정이 이끄는 승군(僧軍)이 힘을 합쳐 평양성을 공격하여 탈환했다. 고니시 유키나가는 3분의 1로 줄어든 6,600여 명의 패잔병을 데리고 한양으로 도주했다. 서애 선생은 명군에게 왜군을 추격하자고 압박했지만, 명군은 생각만큼 빠르게 움직이지 않았다. 겨우 황해도까지 남하한 명군은 임진강에 막혀 멈춰 버렸다. 다리가 없어 못 건너겠다는 것이었다. 하루속히 한양을 탈환해야 전쟁을 마무리할 수 있다고 생각한 서애 선생은 속이 탔다. 그 상황에서 생각해 낸 것이 물 위에 띄우는 다리, 부교였다. 서애 선생은 속히 부하들에게 칡덩굴을 걷어 오게 했다. 이것으로 새끼를 꼬아 동아줄 15개를 만들었다. 그리고 강 양쪽에 두 기둥을 세웠다. 거기에 동아줄을 매고 작은 나무를 끼워 감아 돌려 탱탱하게 유지하도록 했다. 다음은 부교에 대한 『징비록』의 기록이다.

강 면이 너무 넓어서 동아줄이 반쯤 물에 잠기고, 일직선으로 강 면 위에 떠오르지 않았으니, 사람들은 헛되이 인력만 소비하였다고 말하였다. 나는 1,000여 사람들에게 각자가 2, 3자나 되는 짧은 막대기를 가지고 칡 동아줄 속에 비벼 넣어서, 서너 바퀴를 힘껏 뒤틀게 하니, [동아줄은] 서로 당겨져서 물 위로 떠올라 빗살처럼 가지런히 배열되고, 그제야 여러 동아줄이 긴속(緊束)되어 꾸부정하게 높이 떠올라서, 엄연히 다리 모양으로 되었다. 가는 버들을 베어 그 위에 펴놓고, 풀로 두껍게 덮고서 흙을 깔아 놓았다.

명나라 군사가 이것을 보고 크게 기뻐하여, 모두 채찍을 쳐들고 말을 달려서 지나갔고, 포차와 병기도 모두 뒤따라 건너갔는데, 조금 후에 건너가는 사람들이 더욱 많아짐에 따라 긴속된(팽팽한) 동아줄이 늘어져서 수면과 가까워졌으나, 대군은 얕은 여울을 따라 건넜기에 별일은 없었다.[35]

탁월한 DIY 통찰의 결과다. 특히 칡으로 만든 부교로 포차까지 건너게 했다는 것은 믿어지지 않을 만큼 놀랍다. 이때 선생이 직면한 문제는 명군이 강을 건널 수 있게 하는 것이었고, 그 목적은 한양을 빨리 회복하여 전쟁을 종결시키는 것이었다. 다른 대안이 있었을까? 이런 상황에서 일생에 한 번도 해본 적 없는, 부교를 놓을 생각을 하고 행동에 옮겼다는 것은 아무나 할 수 없는 대단한 통찰이고 용기다. 치밀하게 머릿속으로 계획하여 실행하는 습관이 없었다면 감히 도전할 수 없는 선택이었다. 누구에게 도움을 받아 만든 것이 아니었다. 평소에 문제를 해결하기 위해서 깊이 분석하고 설계하여 스스로 시도해 보는 생활 습관, 즉 DIY 습관이 없었더라면 할 수 없는 행동이다.

서애 선생이 실천한 DIY는 이외에도 많다. 자모포를 만들고, 조총을 연구하고, 숲속에서는 활이 조총보다 유리함을 밝히고, 훈련도감을 설치하여 군사훈련을 했다. 또한 장수에게 '두꺼운 철로 된 갑옷을 만들어 온몸이 보이지 않게 하고 적진에 투입'하는 아이디어에 대해 '민첩하지 못하여 적을 죽일 수 없다'라고 반대하는 의견을 냈다. 이는 실제로 구현해 보니 선생의 말대로였다. 그는 이처럼 다양한 문제에 스스로 해법을 찾으려 했다.[36] 이러한 DIY 행동들은 실용주의 리더의 특징이다.

선생이 가장 중요시했던 것은 장수(將帥)였다. 그는 "오직 한 명의 장수에게 성패가 달려 있다"[37]라고 말했다. 긴급한 전투 상황에서, 장수의 판단에 수많은 병사의 목숨이 달려 있기 때문이다. 그는 "뽑을 때는 재능을 중시하고, 임명할 때에는 전문성을 중시해야 한다"[38]라는 원칙을 우선시했다. 또한 각 지역 장수가 자기가 직접 훈련시킨 병사를 지휘하게 하는 진관법(鎭管法)이 조정에서 장수를 일괄 배치하여 잘 모르는 병사를 지휘하게 되는 제승방략법(制勝方略法)보다 우수하다고 주장했다. 자기가 키운 병사들과 생사고락을 함께하도록 하는 것, 이것은 DIY 정신과 통하는 생각이다.

오늘날에는 분업이 잘 되어 있어서 높은 자리에 올라가면 DIY를 하려고 하지 않는다. 영의정이면 오늘날로 치면 국무총리인데, 국무총리가 스스로 뭔가를 만들었다는 얘기를 들어본 적이 없다. 요즘 기업 조직의 팀장 중에는 보고서를 직접 작성하는 사람이 많다. 과거에는 부하 직원에게 지시해 써오게 했는데, 한글 용어 사용도 매끄럽지 않고 '각을 세울' 줄도 모르고 해서 답답한 나머지 그냥 자기가 해버린다는 것이다. 또 잘못했을 때 한마디하면, '직장 내 괴롭힘'이니 뭐니 해서 직접 하는 것이 편하다고 한다. 하지만 부하의 DIY는 일종의 훈련인데, 요즘은 훈련을 못 받고 연차만 높아지는 악순환이 발생하고 있다. 소위 '팀장 포비아(팀장 되기 두려워하는 현상)'는 부하 시절 훈련 부족이 원인인 경우가 많다.

실용적 리더십에서 봤을 때, 팀장이 부하 직원의 능력을 못 믿어 DIY를 하는 것은 잘못된 일이다. 이것은 DIY가 아니다. 다른 일로 부하가 바빠서 팀장이 대신할 수는 있지만, 맡기기 싫어서 지시하지 않으면 여러 가지 부작용이 생긴다. DIY는 남이 할 일을 대신에 한다는 뜻이 아니다. 새로운 아이디어를 직접 구상해서 실행해 본다는 의미다. 팀장의 임무는 자기가 DIY를 실천하고, 부하들도 DIY를 하도록 만드는 것이다. 팀장은 임원 일을 배우고, 팀장의 일은 팀원들이 배우도록 해야 장기적으로 조직이 역동성을 갖는다. 임원이 팀장 일을 하고 팀장이 팀원 일을 하면, 조직은 하체가 흔들려 무너지고 만다. DIY는 직급에 상관없이 실용주의자라면 누구나 수행할 수 있다.

AI는 DIY에 큰 도움을 준다. 초기에 문제를 정의하고 성격을 규정하는 데 AI가 도움이 되며, 또한 반복적인 일은 AI가 대신해주고 리더는 전략적인 일에 집중할 수 있게 한다. 특히 '운동 지능'과 '인공지능'이 결합하여 움직이는 미래의 로봇은 스스로 생각하는 지능형 로봇이므로 DIY가 아닌 'DIBR(Do-It-By-Robot)'이 될 가능성이 크다. 현재의 LLM(대형언어모델) 기반의 AI는 문자를 학습하지만, 로봇은 영상을 통해 들어오는 데이터의 이미지를 학습한다.[39] 하지만 그렇다고 DIY가 위축되지는 않을 것 같다. 아마도 DIBR의 영역이 있고, DIY의 영역이 따로 있어 서로 도움을 주고받지 않을까? 요컨대 DIY는 실용주의의 꽃이다.

질문 ⑤: 왜 과격한 혁신을 추구했을까?

실용적 리더의 혁신이 과격해 보일 때도 있다. 합리적이고 이성적이어서 판을 뒤집는 혁명적 혁신과는 안 맞는다고 생각하기 쉽지만, 문제의 원인이 근본에 있다는 것이 확인되면 과감하게 혁신할 수 있다. 실용적 리더가 과격하지 않다는 이미지는 이성적·합리적 특성을 '나약하다'라고 잘못 인식하는 데서 나타난 현상이다. 이념족이 특정한 가치를 지키려고 혁신하고, 혁신족이 미래 비전을 구현하려 혁신하는 반면, 실용적 리더는 '문제해결, 실효성'을 기준으로 혁신한다. 실용적 리더는 또한 장기적 관점에서 문제의 근본을 바로잡는다. 이념이나 비전 중심의 혁신이 더 과격해 보이는 것은, 이념족이나 혁신족이 '혁신'을 자신들의 이념과 비전을 정당화하는 목적으로 활용하기 때문이다. 실용적 리더는 특별한 홍보나 선동 없이 차분하게 문제해결에 집중하므로 과격하지 못한 것으로 잘못 인식되어 왔다. 서애 선생은 적어도 다섯 가지의 과감한 제도 혁신을 추진했다. 〈표 6〉에서 이를 요약하였다.

이 제도들은 당시의 사회 지배구조를 뒤흔드는 큰 변화였다. 양반과 노비는 병역의무가 없었다. 양인(良人) 중 16~60세의 농민

〈표 6〉 류성룡의 과감한 제도 혁신

제도	내용	비고
면천법(免賤法)	노비가 군공(軍功)을 세우면 벼슬을 준다	노비 해방 + 벼슬
호포법(戶布法)	양반 사대부에게도 군포(軍布)를 걷는다	세수 확보
속오군(束伍軍)	양반에서 노비까지 혼성 지방군을 편성하다	기존은 양반 사대부와 노비는 군 면제
대동법(大同法)	지방 특산물 대신 쌀로 세금을 내도록 한다	세제 혁신
소금 사업	생산된 소금의 반을 생산자가 갖는다	백성의 부 창출

만 군에 가야 했다.[40] 양반 사대부는 실권을 쥐고 있기에 안 갈 수 있었고, 노비는 그 양반의 소유였으므로 면제였다. 그런데 전란을 겪으면서 병사가 부족해졌다. 외국에서 용병을 빌려 올 수도 없었다. 해결 방법은 그동안 군 의무가 없었던 양반과 노비에게 병역의무를 지우는 방법뿐이었다. 이에 따라 서애 선생은 병사 부족이라는 문제의 해결을 위해 양반과 노비까지 포함하는 속오군 창설을 주장한 것이다. 속오군은 지방군이었다. 중앙에 5군영을 설치하고, 진관법 부활(1594년 3월)에 따라 지방마다 속오군을 편성하여 지역별로 1차 방어를 할 수 있도록 했다. 특히 중요한 것은 이 속오군이 그동안 병역의무를 면제받았던 양반 사대부와 노비까지 포함하는 혼합 군이었다는 점이다.

서애 선생이 사회적 파장을 먼저 우려했다면, 이런 제안을 하지 못했을 것이다. 실용적 리더는 문제를 직시하고 필요하다고 통찰하면 혁신적 대안도 당연히 선택할 수 있다. 근본을 흔든다거나 파장이 염려된다거나 하는 따위는 고려하지 않는다. 해법이 공정하지 못하든가 부작용이 심하면 논의하여 대책을 세운다. 기득권을 지키기 위한 변화 저항을 실용주의 리더는 인정하지 않는다.

전쟁을 치르면 재정이 고갈된다. 호포법은 고갈된 재정을 채우기 위한 고육지책이었다. 세금 안 내던 양반까지 포(布)로 세금을 받자는 것이다. 양반의 특권을 인정하지 않는 대담한 개혁이었다. 실용주의 리더 류성룡에게 중요한 것은 재정 고갈이라는 문제를 '공정과 실효성'의 기준으로 해결하는 것이었다. 세금 내는 사람이 정해져 있는 한, 거둘 수 있는 세금 수입은 제한적이다. 이것을 타파하는 방법은 세원을 늘리는 것뿐이고, 그 새로운 세원이 바로 양반이었다. 실용주의자는 기득권 세력을 인정하지 않으므로 양반들에게 세금을 부과하는 것이 가능했다.

면천법은 양반들의 상당한 반발을 샀다. 서애 선생은 적의 머리를 베어 오는 사람들에게 과거 합격과 똑같은 지위를 주는 법을 세웠다. 즉, 양민은 적의 머리를 하나 베어 오면 과거에 합격한 것으로 삼고, 서얼(庶孼, 양반 중 첩의 자녀)은 둘을 베어 오면 그렇게 하고, 천인은 셋을 베어 오면 과거 합격과 동일시한다는 파격적인 내용이었다. 1530년부터 시작된 공명첩(空名帖) 제도와 비슷한 동기부여 제도였다. 실제로 이런 유인책 때문에 의병에 천인들이 많이 가담하게 되었다. 또한 서애 선생은 성과를 내는 천민들을 많이 발탁했다. 나라를 지키는 데 신분이 무슨 소용이냐는 입장이었다. 성과에 따라 벼슬이라는 보상을 주고, 능력을 기준으로 평가하는 전형적인 실용주의 리더의 행동 패턴을 확인할 수 있다.

당시 노비들은 한 맺힌 삶을 살았다. 누구는 태어날 때부터 양반이고, 누구는 태어나 보니 노비였다. 이는 정의로운 사회라고 볼 수 없었다. 오죽하면 임진왜란 초기에 왜군이 가까이 왔다고 하여 임금이 한양을 버리고 피난길에 오르자마자, 한성의 백성들이 제일 먼저 한 일이 노비 문서를 관장하는 장례원(掌隷院)과 형조(刑曹)를 불사른 것이었겠는가! 그러니 왜놈 머리 셋을 베어 오면, 노비 신분을 면해 주고 과거에 합격한 것으로 해준다니 누군들 나서지 않겠는가! 이처럼 능력과 성과는 실용주의 리더 류성룡의 절대적 판단 기준이었다.

대동법은 또 다른 혁명적 정책이었다. 권력층이 장악하던 부정 축재의 근원을 뒤흔드는 '사회 정의 구현' 차원의 혁신이었기 때문이다. 조선 시대에는 공납(貢納)이라는 세금이 있었다. 이것은 각 지방의 특산물을 나라에 바치는 현물 세금이다. 가령, 『조선왕조실록』을 작성하는 데 쓸 종이를 남부지방에서 공납받고(선조 36년 5월 23일), 사신이 중국에 갈 때 가져갈 인삼을 평안도에서 공납받고(선조 39년 10월 14일), "삼수(三水)·갑산(甲山)의 초서피(貂鼠皮)와 삼수의 청밀(淸蜜)을 공납"(선조 1년 6월 4일) 받는 등이었다. 이 공납은 조선 후기에 더욱 심해져 국가 수입의 60퍼센트를 차지할 정도로 커졌다고 한다.[41]

국가가 날강도질을 하는 것과 다름이 없다. 세금은 세금대로 걷어 가고 특산물로 또 공납을 내라고 하니 백성은 미칠 노릇이었다. 공납에 지친 백성들은 자기 살던 고향을 버리고 떠나는 경우도 많았다니 날강도 국가가 아니고 무엇인가!

> 상(선조)이 이르기를, "평안도는 내가 일찍이 보건대, 탄탄대로인 데다 천연의 요새가 전연 없었다. 그리고 인삼의 공납 때문에 주민들이 떠나 텅 비었으니, 급한 변이 있게 되면 누구와 함께 지키겠는가."[42]

공납의 메커니즘을 보면, 서애 선생이 왜 대동법이란 칼을 빼 들었는지 고개를 끄덕이게 된다.[43] 예를 들어, 평안도에 '인삼 1만 근(斤)'이라는 공납 목표를 조정이 하달하면, 도(道)는 그것을 '군현(郡縣)→마을→가구' 순으로 목표를 세분화해 내린다. 군현이 두 개인 도에 1만 근이 배정되었을 때, 각 군현은 5,000근의 목표를 갖는다. 그리고 만약 군현당 50개의 마을이 있다면 전체 마을이 100개이므로, 각 마을당 100근의 목표를 갖는 것이다.

그다음에는 마을에 부과된 100근을 집마다 나누는데 이것이 문제였다. 가령 200가구가 사는 마을이면, 집마다 5근의 인삼을 공납해야 하고, 100가구의 마을에서는 집마다 10근씩을 내야 한다. 즉, 가구 수가 많든 적든 마을마다 같은 목표치를 부여받는 것이다. 가구 수가 적은 마을일수록 한 가구가 내야 하는 인삼의 양은 더 많아지는 모순이 발생한다. 아울러 부자든 빈자든 똑같이 징수하여 가난한 백성일수록 더 큰 부담을 느꼈다.

여기서 끝이 아니다. 직접 생산한 인삼 100근을 가지고 관청에 가서 내려 했더니, 관리가 '품질이 안 좋다', '모양이 못생겼다' 하며 퇴짜를 놓는다. 받으려는 의지가 없다. 이상해서 이웃에게 물어

봤더니, 직접 생산한 인삼이 아니라 업자들에게 '돈 주고 사서' 내야 잘 받는다는 것이다. 당시에 공납할 물품을 파는 업자들이 따로 있었는데, 이들을 '방납업자(防納業者)'라고 했다. 방(防) 자는 '방해할 방'이다. 즉, 공납을 방해하는 자들이란 뜻이다. 백성의 직접 공납을 방해하고 자기 물건을 사서 내도록 하는 업자인데, 이들은 대부분 관리나 아전들에게 뇌물을 주고 직접 공납하는 물품을 받지 말도록 종용했다. 관청의 관리, 아전이 방납업자들과 짜고 백성의 재산을 갈취한 것이다. 문제는 방납업자들이 부르는 가격이 실제의 10배까지 되었다고 하니 날강도가 아니고 무엇인가!

> 호조(戶曹, 조세와 재정 담당 부서)가 아뢰기를, "모든 공물을 방납(防納)하는 폐단이, 난후(亂後)에 더욱 심해져 각사(各司)의 하인들이 멋대로 날뛰면서 침학(侵虐, 침범하여 포악하게 행동함)하여 반드시 10배를 징수하고야 마니, '과외(科外)의 침탈'(정해진 것 외로 빼앗는 것)에 이르러서는 형언하기 어렵습니다."[44]

서애 선생의 혁신은 명쾌했다. 공납을 '특산물 대신 쌀로 내도록 하며, 소유한 토지의 면적에 따라 차등 부과하는 것'이었다. 이렇게 하면 백성은 편해지고, 방납업자는 사라지며, 가난한 사람은 숨통이 트인다.

> 영의정 류성룡의 상소문: "지금 백성은 이미 극도로 궁해지고 사세는 위급하여 도탄에 빠지고 거꾸로 매달린 듯한 고통은 말할 것도 없습

니다. 신의 이 말이 실시된다면 나라에는 남은 저축이 있게 되고 백성은 남은 힘이 있게 되어 수년 뒤에는 기세가 촉진되어, 하고자 하는 바가 어렵지 않게 이루어질 것입니다."[45]

선조는 류성룡의 이 상소문에 따라 대동법을 받아들인다. 전쟁 중인데 참으로 대단한 일이다. 불합리의 합리화, 비정상의 정상화라고 할 것이다. 조커족의 이권을 물리친, 공정을 추구하는 실용주의 리더의 승리라고 할 것이다.

굶주린 백성을 구제하는 방법으로 서애 선생은 '소금 사업'을 내세웠다. 여기서도 동기 메커니즘을 눈여겨봐야 한다. 실용주의 리더는 관련자들의 동기를 중요시한다. 참여하는 이해관계자들이 '윈-윈'하도록 제도를 설계하여 누구도 불공정이나 불이익을 느끼지 않게 하는 것이다. 이것이 합리주의고 정의고 실용이다. 서애 선생의 『근폭집(芹曝集)』은 1592년부터 1596년까지 선생이 선조에게 올렸던, 군사의 일과 정부 정책에 관한 실무적 상소문을 모아 놓은 책이다. 여기에 보면 "소금과 쇠의 판로(販路)를 열어서 나라의 용도(用度, 형편)를 넉넉하게 하기를 요청하는" 상소문이 나온다.

그전까지 소금은 국가가 독점하고 있었다. 연해 지방에는 소금을 생산하는 가구, 즉 염호(鹽戶)가 많았는데 일이 힘들고 소득이 적어서 대부분이 포기하고 지역을 떠난 상태였다. 이에 따라 소금 생산은 줄어들고, 소금 생산이 줄어드니 소금값이 천정부지로 올라 금값이 되었다. 다시 이들을 불러들여 소금 생산을 늘리려면, 과거와 같이 해서는 안 된다는 것이 서애 선생의 생각이었다. 그의 주장에 따르면, 우선 소금 생산에 종사하는 염호의 부역을 감면해 주고, 잡다한 일을 면제하여 소금 생산에만 전념하도록 해야 한다는 것이었다.[46] 더 중요한 것은 생산한 소금 중 일정 부분을 공염(公鹽, 관청에 바치는 소금)으로 하여 나라에 바치고, '나머지는 생산자가 갖도록' 해주자는 것이었다. 즉 사전에 합의된 양의 소금만 나라에 바치면, 나머지는 자기들 것이 되므로 온 힘을 다해 생산하게 되고 그러면 나라도 부강해지고 백성들도 잘살게 된다는 주장이다. 특히 호조의 당상관(堂上官, 정3품으로 지금의 국장급 공무원) 한 사람을 전담 배치하여 전적으로 소금 일만 맡도록 하여, "성과(成果)를 요구하자"[47]라는 구체적인 실행 방안까지 제시한다.

이처럼 서애 선생은 과격해 보이는 혁신을 추구했다. 하지만 내용을 들여다보면, 직면한 문제를 회피하지 않고 해결하려는 실용주의 리더의 몸부림이었다. 면천법, 호포법, 속오군, 대동법, 소금 사업 등에서 병사 부족, 재정 고갈, 지역 방어, 공납의 불합리성, 백성의 부 창출 등의 문제들을 직시하고, 이들을 해결하기 위해 몸부림치는 실용주의 리더의 참모습을 확인할 수 있다.

서애 선생의 인식은 문제의 근본을 해결해야 한다는 것이었다. 즉, '언 발에 오줌 누기' 식으로, '오늘의 (임시방편적) 해법이 내일의 문제가 되는 것'을 용납하지 않았다. 문제의 근본적 해결을 시도하다 보니 양반의 특권을 침범하고, 사회적 지배구조를 무너뜨리고, 부정한 이익을 갈취해 온 기득권 세력을 공격하게 되었다. 그가 혁신가처럼 보이지만, 그의 행동은 불합리한 사회를 뒤엎고 새 세상을 열려는 이념이나 비전의 소산이 아니었다. 그는 단지 문제의 해결에만 집중했다. 자칫 혁명적으로 보일지라도, 그의 모든 행동은 실용주의적 문제해결의 렌즈로 바라봐야 한다.

오늘날에는 문제의 양상이 달라졌다. 반복되는 일상의 불편에서부터 예기치 않게 발생한 사건과 사고를 넘어, 지구온난화와 같은 거시적 문제에 이르기까지 문제의 숫자가 폭발적으로 늘어나고 있다. 형태가 다양하고 문제의 성격도 복잡해졌다. 옛날에는 없던 처음 보는 문제들이 쏟아져 나오고, 하나의 해결책이 다른 문제를 초래하는 예도 많아졌다. 얽히고설킨 문제의 그물 속에서 해결의 실마리를 찾기가 더 힘들어졌다. 이것은 곧 리더의 통찰이 그만큼 더 예리해져야 한다는 뜻일 것이다.

그러나 한 가지 분명한 것은 인간의 욕구는 변함이 없다는 점이다. 세종이 말했던 생생지락은 21세기에도 수렵채취 시대와 똑같이 인간이 추구하는 절대선이다. 혁신가 일론 머스크가 바라는 것처럼, 인류가 화성에 둥지를 튼다고 해도 생생지락을 추구하는 인간의 본성에는 변함이 없을 것이다. 화성에 거처를 마련하려는 것도 결국은 인류의 생생지락을 위해서가 아닌가? 이렇게 보면 세상이 아무리 복잡해지고 문제가 얽히고설켰다고 해도, 실용주의와 실용주의 리더십은 여전히 최고의 가치라고 할 수 있다.

서애 선생이 제안한 이 동기 메커니즘, 즉 '노력하여 얻은 성과 중 일부만 나라에 헌납하고 나머지는 개인이 갖는 구조'는 오늘날의 이론으로 봐도 매우 창의적이고 혁신적인 생각이다. 현대의 경영 이론 중 적어도 세 가지 이론으로 서애 선생의 동기 메커니즘을 설명할 수 있다.

첫째는 공동투자 개념이다. 국가는 소금을 생산할 수 있는 장소와 환경을 제공하고, 백성은 노동을 제공하여 산출한 성과를 지분만큼 나눠 갖는 구조다. 오늘날 많은 벤처기업이 이 구조에 따라 투자한다. 기술을 가진 엔지니어가 상품 개발과 생산을 담당하고, 돈을 가진 투자자는 생산에 필요한 공장을 짓고 마케팅하는 데 필요한 자금을 제공하여 결과가 나오면 지분대로 나누는 방식이다. 서애 선생의 공동투자 개념은 당시 사회가 엄격한 계층구조였던 점을 고려하면 매우 혁신적인 생각이었다. 그전에는 국가가 통제하는 염전에서 일꾼들을 모아 약간의 생활비 정도를 주면서 강압적으로 일을 시켰다. 일꾼들에게 염전 일은 국가를 위한 하나의 의무, 즉 부역(負役)이었다. 일을 제대로 안 하면 제재가 가해졌고, 매질을 당하기도 했다. 아무리 많이 생산해도 일꾼에게 돌아가는 혜택은 똑같으니 열심히 일할 필요가 없었다. 이것은 '국가는 주인이고 백성은 일꾼'이라는 이념에 의한 통제다. 이념이 지배하는 사회에서는 의무만 있고, 소금 사업과 같은 동기 메커니즘은 존재할 수 없다. 서애 선생의 동기 메커니즘은 독립적 파트너십 철학, 즉 실용주의 철학하에서만 가능하다.

둘째는 조직 실패(hierarchy failure) 관점에서 설명할 수 있다. A라는 사람을 일 잘한다고 해서 고용했더니, 고용된 후에는 월급만 축내고 제대로 일을 하지 않는다. 그래서 고용계약을 종료하고, 프리랜서로 활용하기로 했다. 프로젝트가 있을 때만 임시로 고용하고, 없을 때는 헤어지는 구조다. 회사는 일이 없을 때는 인건비를 절약해서 좋고, A는 다른 회사 일도 할 수 있어서 좋다. 이처럼 고용하여 조직원으로 데려다 놨는데 일을 제대로 하지 않는 현상을 '조직 실패'라고 한다. 소금 일꾼의 경우, 국가가 월급 주면서 일하라고 했더니 동기가 없어 열심히 안 했다는 것은 조직 실패에 해당한다. 그래서 성과를 국가와 나눠 갖도록 했더니, 즉 시장 메커니즘을 활용했더니 동기가 생겨 열심히 일하게 된 것이다. 다시 말해, 시장에서처럼 일꾼들에게 어느 정도의 자유도를 줘 시장 실패를 극복한 것이다. 선생의 통찰이 놀랍다.

셋째는 경영학의 아버지라고 하는 '테일러' 사상[즉 테일러리즘(Taylorism)]에 근거하여 설명할 수 있다. 20세기 초, 미국은 산업화의 바람이 거세게 몰아치면서 자본가와 노동자의 대립이 더욱 악화했다. 이때 '윈-윈' 아이디어를 가지고 나온 사람이 바로 프레데릭 테일러(Frederick Taylor)이다. 예를 들어, 자본가는 돈을 대고 근로자는 노동을 대서 물건을 만들어 팔아 1만 원의 이익이 남았다고 하자. 20세기 초에는 이 이익이 누구의 것이냐를 가지고 싸움이 벌어졌다. 자본가는 회사가 망할 위험을 무릅쓰고 자본 투자를 했으므로 자본가의 것이라고 하고, 노동자는 노동을 투입한 결과로 얻은 이익이므로 노동자의 것이라고 주장했다. 1만 원의 이익을 놓고 노사 협상을 벌이지만 결과는 항상 극한투쟁으로 끝나곤 했다. 서로 자기가 더 많이 가지겠다며, 노동자는 파업하고 경영자는 공장 폐쇄로 맞서는 상황이었다. 이에 대해, 테일러가 제시한 해법이 '파이(pie) 이론'이다. 즉 경영자와 노동자가 갈등하기보다 합심하여 파이(이익 또는 부)를 키우면, 같은 지분이라도 결과적으로 더 많은 부를 가져가게 된다는 주장이다. 물론 애덤 스미스도 그런 말을 했고,

다른 학자들도 비슷한 말을 했지만, 경영학에서는 테일러의 주장을 원조로 삼는다.

서애 선생의 동기 메커니즘은 바로 이 테일러의 '파이 이론'이 제시하는 것과 같은 내용이라고 볼 수 있다. 국가와 일꾼이 서로 협력하여 더 많은 성과를 생산해 내면, 국가도 더 많은 재정을 축적할 수 있고, 일꾼도 더 큰 부를 얻게 된다는 관점이다. 파이 이론과 정확히 일치하는 사상이다. 실용주의 리더의 참모습을 서애 선생의 혁신 사례들을 통해 확인할 수 있었다. 그가 문제를 바라보는 통찰은 현대인의 눈으로 봐도 탁월하다.

질문 ⑥: 어떻게 선조의 마음을 사로잡았을까?

선조를 흔히 '혼군(昏君)'이라고 하는데, 그보다는 '조커 리더'라고 부르는 것이 적합할 것 같다. 혼군이란 "사리에 어둡고 어리석은 임금"이란 뜻인데, 선조는 어리석기도 하지만 이기적이어서 자신의 이익을 위해서라면 뭐든 안 가리고 덤비는 스타일이었기 때문이다. 선조는 서애 선생을 완전히 신뢰했다. 이것은 하나의 미스터리다. 변덕스러운 조커가 어떻게 실용주의자를 신뢰하게 되었는지 명쾌한 답을 찾기가 어렵다. 하지만 우리는 몇 가지 검증은 해볼 수 있을 것이다.

우선 두 가지 의문이 든다. 서애 선생이 선조에게 아부해서 신뢰를 얻은 것은 아닐까? 아니면 그가 목숨 걸고 충언을 하니까, 선조가 그의 진정성을 느껴 신뢰하게 된 것일까?

이 둘 중 하나라고 생각하기 쉽지만 사실 둘 다 아니다. 선생은 임금에게 아부한 적도 없고, 충언이랍시고 목숨 걸고 선조에게 맞선 적도 거의 없다. 그런데도 서애 선생이 임금의 신뢰를 얻을 수 있었던 이유는 선생의 '통찰 소통' 때문이었다. 언제, 어떤 상황에서, 어떤 문제를 물어도 선생은 통찰력 있는 답변을 내놓곤 했다. 문제의 성격과 맥락, 그리고 최고의 해법이 무엇이며, 그 이유는 무엇인지를 정확히 제시했다.

통찰 소통은 실력이 있어야 가능하다. 실력은 정보, 지식, 판단, 추론 등이 정밀하게 맞물려 문제를 입체적으로 바라볼 때 얻어진다. 그는 이런 소통에 훈련이 되어 있었다. 퇴계 이황의 제자이므로 그로부터 영향을 받았을 수도 있고, 동료 이산해, 조식, 김성일과 토론하면서 실력이 향상되었을 수도 있다. 아니면 정철, 윤두수, 이항복, 이덕형 등 반대파들의 도전을 받으면서 단련된 결과일 수도 있다. 하지만 무엇보다도 서애 선생은 그런 DNA를 타고났을 가능성이 가장 크다. 최근 연구에 따르면, 리더는 'rs4950'이라는 특별한 DNA를 갖는다고 한다.[48]

임금과 대화하는 데 사전에 완벽하게 준비할 수는 없다. 어떤 질문이 나올지 모르기 때문이다. 이 관점에서 보면 DNA, 즉 개인적 특성의 영향을 무시할 수 없다. 왕과 대화를 하면서 머릿속으로는 어떤 답을 내놓을지 무수히 고민해야 한다. 나라가 돌아가는 상황에 대해 평소에 충분히 고민하여 통찰한 결과를 머릿속에 저장해 놓고 있지 않으면 감동을 줄 만한 답을 내놓을 수가 없다. 어쨌든 선생의 통찰 소통은 선조의 신뢰를 얻기에 충분했다.

서애 선생이 선조에게 아부하지 않았다는 것은 둘 간의 소통 사례를 보면 알 수 있다. 아래 도표는 『선조실록』을 기준으로, 선생과 선조 간의 소통에서 선생의 아부성 발언 빈도, 의견이 일치하거나 불일치했던 사례, 그리고 선생이 선제적으로 제안했던 발언 빈도를 기록한 것이다.

도표에서 보듯이, 서애 선생이 선조에게 아부성 발언을 했던 빈도는 모든 기간에서 아주 미미하다. 대신에 의견이 불일치했던 빈도는 압도적으로 높게 나타난다. 의견 일치가 불일치보다 확실히 높았던 것은 임진왜란 초기인 1592년과 1593년 사이 1년간뿐이다. 하지만 이때는 선조와 서애 선생 간에 소통 빈도 자체가 많지 않았다. 당시 상황이 매우 시급하여 선조가 류성룡의 의견을 온전히 받아들였다고 볼 수 있다. 즉 서애 선생이 선조의 의견에 따른 것이 아니라, 선조가 서애 선생에게 맞춘 것이다.

특히 1595년과 1598년에 불일치가 극적으로 높게 나타나는 점에 주목할 필요가 있다. 이 시기는 한양을 탈환하여 선조가 국정을

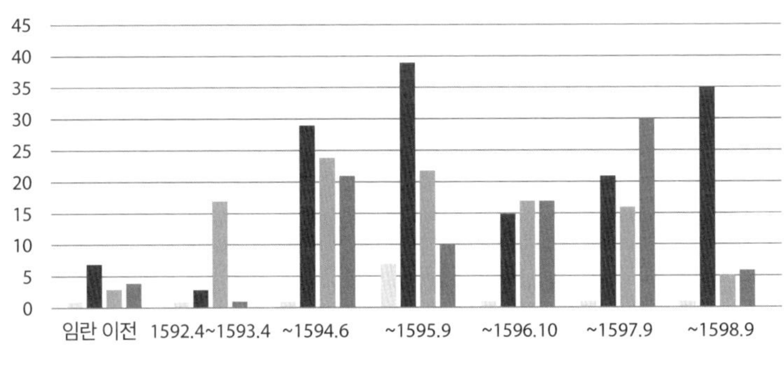

선조와의 대화에서 류성룡의 발언 유형 및 빈도[49]

다시 장악하고, 전란은 소강상태에 접어든 시기였다. 선조가 제정신을 좀 차리고 고집을 피우기 시작한 시기라고 볼 수 있다. 어느 정도 조용해지니 당파 싸움이 시작되면서 류성룡을 견제한 결과라고 해석할 수 있을 것이다.

또한 제안 소통이 꾸준히 높게 나타난다. 특히 1597년에는 다른 어떤 소통보다 높게 나오고 있다. 선생은 항상 무엇인가를 고민하고 분석하고 설계하며 살았다는 것을 말해 준다. 우리는 앞서 세종대왕도 평균 13.2퍼센트의 창의적 이슈를 다뤘다고 배웠다. 마찬가지로 서애 선생도 새로운 것을 제안하여 성과를 내는 데 관심이 많았던 것으로 보인다. 실용주의 리더의 계보가 이어지는 장면이다.

이렇게 보면, 아부하지 않고 다른 의견을 내고 때때로 제안을 하면 임금의 신뢰를 얻을 수 있다는 얘기냐고 반문할 수 있다. 그렇지 않다. 중요한 것은 서애 선생이 지속적으로 자기 의견을 냈다는 데 있다. 당시 임금과 신하의 소통은 직접 만나서 대화하는 것과 상소를 올리는 것, 두 가지뿐이었다. 위의 자료는 직접 만나서 한 대화만 다뤘으므로 서애 선생의 글을 보고 선조가 어떤 반응을 보였는지는 확인할 수 없다.

소통은 그 내용이 좋아야 한다. 선조 앞에서 서애 선생이 어떤 태도를 보였는지, 말투나 목소리가 어떠했는지 등의 소통 형식도 중요하지만 이는 예의를 중시하는 당시 분위기와 사회구조로 봐서 거의 동일했다고 봐야 한다. 그렇다면 결국 어떤 내용의 소통을 했는지가 중요해진다. 이를 확인하기 위해 선조가 류성룡의 말에 보인 반응을 『선조실록』을 중심으로 확인했다. 다음의 표[50]에서 이를

선조의 반응

- “그러하다.”
- “(류성룡의) 말을 승지는 마음속에 새겨 두었다가 시행하라.”
- “이 의견이 매우 가상하다.”
- “지금 아뢴 내용이 과연 주밀하다. 나는 통분한 마음만 품고 있어서 이 점은 미처 생각하지 못하였다. 아뢴 대로 하라.”
- “영상의 말이 옳다.”
- “아뢴 대로 하라.”
- “영상의 말은 깊이 깨달은 말이다.”
- “이 계사를 보니, 경이 나라를 위해 마음을 다하는 뜻을 알겠다. 마땅히 아뢴 대로 하라.”
- “이 말이 매우 타당한데 일찍이 생각하지 못했다.”
- “지극한 말이다. 그대로 시행하는 것이 마땅하다.”
- “그 말은 매우 옳은 말이다.”
- “경이 아뢴 일을 보건대 병을 앓는 중에도 오히려 이처럼 국사를 걱정하고 있으니, 경의 남다른 충성에 애절함을 느낀다.”
- “부원군의 생각이 나의 견해와 같다. 내가 이렇게 될까 봐 여러 번 말한 것이다.”
- “항상 경에게 감격하는 마음을 이길 수 없다.”
- “나의 생각도 영상과 같다.”
- 상이 용모를 고치며 아름답게 여겨 받아들이고 아뢴 대로 하라고 명하였다.
- “전일에 한 영상의 말이 힘이 되었다.”
- “나도 그렇게 생각한다.”
- “영상의 말이 지당하다.”
- “병중에 나라를 근심함이 이와 같으니 매우 감격스럽고 감격스럽다. 아뢴 대로 하겠다.”

제시한다.

서애 선생의 말에 선조가 감동하는 장면이 여러 번 등장한다. 임금이 주책없이 신하한테 이렇게까지 표현해도 되는지 모를 정도다. 그리고 선조가 조커 리더임을 확인할 수 있다. 진심인지 겉치레인지는 모르지만 류성룡의 말에 그가 마음을 텅 비웠다는 것은 분명하다. 심지어 신하에게 아부하는 듯한 표현도 나타난다. “부원군(류성룡)의 견해가 나와 같다. 내가 이렇게 될까 봐 여러 번 말한 것이다”라든가, “이 계사(啓辭, 임금에게 올리는 글)를 보니 경이 나라를 위해 마음을 다하는 뜻을 알겠다. 마땅히 아뢴 대로 하라” 또는 “항상 경에게 감격하는 마음을 이길 수 없다" 등의 말은 신하가 임금에게 했다면, 바로 '아부한다'라고 평가했을 만한 표현이다. 특히 임금이 체신을 망각한 듯한 다음의 표현은 선조가 류성룡을 얼마나 존경하고 있었는지 속마음이 드러난다. "상(임금)이 용모를 고치며 아름답게 여겨 받아들이고 아뢴 대로 하라고 명하였다." 임금이 자세까지 바로잡으면서, 신하의 말을 아름답게 여겼다니 아부의 극치가 아니고 무엇인가! 조선의 왕 27명 가운데 신하의 말에 이렇게까지 표현하는 임금은 없었다.

우리는 보통 높은 직위를 리더로 보는 습관이 있다. 하지만 선조와 류성룡의 관계에서 보듯이, 진정한 리더는 꼭 높은 직위를 가질 필요가 없다. 때로는 부하가 상사보다 더 리더답게 상황을 책임지고 이끌어가기도 한다. 실용적 리더는 내용으로 소통한다. 서애 선생이 선조의 마음을 사로잡을 수 있었던 것은 내용의 우수성 때문이었다. 말을 전하는 방식이 적절치 않아 점수를 잃더라도, 내용이 좋으면 다시 생각해 보게 된다. 또 태도는 시간이 가면 서로 익숙해져서 이해하게 되지만 내용은 그렇지 않다.

오늘날 소통에는 통찰은 없고, '충격'만 있는 것 같다. SNS에는 충격이나 자극이 없으면 사람이 안 모인다. 더 많은 사람이 보게 하는 데는 통찰보다 충격이 더 효과적이다. 글보다는 그림을 선호하고, 또 그림보다는 영상이다. 그리고 시간이 긴 것보다는 짧은 영상에 더 눈길을 준다. 충격적이고 자극적인 영상에 중독된 21세기 인간은 통찰할 줄 모른다. 충격에 중독되면 통찰은 거추장스럽게 여겨진다. 충격 중독자는 입맛에 맞는 뉴스만 찾는다. 가짜뉴스에도 열광한다. 사실 확인 여부는 중요하지 않다. 이것은 또 다른 이념이다. 혹은 이념의 탈을 쓴 조커다.

통찰은 생각의 결과이고, 충격은 지각(perception)의 결과다. 생각은 깊은 곳에서 나오고 지각은 표면에서 작용한다. 즉, 생각은 본질이고 지각은 껍데기다. 그러므로 오늘날의 21세기 인간은 점점 껍데기뿐인 인간이 되어 간다. 소통을 내용이 아니라 형식으로 보기 때문이다. 슬픈 일이지만 현대인이 좋아하는 '충격 소통'으로는 사람의 마음을 얻지 못한다. 서애 선생처럼 선조의 마음을 사로잡는 것은 불가능하다. 요즘은 '통찰 소통'을 하는 사람이 점점 줄어들고 있다. 우리 사회 리더 층에서는 더욱 그렇다. 정치인은 비난과 공격과 공작에만 능숙하고, 기업의 리더들은 껍데기 충격 소통에 매몰되어 있다. 통찰 소통이 무엇인지도 모르는 조커 리더들이 높은 직위를 차지하고 있다. 이들이 바라는 것은 오직 하나, 자신의 임기 연장과 개인적 이익이다.

포스코(POSCO)를 세워 세계적 기업으로 키운 박태준 회장은 통찰 소통의 달인이었다. 그는 아무런 기술이 없는 상황에서 일본으로부터 기술 이전을 받아 종합제철소를 세워야 했다. 1969년 9월 27일, 일본 조사단이 제철소 건설 타당성 조사를 위해 서울에 도착했다. 이들로부터 어떻게 해서든 기술 이전의 약속을 받기 위해 포항으로 현지 시찰을 가야 하는 상황이었다. 당시 포항에는 '롬멜 하우스'라고 불리는 임시 건설사무소 말고는 아무것도 없는 백사장이었다. 포항으로 내려가는 기차 안에서 그는, 온 힘을 다해 한국에 왜 종합제철소가 필요한지를 설득해야 했다. 포항제철의 구체적 건설 계획과 연료 문제, 세계적인 제철소로의 비전, 일본 제철소와의 협력 관계, 그리고 자신이 꿈꾸는 미래에 대한 통찰 결과를 설명했다. 기차가 포항에 닿을 즈음 일본 조사단원들은 마음의 문을 열었다. 박 회장의 통찰 소통에 감동한 것이다. 그렇게 포항제철(현 포스코)은 허허벌판 포항 모래사장에서 첫 삽을 뜨게 되었다.[51]

그뿐이 아니었다. 박정희 대통령에게 제철소 건설 계획을 보고할 때, 광양제철소 건설을 위한 입지를 선택할 때, 그리고 총리가 되어 나라의 문제를 해결할 때, 그는 항상 문제를 직시하고 치밀하게 분석한 데이터를 가지고 판단했다. 그때 유행하던 "대강 철저히 해라"라는 말은 그에게는 통하지 않았다. 그는 정의를 추구하는 합리주의자였고, 통찰에 능한 전략가였으며, 성과를 중시하는 실용주의자였다. 김영삼 대통령 등 거래를 잘하는 정치인들이 반가워하지 않는 품성이었다.

오늘날 통찰 소통의 달인들이 사라지고 있다. 참으로 안타까운 일이다. AI가 생각의 체계까지 대신 잡아 주는 세상이니, 앞으로 통찰 소통의 사례는 더 찾아보기 힘들게 될 것이다. 하지만 긴 호흡으로 보면, 역사는 통찰의 리더들이 만들어 간다는 진리를 부정할 수 없다.

지금까지 실용주의 리더의 거두, 서애 류성룡의 특성을 여섯 가지 질문을 통해서 알아봤다.

질문 1 | 왜 같은 편인 김성일을 질타했을까?

질문 2 | 왜 선조가 압록강 건너는 것을 막았을까?

질문 3 | 어떻게 산속에 숨은 백성들을 돌아오게 했을까?

질문 4 | 왜 DIY를 신봉했을까?

질문 5 | 왜 과격한 혁신을 추구했을까?

질문 6 | 어떻게 선조의 마음을 사로잡았을까?

각 질문에 대한 답을 정리하면 다음과 같다.

- 실용주의 리더는, '친친, 진진'을 추구한다.
- 실용주의 리더는, 통찰의 달인이다.
- 실용주의 리더는, 합리적 동기 메커니즘을 활용한다.
- 실용주의 리더는, 스스로 노력하여 창의적 성과를 낸다.
- 실용주의 리더는, 장기적 관점에서 문제의 본질을 해결한다.
- 실용주의 리더는, '통찰 소통'으로 사람의 마음을 사로잡는다.

실용주의 CEO 엔비디아의 젠슨 황

2024년은 엔비디아의 시간이었다. 주가는 치솟고 직원들은 환호했다. 전 세계가 엔비디아를 부러워했다. 이 회사에 다니던 한 한국인 직원도 돈방석에 앉은 듯하다고 말했다. 엔비디아는 직원 연봉의 50퍼센트는 주식으로 주고, 나머지 50퍼센트는 현금으로 준다. 주가가 오르자 직원들이 환호하는 것은 당연한 일이다. 이는 서애 선생의 소금 사업을 연상시키는데, 절묘한 '동기 메커니즘'의 활용 때문이다.

엔비디아를 세운 젠슨 황(Jensen Huang)은 실용주의 리더다. 그는 별로 화려하지 않다. 업종도 하나에 집중하고, 언론에 나타나서도 허황된 말은 하지 않고 주로 AI에 관한 주제에서 크게 벗어나지 않는다. 요즘 미국을 주름잡는 대만 출신 스타 CEO 중 한 명이다. 그는 일론 머스크처럼 환상을 좇지 않고 현실문제에 집중한다.

젠슨과 일론은 성향이 다르다. 젠슨은 '집중형 통찰'을 하지만 일론은 '확산형 통찰'을 한다. 즉, 젠슨은 한두 가지의 현실적 목표에 집중하여 일관성 있게 끌고 나가지만, 일론은 여러 가지 환상적 목표를 향하여 문어발식으로 확장해 나간다. 물론 일론은 53세인 비교적 젊은 나이이므로 아직 성향을 단정하긴 어렵다.

둘은 개인적 성품도 다르다. 젠슨이 동양의 전통적 '착한 학생'이라면, 일론은 '자유로운 영혼'의 소유자다. 젠슨은 대학 때 만난 로리(Lori)와 결혼하여 지금까지 잘살고 있지만, 일론은 두 번 이혼했고 새로운 여자친구들과 자유로운 사생활을 즐긴다. 특히 최근에는 자기 회사 뉴럴링크의 여성 임원과 체외수정을 통해 12번째 아이를 낳았다. 다른 여직원들에게도 자신의 정자를 받으라고 떠들고 다닌다고 한다.

두 사람의 가치관 차이는 대학 졸업식 연설에서 확연히 드러난다. 둘은 공교롭게도 똑같이 캘리포니아공과대학(California Institute of Technology)에서 졸업식 연설을 했다. 일론 머스크는 2012년 6월 15일에 연설했고, 젠슨 황은 최근에 떴기 때문에 2024년 6월 14일에 했다. 그들의 연설 내용을 한 문장으로 요약하면 아래와 같다.

〈표 7〉 젠슨 황과 일론 머스크

구분	젠슨 황	일론 머스크
출생	1963년 2월 17일, 대만 출생	1971년 6월 28일, 남아프리카공화국 출생
회사	엔비디아	테슬라, X, 스페이스엑스, 뉴럴링크, 더 보링컴퍼니 등
리더십 스타일	실용주의 스타일 / 참여와 공감	혁신형 스타일 / 압박과 통제
통찰 방법	집중형 통찰	확산형 통찰
재산	1,160억 달러(2024년 6월, 《포브스》)	2,140억 달러(2024년 6월, 《포브스》)
학력	오리건주립대학 학사(전기공학), 스탠퍼드대학원 석사(전기공학)	펜실베이니아대학 학사(경제학, 물리학)
특이 사항	AMD CEO 리사 수(Lisa Su)와 사촌, 엔비디아 주식 3.6% 보유(3명 공동창업, 30년 CEO 재임 중)	자녀 12명, 이혼 2회, 3국(남아공, 캐나다, 미국) 시민

일론 머스크: "크게 생각하라. 꿈을 더 크게 꿔라!" (Think big, Dream even bigger!)[52]

젠슨 황: "해야 할 일에 우선순위를 매겨서 진짜 중요한 일에 집중하라. 그러면 커다란 목표를 이룰 충분한 시간을 가질 수 있다." (Prioritize tasks and focus on what truly matters. then one can find ample time to accomplish significant goals.)[53]

두 사람의 가치관 차이가 극명하다. 일론은 크게, 더 크게 치고 나가는 스타일이고 젠슨은 하루하루의 문제를 최선을 다해 해결해 나가는 스타일이다. 쉽게 말하면, 일론은 혁신족 리더이고 젠슨은 실용족 리더다. 이 차이가 스타일의 차이를 가져왔다.

두 회사의 경영방식도 차이가 크다. 머스크는 자기가 모든 일을 직접 챙기는 만기친람형이다. 카리스마 리더, 즉 혁신적 리더의 전형적 스타일이다. 일일이 지시하고 점검하고, 잘못하면 해고도 주저하지 않는다. 직원들을 너무 세게 몰아붙여 고소를 당하기도 한다. 직원 해고를 두려워하지 않아 많은 엔지니어가 그를 떠났다. '나갈 테면 나가라. 엔지니어는 얼마든지 찾을 수 있다'라는 배짱이다. 직원들에 대한 처우는 좋지만 압박도 심하다.

반면 젠슨은 직원을 해고하지 않는다. 사람은 훈련을 잘 시키면 얼마든지 제 역할을 할 수 있다는 철학이다. 직원들에게 지시하고 일일이 통제하기보다는 의사결정에 참여시키고 의견을 들어준다. 하루 일과 중에서 가장 중요한 일을 맨 먼저 처리하고 나머지 시간은 구성원들과 대화하고 토론하면서 보낸다. 그래서 엔비디아에는 단기, 중기, 장기 계획이 따로 없다. 계속 발생하는 문제를 해결하다 보면 아이디어가 생기고 미래가 보인다는 것이다. 젠슨의 하루 일과 중 가장 많은 부분은 구성원들이 들고 오는 문제를 가지고 토론하여 결론을 내는 일이다. 그는 일론 머스크처럼 일방적으로 지시하지 않는다.

젠슨은 또한 정해진 자기 사무실이 없다. 회사에 출근해서 여기저기 돌아다니면서 대화하고 토론한다. 되도록 계층구조를 단순화하여 소통이 원활해지도록 했다. 자신에게 직접 보고하는 사람을

50명 정도로 제한했고, 이들은 모두 최고의 실력자들이다. 젠슨은 회사 설립 초반에 고생을 너무 많이 해서 항상 마음속에 다음과 같은 좌우명을 새기고 있다고 한다.

> "우리 회사는 망할 때까지 30일 남았다." (Our company is thirty days from going out of business.)[54]

항상 긴장하자는 뜻일 것이다. 초기에 자금도 부족하고 매출도 잘 나오지 않고, 기댈 데라고는 투자자들뿐이었던 절박한 시절을 잊지 말자는 다짐이다. 여기에는 일론 머스크가 말하는 "큰 생각, 큰 꿈"은 없다. 하루하루 죽지 않고 목숨 유지하는 절박감뿐이다. 젠슨은 이 절박감으로 엔비디아를 이룩했다. 모든 실용주의 리더가 마음에 느끼는 정서일 것이다. 일론은 비즈니스맨이고 젠슨은 엔지니어 출신이다. 교육 배경도 다르다. 이것도 그들의 성향에 큰 영향을 미쳤을 것이다.

일론 머스크는 한국에서는 찾아보기 힘든 리더다. 한국에서 저렇게 막 치고 나가다가는 '보이지 않는 손'에 의해 응징받기 십상이다. 그렇게 무너진 한국 기업가들이 한둘이 아니다. 이것이 한국과 미국의 기업 환경 차이다. 아울러 한국의 투자환경에서라면 테슬라, 스페이스엑스, 더 보링컴퍼니(지하 튜브 고속도로 건설 회사) 같은 회사가 필요한 투자금을 유치하기 힘들었을 것이다. 한국은 규모나 시장 면에서 아직 성숙하지 않았고 불필요한 규제도 너무 많다. 아이디어를 구현하는 데 필요한 전문가나 기술자도 턱없이 부족하다.

한국뿐 아니라 다른 나라들에서도 이런 큰 규모의 아이디어가 필요한 자본을 유치하여 결실을 보는 것은 쉬운 일이 아니다. 한 예로, 1985년생인 사우디아라비아의 빈 살만 왕세자가 '네옴시티'를 만들겠다고 난리를 치고 있는데, 그는 일론 머스크와 같은 혁신족이다.

그렇다면 젠슨 황과 일론 머스크 중 누가 더 바람직할까? 역사적으로 볼 때, 혁신족 리더는 가끔 혹은 극소수가 필요하지만, 실용적 리더는 항상 그리고 많이 필요하다. 영국에서는 제2차 세계대전을 승리로 이끈 윈스턴 처칠 이후, 다음 혁신적 리더인 마거릿 대처가 나올 때까지 반세기가 걸렸다. 문제는 그 중간을 실용적 리더들이 메워야 하는데, 영국의 경우 이념족과 조커족 리더들이 권력을 차지해 이끌었다. 이것이 영국의 비극이다. 혁신적 리더는 판을 뒤흔들어 혼돈을 만든다. 실용적 리더는 그 혼돈 속에서 새로운 질서를 세운다. 결국 세상을 바꾸는 리더는 실용적 리더다. 조선 시대, 태종이 혼돈을 만들고, 세종이 새로운 질서를 만들었던 것처럼!

한국에서도 박정희 대통령 이후 지금까지 대부분 이념족 리더나 조커족 리더가 이어가고 있다. 박정희 대통령은 유신 전까지는 실용적 리더였다가, 유신 때 혁신족으로 바뀌었다. 지금 우리나라에는 실용적 리더가 절대적으로 부족하다. 국민이 이념의 함정과 허황한 유혹에서 깨어나 제대로 된 실용적 리더를 세울 때가 되었다. 기업에서도 정주영 회장 이후, 기억할 만한 혁신적 리더는 나오지 않고 있다. 그 후의 공간과 시간을 실용적 리더들이 메우고 있는데, 실용적 리더의 등급을 상, 중, 하로 나눴을 때 상에 속하는 한국 기업 리더는 2024년 6월 즈음을 기준으로 현대차의 정의선 회장, LG

의 구광모 회장, 아모레퍼시픽의 서경배 회장 정도인 것 같다. 현실 상황과 문제에 대한 통찰이 있고, 공정성·윤리성·유연성을 갖췄고, 성과에 대한 실효성 인식이 탁월하기 때문이다. 이들은 일론 머스크보다는 젠슨 황에 가까운 리더들이다.

리더에게 필요한 행동 중에서 가장 힘든 것이 '솔선수범'이다. 이는 자기가 남에게 말하는 대로 자신도 행하는 것인데, 리더가 이를 실천하기는 쉽지 않다. 솔선수범은 곧, 리더가 "액면가(face value)로 사는 것"이다. 아무도 없는 곳에서 행동하는 것이 많은 사람이 보고 있는 데서 행동하는 것과 같아야 한다는 뜻이다. 사람들에게 검소하게 살라고 말하면서 자기는 사치스러운 생활을 한다면 자녀라고 해도 진정성에 의문을 가질 것이다.

큰 회사의 소유 경영자들은 '액면가 생활'이 쉽지 않은 것 같다. 은밀히 할 수 있는 일이 많기 때문이다. 자기가 부릴 수 있는 사람도 많고 재원도 풍족하기에 대부분 사치스럽게 산다. 하지만 자기처럼 돈을 못 가진 사람들은 검소하게 사는 것이 맞다고 생각한다. 그래서 검소하게 살라고 부하들에게 말하는데, 부하들이 보기에는 그렇게 말하는 소유 경영자가 액면가와 실제 가격이 다르다는 것을 알게 된다. 문제는 눈총을 줘도 돈 많은 경영자는 자기 말이 옳다고 믿는다는 데 있다. 이것을 '차별적 특권(idiosyncrasy credit)'이라고 한다. "나는 너희들과 다른 차별적 특권이 있어서 검소하지 않아도 되지만, 너희들은 나와 같은 특권이 없으므로 검소해야 한다"라는 인식이다. 이것은 실용적 리더가 생명으로 하는 '공정성, 윤리성'에 어긋난다. 이 인식의 바탕에는 '나는 주인, 너는 종'이라는 개념이 깔려 있다. 사람들은 이런 인식에 매우 큰 불쾌감을 느낀다. 실용적 리더는 액면가로 살아야 한다. 그래야 "역할은 다르지만, 존재는 똑같다"라는 수평적 관계 형성이 가능하다. 이것이 동기의 원천인 공정과 정의를 실천하는 길이다.

이상에서 우리는 젠슨 황의 실용적 리더십을 일론 머스크의 혁신적 리더십과 대조시켜 살펴봤다. 혁신적 리더는 판을 흔들어 혼돈을 만들고, 실용적 리더는 혼돈 속에서 새로운 질서를 찾는다. 우리가 혼돈 속에 있을 때는 혁신적 리더가 빛처럼 보이지만, 결국 세상을 크게 바꾸는 리더는 실용적 리더다.

윤석열 대통령

현직 대통령을 예로 드는 것은 독자들의 이해를 돕기에 가장 유용하기 때문이다(2024년 11월 기준). 최근 일어난 현상을 요약하면 대략 다음과 같다.

> 2024년 11월, 윤 대통령은 5년 임기의 반이 채 안 지났는데, 대선 때 얻었던 지지율에 크게 못 미치는 낮은 지지를 받고 있다. 절반이 훨씬 넘는 의석을 확보한 야당은 특검과 대통령 탄핵까지 내세우며 긴장을 고조시키고 있다. 인구 감소 문제 등 나라의 문제는 산적해 있고, 경제는 살아나지 않는다. 한일관계 정상화 등 외교 업적, 체코 원전 수주 같은 통상외교 실적이 있지만 안개에 가려져 두드러지지 않는다.

문제는 무엇인가? 윤 대통령은 어떻게 해야 성공한 대통령이 될 수 있을까? 정치학자, 정치평론가, 정치 컨설턴트, 언론 그리고 일반 국민까지 수많은 진단과 처방을 내놓고 있다. 다들 나라 걱정 때문일 것이다. 여기에서는 윤 대통령의 문제와 처방을 리더십 차원에서 살펴보고자 한다.

대통령의 문제는 무엇인가?

리더십 차원에서 대통령의 문제는 다음과 같다.

첫째는 자신의 장점을 못 살리고 있다. 국민이 그를 대통령으로 뽑은 이유는 그가 가진 불굴의 용기 때문이다. 그런데 요즘 그 용기를 찾아볼 수 없다. 실용적 리더에게 용기란 문제를 직시하는 첫걸음이다. 윤 대통령은 직면한 문제를 직시하려는 용기를 잃은 것처럼 보인다. 국민 눈에는 특검이든 탄핵이든, 문제를 직시하고 당당히 돌파하겠다는 용기가 안 보인다. 자꾸 막으려고 하고 피하려고 하는 것 같다. 이런 용기가 필요하지 않을까?

> 누구든 법을 어겼으면 심판을 받아야 한다. 나든, 부인이든, 강아지든 법을 어겼으면 벌을 받아야 한다. 법대로 하겠다.

윤 대통령이 높은 지지를 받았을 때를 생각해 보면, 국민이 어떤 대통령을 원하는지를 알 수 있다. 당시 권력자에 맞서 "사람에 충성하지 않는다"라는 말 한마디에서 시작되지 않았던가. 이런 용기를 원한다. 자신의 문제든, 주변의 문제든 똑같은 용기를 가지고 접근해야 지지율을 회복할 수 있다. 감옥에 가도 당당한 리더, 탄핵을 당해도 당당한 리더를 국민은 보고 싶어 한다. 국민은 "잘못이 있으면 나를 탄핵하라"라고 당당히 맞서는 리더이기를 바란다. 야당의 공세에 거부권을 행사하더라도, 이런 메시지를 앞세워 거부해야 설득력이 있다. 단순히 '정치 공세'라는 이유로는 거부할 명분이 약하다. 두려워하는 모습을 보이면 지지율은 더욱 추락할 것이다.

둘째는 통찰이 필요하다. 어떤 정책을 펼 때, 정교한 프로세스 관리가 잘 안 되는 것은 '실행 메커니즘'에 대한 통찰 부족이다. 정치 경험이 짧아 국가의 여러 문제에 관해 스스로 연구하고 통찰할 시간이 충분치 않았다고 하더라도, 잡음 없이 실행하기 위한 치밀한 계획은 할 수 있었을 것이다.

또한 통찰은 스토리를 만든다. 지난 6개월 동안 윤 대통령은 여러 차례 민생 토론회를 개최했다. 국민의 생생지락을 충족시키기 위한 노력이라고 본다. 그런데 그 내용을 들여다보면, 주로 '이 지역에 무엇을 해주겠다'라는 식이다. 거기에 전후좌후의 좌표 설정이 없다. 대통령이 현학적일 필요는 없지만 일반 국민이 그 이유를 충분히 이해할 수 있도록 최소한이라도 '통찰의 결과'를 전달해야 한다. 통찰하면 좋은 스토리가 나오고, 그 스토리가 국민에게 감동을 준다. 민생 문제뿐 아니라 국방, 외교, 사회, 교육 등 모든 이슈에서 통찰한 결과를 스토리로 전달해야 한다. 스토리를 만들기 쉬운 이슈를 선정하여 하나하나 접근하면 좋을 것이다. 또 통찰의 끝에 폭넓은 '검증 결과'를 첨부하는 것도 도움이 된다. '다른 모든 가능성을 다 살펴봤다'라는 검증 결과를 덧붙임으로써 스토리의 설득력을 높일 수 있다.

셋째는 기대했던 것만큼 유연성이 발휘되지 않는다. 문재인 대통령이 좌파 이념의 리더였다면, 윤 대통령은 우파 이념 대통령을 선택했다. 실용주의 리더의 유연성이란 좌우를 떠나 적과 동지 없이 여러 부류의 사람을 포용하는 것이다. 적과 시간을 많이 보내고, 쓴소리하는 사람을 특히 자주 만나야 한다. 자신의 지지층이 적과 만나는 것을 싫어한다면, 그들을 설득하는 것이 옳다. 대선 때는 사람을 만나고 포용하는 것이 윤 대통령의 장점으로 느껴졌다. 허심탄회하게 만나서 얘기하는 장면이 많은 국민에게 좋은 인상을 줬다. 그런데 무슨 이유 때문인지 이 유연성이 사라졌다.

넷째, 노선을 잘못 선택했다. 윤석열 대통령은 '자유'를 자주 얘기한다. 2022년 광복절 축사에서 33번, 2023년 광복절에 27번 외쳤다.[55] 대통령 취임사에서는 35차례 언급했다.[56] 처음부터 문재인 대통령의 좌편향 이념을 너무 크게 의식하여 우편향했다는 것을 뜻한다. 윤 대통령은 대통령에 당선되었을 때, 취임에 앞서 네 가지 옵션이 있었다. 영국의 대처처럼 큰 비전을 세우고 혁신적 리더의 길을 가든지, 미국의 레이건처럼 '미국을 다시 위대하게!'를 내세운 이념의 대통령이 되든지, 필리핀의 마르코스처럼 개인적으로 크게 한탕을 꿈꾸는 조커 리더가 되든지, 아니면 미국의 아이젠하워처럼 산적한 국가 문제에 도전하는 실용적 리더가 되든지 넷 중 하나를 선택할 수 있었다.

윤 대통령은 레이건의 길을 선택했다. 문재인 대통령처럼 이념적 리더의 길을 걷기로 한 것이다. 둘은 서로 대척점에 있지만 결국 같은 선상에 있는 것이다. 혁신적 리더의 길을 걷기에는 지지기반이 취약하고, 조커 리더는 평생 검사로 살아왔기에 안 맞고, 실용적 리더의 길을 가려니 준비가 안 되어 있었던 것 같다. 아마도 윤 대통령 자신도 모르게 자연스럽게 이념의 길을 선택했을 것이다. 문재인 대통령이 왼쪽이었으니, 오른쪽은 다른 길이라고 착각했을 수도 있다. 하지만 둘은 같은 선상에 있고, 같은 이념적 리더의 유형에 속한다. 즉 둘은 멘털 모델이 같다. X축의 왼쪽 끝에 문 대통령이 있고, 윤 대통령은 오른쪽 끝에 있다. 하지만 차원을 달리하여 실용적 리더의 길, 즉 Y축이나 Z축을 선택했어야 했다. 지나친 좌편향을 바로잡기 위해 자유를 내세운 것은 이해할 수 있는 일이다. 그러나 자유를 이념으로 접근하는 것과 실용적 문제로 접근하는 것 간에는 차이가 크다. 자유를 이념으로 접근하면 최상의 가치가 되어 다른 모든 현안을 덮어 버린다. 대신 여러 문제 중 하나, 즉 '자유 상실의 회복'이라는 문제로 접근하면 차분하게 실효성 있는 성과를 거둘 수 있다. 이념으로 접근하면 유권자의 반을 잃지만, 실용으로 접근하면 생생지락을 위해 애쓰는 모든 국민을 얻는다.

다섯째, 남은 시간은 성과 창출에 집중해야 한다. 앞에서 얘기했듯이, 대통령의 성과에는 두 가지가 있다. 하나는 국민을 위한 성과이고 다른 하나는 국가를 위한 성과다. 국가를 위한 성과는 몇 가지 기억나는 것이 있다. 한일관계 개선을 비롯한 외교적 성과와 체코 원전 수주 같은 통상외교를 통한 K-브랜드 수출은 성과라고 할 수 있다. 하지만 국민을 위한 성과는 별로 기억에 남는 것이 없다. 2024년에 들어, 지방경제 활성화 노력, 의대 증원, 100만 명 심리상

담, 주가 밸류업 등 다양한 프로그램을 선보이고 있지만 아직 완결되지 않았다.

문제는 국민의 성과 기대가 매우 높다는 데 있다. 앞에서 본 것처럼 대통령의 업무를 일상적 업무, 사건적 업무, 창의적 업무로 나눌 때, 일상적 업무만 잘해서는 아무것도 한 게 없다는 비난을 받게 되고, 이태원 참사와 같은 사건적 업무는 '절차 정의'를 지키지 않았다가는 끝장난다. 즉, 사건적 업무는 '위생요인(hygiene factor)'이어서 대응을 잘못하면 큰일 나지만, 잘 대응해도 성과로 인정받기 힘들다. 일상적 업무와 사건적 업무는 수비에 불과하다. 승패는 창의적 업무에 달렸다. 다시 말해, 날카로운 통찰에 기초하여 새로운 프로젝트를 창안하고 기획하여 국민의 기대 수준을 뛰어넘는 성과를 내는 것이다. 우리는 세종대왕이 32년 재위 동안 13.2퍼센트의 시간을 창의적 업무에 투자했음을 살펴본 바 있다.

박정희 대통령의 경제 고도성장이나 김대중 대통령의 민주화와 화해 노력 등은 역사에 남는 성과다. 노태우 대통령의 북방외교, 노무현 대통령의 개성공단 개설, 이명박 대통령의 4대강 개발, 문재인 대통령의 남북 정상회담 등은 진보와 보수 간에 평가가 갈리지만 나름대로 의미가 있었다. 윤 대통령은 갑작스럽게 대통령이 되다 보니, 대형 프로젝트를 준비할 겨를 없이 대통령직에 올랐다. 자신도 모르게 문 대통령의 역방향으로만 가면 되리라 생각했을지 모르지만, 리더십 맥락에서 보면 그것은 착각이다. 자신의 브랜드가 붙은 성과가 있어야 한다.

성과를 낼 수 있는 시간이 약 3년 남았다. 짧다면 짧고 길다면

긴 시간이다. 시간에 쫓겨 큰 성과를 내려고 밀어붙이다가는 오히려 문제를 유발할 수 있다. 오늘의 해법이 내일의 문제가 되어서는 안 된다. 남은 시간과 자원을 국민을 위한 일에 집중하는 것이 좋을 것 같다. 국가적 이슈는 단기에 성과를 내려 하지 말고, 장기적으로 꼭 필요한 이슈의 해결에 디딤돌을 놓는 자세가 필요하다.

혹시 지금이라도 아이젠하워의 실용의 길로 경로를 바꾸는 것이 가능한가? 통찰이 필요한 사안은 집현전이나 준토를 만들어 활용하고, 공정한 동기 기제는 대통령에게 주어진 자원이 많으니 얼마든지 설계할 수 있을 것이다. 유연성과 포용은 장점이므로, 지금처럼 호불호 따지지 말고 '풀 스윙'을 하면 되는데, 사람들을 많이 만나 대화하다 보면 각종 문제에 대한 창의적 해법도 나오게 된다. 그리고 문제해결의 실효성을 따지는 것은 각료나 참모들의 몫이다. 이와 같은 재균형(re-balancing)은 가능할까?

답부터 말하면, 윤 대통령이 바뀔 가능성은 희박하다. '리더십 5계절 모델'에 따르면, 최고위 리더는 임기 3년째부터 네 번째 계절인 '인식 고착기'에 들어가 자기 생각을 바꾸려 하지 않는다.[57] 고착기에 들어서면, 정보원이 소수로 줄어들고 들어오는 정보도 자기의 틀에 맞지 않으면 대부분 버린다. 이렇게 되면 새로운 세계로 나가는 출구가 막힌다. 결국 윤 대통령은 해오던 대로 직진하게 되고 지지율도 크게 바뀌지 않을 것이다. 물론 특별한 계기가 있으면 모르겠지만.

지도자에게 꼭 필요한 두 가지가 있다고 한다. '지도'와 '자(ruler)'다. 지도가 있어야 목적지에 이르는 경로를 찾을 수 있고, 자가 있어야 자신의 걸음을 정확히 잴 수 있다. 지금 윤 대통령에게 필요한 것은 이 두 가지가 아닐까?

대통령은 임기 중 스타일을 바꿀 수 있는가?

윤 대통령 사례는 우리에게 두 가지 이슈를 던져 준다. 하나는 리더가 임기 중에 자신의 스타일을 바꿀 수 있는지고, 다른 하나는 노선을 유지하면서 다른 '족'처럼 행동해도 효과가 있는지다. 첫째 이슈는 5계절 모델에서 봤듯이 가능하지만 쉽지는 않다. 그래서 기업 CEO들은 어떻게 해서든지 변화해 보려고 리더십 훈련을 받고 코칭을 받는다.

예컨대 이념적 리더가 실용적 리더로 바뀌는 것은 전향(轉向)하는 것이다. 소크라테스도 "교육이란 전향시키는 것"이라고 했다. 마음의 행로를 바꾸는 것이다. 기존 사상을 버리고 새로운 사상을 받들려면 자신을 부정해야 한다. 겉으로 드러나는 행동뿐 아니라 생각의 틀까지 바꾸는 일이니 쉽지 않다. 전향이 쉽지 않은 이유는 각 족 리더의 멘털 모델이 과거의 경험에 깊이 뿌리를 내리고 있기 때문이다.

미국 네브라스카대학의 지나 스콧 라이곤(Gina Scott Ligon) 교수는 20세기의 유명한 리더 120명을 분석하여, 성인이 된 후 리더십에 영향을 미치는 성장기의 사건 경험을 연구했다. 그녀는 여섯 가지 사건 경험과 리더십의 관계를 연구했는데, 그 결과를 〈표 8〉로 정리했다.[58]

영화배우 앤젤리나 졸리의 부모는 배우였다. 그녀의 아버지는

〈미션 임파서블〉, 〈내셔널 트레저〉 등에 나온 존 보이트(Jon Voight)이고, 어머니는 마셀린 버트런드(Marcheline Bertrand)이다. 졸리는 어릴 때부터 자연스럽게 연예계에 노출되었다. 여러 영화에 나오는 부모의 모습을 보며 자랐고, 부모를 따라 촬영장에 가서 유명한 배우를 만나는 생활이 일상이었다. 교수의 자녀는 교수가 되기 쉽고, 의사의 자녀가 의사 직업을 택하는 것도 같은 이치다. 세계적인 언론인 루퍼트 머독(Rupert Murdoch)도 어릴 때 아버지를 따라 신문사에 다니면서 맡았던 잉크 냄새, 윤전기 돌아가는 소리, 바쁘게 움직이는 사무실 분위기 등이 자신을 언론인으로 만들었다고 회상한다. 이러한 경험을 '인생각성사건'이라고 한다. 인생각성사건을 경험한 사람은 어른이 되어 '실용적 리더십'을 발휘할 가능성이 크다.[59] 특정 직업에 오래 노출되면 어느덧 자신의 멘털 모델에 그 직업이 각인된다.

〈표 8〉 리더에게 영향을 미치는 사건 경험

사건	개념	리더 영향
인생각성사건	'오늘의 나'의 기원을 만들어 준 사건	실용주의 리더(+)
인생역전사건	인생에 큰 변곡점을 만들어 준 사건	혁신적 리더(+) 조커 리더(+)
신념형성사건	특정 가치나 신념을 갖게 한 사건	이념적 리더(+) 조커 리더(-)
예시기준사건	오늘날의 행동에 벤치마크가 된 사건	관련 없음
세옹지마사건	처음에 안 좋다가 나중에 대박 난 사건	조커 리더(-) 이념적 리더(-)
용두사미사건	처음에 좋다가 나중에 망한 사건	조커 리더(+)

마틴 루서 킹 목사는 미국 앨라배마주 몽고메리의 한 침례교회 목사였다. 당시는 인종차별이 법으로 강제되던 시대였다. 버스를 타도 앞자리에는 백인이 앉고 흑인들은 뒷자리에 앉던 시절이었다. 만약 백인 자리가 만원이 되면 흑인은 백인에게 뒷자리를 양보해야 했고, 버스를 탈 때도 흑인은 앞문으로 와서 버스비를 내고 다시 내려 뒷문으로 가서 버스에 타야 했다. 그런데 1955년 12월 1일, 이 마을에서 한 사건이 일어났다. 로자 파크스(Rosa Parks)라는 흑인 여성이 인종차별에 신물이 난다면서, 앉아 있던 자리를 백인에게 양보하지 않았다. 버스 기사는 로자 파크스를 경찰에 신고했고, 경찰은 그녀를 인종차별법 위반으로 체포했다. 그러자 몽고메리 흑인 주민들이 들고일어나, '버스 보이콧 운동(Montgomery Bus Boycott)'을 벌이기 시작했다. 킹 목사가 이 운동을 이끌었다. 이 사건은 결국 흑인 인권운동으로 발전하면서 마틴 루서 킹 목사의 인생을 바꿔놓는다. 킹 목사의 '인생역전사건'이다.

인생역전사건은 혁신적 리더를 만든다. 이러한 사건은 마음에 충격과 자신감과 책무감을 준다. 인생의 우선순위가 바뀌고, 한계를 넘어서는 변화에 동력을 제공한다. 자기 능력으로써 미래를 바꾸려는 혁신의 길을 택하게 된다. 인생역전사건은 때때로 조커 리더를 만들기도 한다. 인생이 항상 좋은 쪽으로만 역전되지는 않기 때문이다. 연산군은 처음에는 임금 노릇을 정상적으로 하다가 친어머니가 폐비 윤씨라는 얘기를 들은 후 충격을 받아 3일 동안 식음을 전폐하더니, 결국 무오사화를 일으켜 많은 신하를 살해했다. 그를 조커 리더로 만든 인생역전사건이었다.

쿠바의 리더 피델 카스트로는 초등학교 4학년 때, 아버지 엔젤 카스트로에게 크게 혼이 난다. 여름방학이 끝나자 아버지는 피델을 더는 학교에 보내지 않기로 결정했고, 그러자 피델은 학교로 돌아가게 해달라며 저항한다. 피델은 엄마에게 학교에 가게 해달라고 애원하며, 만약 학교에 보내주지 않으면 집에 불을 질러 버리겠다고 협박까지 한다. 피델의 부모는 결국 아들의 고집에 못 이겨 그를 다시 학교에 보내기로 마음을 바꾼다. 이 사건으로 피델은 '끝까지 고집을 피우고 버티면 이긴다'라는 교훈을 마음에 새기게 된다.[60] 그의 마음속에 신념, 가치관이 형성된 것이다. 이것이 '신념형성사건'이다.

신념형성사건은 이념적 리더를 키운다. 하지만 조커 리더 중에는 신념형성사건을 경험하지 못한 사람들이 많다. 조커 리더는 인생에서 제대로 된 가치관과 신념을 형성할 기회를 못 얻는다. 신념은 마음의 닻과 같은 것이어서, 닻이 없는 배가 바다 위에서 표류하듯이 신념이 없는 리더는 평생을 방황하는 낭인이 된다. 카스트로와 같은 생고집이 아닌, 건강한 신념과 가치관을 형성해야 멋진 리더가 될 수 있다.

소위 일류 고등학교를 나온 사람은 종종 고교 시절을 자랑거리처럼 말하곤 한다. 삼성 다니다가 다른 직장으로 옮긴 사람들이 "삼성에서는", "삼성 다닐 때는"이라는 말을 자주 쓰는 것과 유사하다. 일류 고교와 삼성의 경험이 벤치마크가 되는 것이다. 이때 일류 고교와 삼성 다닌 경험을 '예시기준사건'이라고 한다. 군대 시절을 예로 드는 사람도 많고, 해외 유학 경험을 예시로 드는 사람도 있다.

하지만 이런 예시 사건들은 후일의 리더십에 별로 영향을 미치지 못하는 것으로 나타났다.

오프라 윈프리는 1954년 미국 미시시피주의 한 농촌에서 태어났다. 어렸을 때 온갖 역경을 겪었다. 너무나 가난했고 가족들로부터 성적인 학대까지 당했기에 자존감이 완전히 무너졌다. 하지만 그녀는 이에 굴하지 않고, 더 열심히 일했고 더 강해졌으며 더 뚜렷한 삶의 목적을 갖게 되었다. 방송 일을 하게 되었을 때, 그녀는 자신의 역경이 오히려 성공의 디딤돌이 될 수 있다고 확신하게 된다. 오프라의 이 경험은 '세옹지마사건'이라고 볼 수 있다. 세옹지마사건을 경험한 리더가 조커나 이념적 리더가 되는 예는 드물다.

끝으로, 재무 투자자 제프리 엡스타인(Jeffrey Epstein)은 2019년 8월 10일, 뉴욕시 메트로폴리탄 교정센터(교도소)에서 자살했다. 그는 학교에서 우등생이었고 일찍 투자자의 길에 들어서 큰 성공을 거뒀다. 처음에 투자은행 베어스턴스(Bear Sterns)에 입사하여 쌓은 경험을 바탕으로 본격적인 투자자의 길에 들어섰다. 그는 투자를 통해 10억 달러 넘는 부를 축적했다. 뉴욕시에 값비싼 맨션을 갖고 있었으며, 카리브해의 섬 하나를 통째로 샀고, 뉴멕시코주에 농장을 뒀으며, 플로리다 팜비치에도 집을 소유했다. 이렇게 잘나가던 그를 몰락시킨 것은 성폭행, 미성년자 성범죄, 성매매 알선 등의 범죄였다. 1953년생인 그의 성범죄가 드러난 것이 2000년부터였다. 그의 사생활이 베일에 싸여 잘 드러나진 않았지만, 그가 성범죄를 저지르기 시작한 게 젊었을 때라는 추측이 나오기도 한다. 그는 영향력 있는 사람들과도 함께 어울렸는데, 영국의 앤드루 왕자, 빌 클린턴, 도널드 트럼프 등이 명단에 들어 있다. 이와 같은 '용두사미사건'은 조커 리더를 만든다. 어릴 때 큰 부자였다가 갑자기 가난해진 경험이 있는 사람은 조커가 될 확률이 높다.

이처럼 한 사람의 특정한 경험은 리더십 스타일을 결정한다. 이것은 곧 특정한 경험이 없이 특정 스타일의 리더로 전향하기 힘들다는 뜻이다. 예컨대 실용적 리더에게 필요한 '인생각성사건'은 다른 경험으로 대체할 수 없다. 만약 윤석열 대통령에게 인생각성사건 경험이 없다면, 현재의 이념적 스타일에서 실용적 노선으로 전향하기는 쉽지 않을 것이다. 인간은 누구나 경험의 노예다. 경험이 멘털 모델을 만들고, 그 멘털 모델이 리더의 행동을 규제한다. 과거의 예로 봤을 때, 그래도 변하는 리더는 외부로부터 강한 충격을 받았을 때이다.

이념적 노선을 유지하면서 실용주의 리더처럼 행동해도 효과가 있을까?

리더는 위의 여섯 가지 사건에서 여럿을 경험할 수도 있다. 이념적 리더는 신념형성사건을 주로 겪는데, 동시에 인생역전사건을 경험할 수도 있다. 이렇게 되면, 결국 사건 경험의 '충격 강도'나 '논리적 모순'이 이후의 리더십을 결정한다.

예를 들어, 과거 권위주의 시대의 학생운동가 중에 전향한 사람들이 꽤 있다. 김일성을 만나 식사까지 하는 사건을 경험했던 김영환 씨는 "정작 김일성은 주체사상을 잘 모르더라"라면서 북한 인권운동가로 전향했다.[61] 역시 학생운동을 했던 함운경 씨는 군산에

횟집을 열면서 '자영업자의 현장 경험'의 영향으로 보수진영으로 전향하여 큰 반향을 불러일으켰다.[62] 이들은 논리적 모순 때문에 전향한 것이다.

이처럼 전향이란 것은 어렵지만 가능하다. 하지만 문제는 리더가 특정 노선을 유지하면서 다른 족의 행동을 따라 할 수 있는지 여부다. 결론부터 말하면, 이것은 이론적으로는 가능하지만 실효성에서는 차이가 크다. 즉, 이념적 리더가 실용적 행동을 따라 할 수는 있지만 본래의 실용적 리더만큼 실효성을 거두기 힘들다. 가령 이념의 리더였던 문재인 대통령도 민생을 얘기했다. 민생은 본래 실용주의 리더의 전속 용어다. 하지만 문 대통령의 민생과 실용적 리더의 민생은 접근 방식에서 크게 차이가 난다. 이념적 리더는 민생을 얘기하면서 전 국민에게 위로금을 준다. 예컨대 부자와 극빈자 모두에게 20만 원씩 동등하게 배분한다.

하지만 실용주의자는 돈을 이렇게 쓰지 않는다. 주어진 재원을 어디에 쓰는 것이 가장 실효성이 있는지를 먼저 생각한다. 가난한 사람을 도와주더라도 한 번 도와주는 데서 끝나는 것이 아니라, 가난에서 벗어날 기회를 만들어 주는 데 돈을 쓴다. 1인당 20만 원씩 주는 데 들어가는 재원이 10조 원이라면, 돈이 없어서 자살할 수밖에 없는 초극빈층이 먹고살 수 있는 장사 기반을 마련해 주는 데 쓸 것이다. 한 번의 작은 시혜가 아니라 문제의 근본을 해결하는 것이 실용이다. '아랫돌 빼서 윗돌 괴기' 식 임시방편이 아니라 장기적 해법을 찾는 것이 실용이다.

다른 예를 들어보자. 북한의 김정은은 조커다. 권력을 유지하기 위해서라면 못 하는 짓이 없다. 그런데 김정은은 어떤 때는 실용주의자로 비치기도 한다. 북한 주민의 삶을 윤택하게 하겠다는 말을 할 때도 있고, 목표 미달에 대해 인민들에게 사과하기도 했다. 성장 과정과 학습 경험을 보더라도 실용주의와 맞는다. 그는 16세까지 스위스에서 살았으며, 북한에 들어와서는 김일성대학에서 물리학을 전공했다. 김일성의 주체사상이나 공산주의 사상을 제대로 배운 적이 없다. 자기 아버지 김정일이 겪었던 이념화 경험을 거치지 않은 것이다. 그의 여동생 김여정도 비슷하다. 그녀는 김정은과 함께 입국해 김일성대학에서 바이오를 전공했다. 우리는 북한의 핵개발과 미사일을 발사하는 뉴스만 접하여, 김정은이 그 많은 시간 동안 무엇을 하면서 보내는지 잘 모른다. 최근 발표된 선병주 박사의 논문이 이에 관해 명쾌한 해답을 준다.[63] 김정은은 2013년 '인민대중제일주의'를 통치 이념으로 설정하고, 법 제정과 개정에 진력했다. 2012년 1월부터 2024년 2월까지, 김정은은 법 제정 118건, 개정 363건, 총 481건의 법 제정 및 개정을 기록했지만, 김일성은 해방 후 1994년 7월까지 약 40년 동안 총 49건(제정 49건, 개정 9건)밖에 하지 않았다. 김정은, 김정일, 김일성의 연간 법 제정 및 개정 건수를 다음의 그래프와 같이 요약하였다.

김일성은 카리스마, 즉 혁신적 스타일로 리드했다. 카리스마는 촘촘한 법이 필요 없다. 카리스마 리더의 말은 곧 법이 된다. 그러나 카리스마 리더가 사라지고 나면, '카리스마의 일상화(routinization of charisma)'가 따른다. 카리스마 리더를 따르던 추종자들의 행동을 법으로 묶어 놓는, 즉 일상화시키는 전략을 펼치는 것이다. 김정일

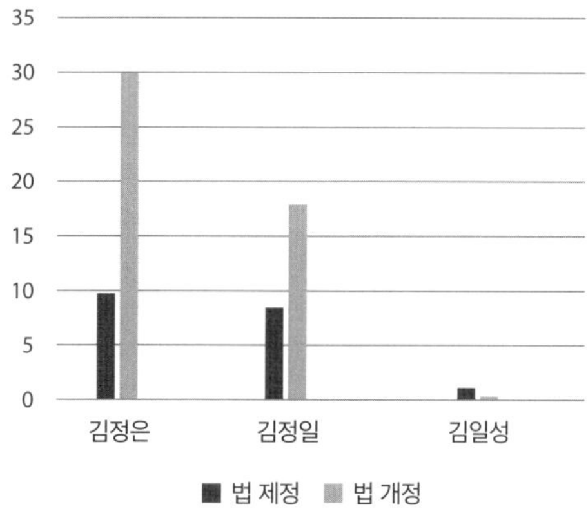

김정은·김정일·김일성의 연간 법 제·개정 건수 비교

시대에 법 제정 및 개정이 늘어난 것이 이를 반영한다.

김정은은 처음에 김일성과 김정일 초상화, 즉 종이호랑이를 걸어 놓고 의사(疑似) 카리스마 전략으로 '토대'를 다짐과 동시에, 법 제정과 개정을 통하여 자신의 통치 스타일을 실험했다. 10여 년 동안의 실험으로 자신감을 얻은 김정은은 이제는 종이호랑이를 내리고, 자신의 스타일을 전면에 내세우기 시작했다. 김정은은 아직 카리스마리더의 레거시를 구축하지 못했다. 그가 의지하는 통치 수단은 아마도 법과 제도, 규율과 규칙, 관료제도라고 추정된다. 이것이 김정은 시대에 법 제정과 개정이 남달리 높게 나타나는 이유일 것이다.

하지만 중요한 것은 김정은이 주력하는 제도에 의한 통치의 목적이 자신의 권력 유지라는 점이다. 그가 통치 이념으로 내세우고 있는 '인민대중제일주의'라는 것도 진정 인민의 삶을 위한 것인지 의문이다. 물론 그의 마음속에 인민에 대한 진정성이 있을 수도 있다. 그러나 그가 그보다 더 중시하는 것이 '자신의 권력욕'이라는 것은 고모부 장성택 총살과 이복형 김정남 살해 등의 사건을 통해서 여실히 드러났다.

그는 조커이면서도 실용주의자의 행동을 모방한다. 하지만 그를 조커로 만든 이기적 권력욕이 너무 커서, 실용적 행동의 진실성이 느껴지지 않는다. 자본주의 국가에서의 생활과 대학 전공 등 실용주의자가 될 수 있는 조건을 갖췄지만, 조커가 될 수밖에 없는 이유는 바로 그의 강한 이기적 권력욕 때문이다. 이기적 권력욕은 인간의 다른 모든 판단 기준을 무력화시킨다. 따라서 이념의 리더나 혁신의 리더, 심지어 조커 리더까지 실용을 흉내 낼 수는 있지만, 접근 방식과 결과의 실효성에서 큰 차이를 보인다. 멘털 모델 차이가 행동의 진실성 차이를 만든다.

한편, 실용주의 리더는 다른 족 리더의 행동을 차용할 수 있다. 실용적 리더는 다른 리더의 행동이나 전략을 평가하여 실효성이 있다고 판단되면 앞장서서 수용한다. 족을 불문하고 아이디어가 실효성이 있으면 합리적으로 평가해 받아들여 활용하는 것이 실용주의다. 하지만 판단은 항상 독립적, 검증적으로 하고 남의 말에 휩쓸리지 않는다. 특히 장기적 효과를 우선시하는 종합적 통찰을 중요시한다. 결코 단기적 이익과 타협하지 않는다.

우리는 일이 크게 잘못됐을 때 '상황이 그렇게밖에 할 수 없었다'라고 상황 핑계를 대는 경우를 많이 본다. 그 압권이 아마 매국노 이완용일 것이다. 그를 옹호하는 사람들은 이렇게 말한다.

> 누구라도 이완용과 동일한 경우의 처지가 된다면, 이완용 이상의 선처할 도리가 없었을 것이다.[64]

해방 후 친일파 박중양(朴重陽)이 민족의 반역자 이완용을 옹호하며 한 말이다. 이완용이 1910년 8월 22일, 내각총리대신으로서 어쩔 수 없이 '한일합방조약'에 서명했다는 변명이다. "누구라도 그 상황에서 그 자리에 있으면, 그럴 수밖에 없었을 것"이라고 감싸고 있다. 간단히 말해서, 이완용이 그 조약에 서명한 것은 중국과 러시아를 이긴 절대 강자 일본과의 협상에서 '합리적 선택'이었으며, 실용주의적 판단이었다고 둘러대고 있다. 참으로 어처구니없는 변명이다.

이것은 실용주의의 '남용'이다. "누구라도 그 상황에서는 그럴 수밖에 없었다"라는 주장은 조커가 자기 책임을 전가하기 위해서 애용하는 자기합리화 술책이다. 실용주의 리더는 편리함과 효율성을 추구하지만 공공선을 최고의 가치로 삼는다. 이들은 국가와 국민과 역사의 발전을 이룰 수 있는 다양한 방법을 찾는다. 실용주의 리더의 문제 인식과 통찰은 개인의 이익이나 순간적 편리성을 위함이 아니다. 선택의 여지가 없는 절체절명의 순간에도, 실용주의 리더는 긴 안목에서 국가, 국민, 역사를 지킨다. 5,000년 인류 역사에서 나라 팔아먹는 것을 공공선으로 여겼던 민족은 없다.

앞서 우리는 서애 류성룡 선생이 선조가 압록강을 건너 중국에 피신하려던 것을 목숨 걸고 막았던 사례를 봤다. 서애 선생에게는 '임금이 나라를 버리면 조선은 없다'라는 통찰이 있었다. 이완용은 개인의 영달을 위해서 '편하게' 나라를 일제에 넘겼다. 그가 긁어모은 땅만 1억 3,000만 평이 넘었다.[65] 전국에서 들불처럼 저항운동이 일어났지만, 그는 오히려 저항하는 조선인을 진압했다. 들불 같은 백성의 에너지를 한곳에 모아 일제에 저항했더라면 상황은 크게 달라졌을 것이다. 그가 실용적 리더였다면, 백성의 에너지를 동력으로 삼아 최후까지 저항했을 것이다. 그에게는 선택의 여지가 없었던 것이 아니고, 문제를 직시하고 해결하려는 의지와 통찰이 없었다. 실용주의 리더에게 '어쩔 수 없는 상황'이란 없다.

1940년, 프랑스가 히틀러의 협박을 받았다. 당시 프랑스의 총리는 필리프 페탱(Philippe Pétain)이었다. 페탱은 제1차 세계대전에서 혁혁한 공을 세운 전쟁 영웅이었다. 제2차 세계대전이 발발하자, 폴란드를 삼킨 히틀러가 다음은 프랑스를 침략하겠다고 협박했다. 고민 끝에 페탱은 엉뚱한 선택을 한다. 한번 싸워보지도 않고 파리를 포함한 프랑스 북부를 히틀러에게 넘겨 버린 것이다. 참으로 어처구니없는 일이다. 그러자 드골이 영국 런던에서 망명정부를 세우고 저항에 나섰다. 히틀러는 야금야금 프랑스를 먹어 들어서 1년도 안 되어 프랑스 전체를 삼켜 버렸다. 결국 1944년 6월 6일 프랑스의 노르망디에 연합군이 상륙하고 나서야 프랑스의 영토는 회복되었다. 전쟁이 끝나자 프랑스의 이완용, 페탱은 결국 사형선고를 받았다.

노련한 실용주의 리더는 이럴 때 이념의 리더로부터 '민족주의 가치'를 빌린다. 이념은 나라를 잃은 것 같은 극한 상황에서 빛을 발한다. 적을 분명히 하고, '우리 편'을 민족의 가치 아래 뭉치게 한다. '민족' 아래에서는 양반도 없고 상놈도 없다. 부자도 없고 가난한 사람도 없다. 모두 하나가 되어 '공동의 적' 일제를 타도하기 위해서 진군한다. 한 나라의 총리라면 목숨 걸고 이 정도는 해야 하지 않았을까?

젊은 리더들은 실용주의 비율이 상대적으로 높다. 하지만 실용주의 행동을 계속 갈고닦지 않으면 금방 다른 족에게 물들게 된다. 실용주의 리더십을 계속 발전시켜 역사를 바꾸는 큰 성과를 내려면, 리더 자신이 '생생지락' 전략을 명확히 해야 한다.

젊은, 실용주의 리더들

젊은 리더들이 희망이다. 이미 다 자란 나무 밑에서 작은 나무들이 자라나듯이, 무대를 장악한 리더들 밑에서 젊은 리더들이 자라나고 있다. 이들의 장점은 새로운 통찰, 공정성, 유연성, 창의성, 실효성이다. 실용적 리더의 모든 조건을 갖췄다. 설령 어떤 이념을 표방하더라도 혁신 집단에 속해 있더라도, 현실 문제를 하나하나 풀어 나가다 보면 실용의 길로 돌아오게 될 것이다.

특히 기업에서 자라고 있는 MZ세대 리더, '젊은 실용'들에 주목할 필요가 있다. 과거에는 복종과 충성이라는 덕목으로 성장했지만, 새로 자라는 리더들은 통찰과 공정과 창의성을 먹고 자란다. 이들 젊은 실용은 몇 가지 특징을 갖는다.

- **젊은 실용은 투자가 무엇인지를 안다.** 투자를 모르는 정치인들은 국

민의 세금을 함부로 쓴다. 어디에 투자해야 국가와 국민에게 가장 큰 '이익'이 돌아올지를 헤아려 쓸 줄 모른다. 젊은 실용들은 현명한 투자로 국민의 아픔을 덜어 주고, 사회 문제를 효율적으로 해결하고, 나라의 곳간이 차고 넘치게 할 줄 안다. 단순히 경제를 아는 것과 현명한 투자는 다른 것이다. 투자를 알면, 경제 지식은 당연히 따라온다. 예를 들어, "2005년부터 2021년까지 16년간 정부는 280조 원을 쏟아부었지만"[66] 실패했다. ROI(투자수익률)가 매우 낮다. 투자를 아는 사람은 이렇게 투자하지 않는다.

- **강한 실행력이 장점이다.** 비전을 세우는 사람도 많고, 문제가 무엇인지 아는 사람도 많다. 하지만 비전을 구현하고 문제를 풀어 결과를 내는 사람은 극소수에 불과하다. 누구나 꿈은 꾸지만, 꿈을 실현하는 사람은 드물다.[67] 실패가 두렵고, 자원을 어떻게 동원해야 하는지를 모르기 때문이다. 하지만 젊은 실용은 다르다. 두려움 없이 실행하고, 폭망해도 다시 시작한다.

- **동기 메커니즘을 활용한다.** 젊은 실용들은 창업을 같이하여 주식을 나눠 갖는다. 둘이서 창업했을 때, 아이디어를 내고 주도한 사람은 60퍼센트의 지분을 갖고 기술력을 제공한 동업자는 40퍼센트를 갖는 식이다. 이익이 나면 6 대 4로 나누므로 서로 주인이 되어 열심히 뛴다. 이것이 젊은 실용들이 당연히 생각하는 공정한 보상의 동기 메커니즘이다. '명령'과 '지시', '분노'로는 사람의 마음을 살 수 없다. 류성룡이 평안도 소곶역에서 처리했던 '고공책 사건'을 기억하면, 동기

메커니즘이 얼마나 중요한지 알 수 있다.

- **성과에 대해 책임을 진다.** 기업에서 성과가 나쁜 리더는 처음에는 피드백을 받고, 그것이 안 되면 코칭을 받고, 그도 안 되면 인사 조처를 당한다. 성과가 좋은 리더는 그에 상응하는 보상을 받는다. 이것이 자본주의의 근간인 성과주의(meritocracy)다. 정치인들은 성과에는 관심이 없고, 경쟁자 헐뜯는 데만 집중한다. 젊은 실용들에게 성과란 생존의 열매요, 행동의 푯대다.

휘트니 울프 허드의 실행력

휘트니 울프 허드(Whitney Wolfe Herd)는 대학생 때 회사 두 개를 설립한 경험이 있다. 졸업 후 '틴더(Tinder)'라는 데이팅앱 회사를 설립했는데, 동료로부터 성희롱을 당하여 100만 달러의 위로금을 받고 회사를 떠났다. 2014년의 일이다. 회사 설립 경험이 있는 울프는 바로 그해 새로운 데이팅앱 회사 '범블(Bumble)'을 설립한다. 이 앱의 특징은 여성에게 데이트의 우선권을 주는 것이다. "여자가 먼저 선택한다"라는 구호를 내걸고, 여성들에게 안전하고 합리적으로 남자친구를 선택할 수 있도록 했다. 여성에게 우선권을 주는 것에 더하여 '안전한 관계 맺기'를 마케팅 전략으로 내세운 범블은 많은 여성의 마음을 움직여 큰 성공을 거두게 된다.

범블의 성과를 보자. 2016년에 800만 가입자에 1,000만 달러가 넘는 수익을 냈다. 2017년에는 미국 온라인 데이트 시장 점유율 10퍼센트를 넘어섰고, 연평균 70퍼센트의 성장률을 기록한다. 같은 해, 매치 그룹(Match Group)이 범블을 인수하려고 나섰다. 제시한 금액은 4억 5,000만 달러. 하지만 울프는 거절한다. 매치 그룹은 다시 13억 달러를 제시했지만 역시 거절한다. 그 후 2019년 사모펀드 블랙스톤이 범블의 모기업인 매직랩(MagicLab)을 20억 달러에 인수한다. 이것은 곧 범블의 기업가치를 약 30억 달러로 인정하는 결과를 가져왔다.

그리고 코로나19 팬데믹이 닥쳤다. 범블 가입자가 폭발적으로 증가했다. 4,200만 명이 가입했고, 매출은 5억 달러에 이르렀다. 그리고 2021년 기업을 주식시장에 공개한다. 주당 76달러로 거래되면서 기업가치가 86억 달러로 뛰었다. 이로써 울프는 최연소 나이로 기업을 공개한 기록을 남기게 되었다. 그녀는 기업공개로 22억 달러를 벌어 자수성가한 최연소 여성 억만장자가 된다. 이때 나이가 31세였다. 남편 마이클 허드는 텍사스에서 유전을 물려받은 억만장자다.

오늘날 범블은 세계 237개국에서 수천만 명이 사용하는 데이팅앱이다. 이에 더하여, 친구 맺기와 비즈니스 네트워킹을 위한 '범블 BFF' 앱도 출시했다. 단순 데이팅앱의 한계를 극복하기 위한 전략이다. 데이팅앱의 고민은 일단 남녀가 맺어지면 더는 앱을 사용하지 않는다는 것이다. 또 오랫동안 연인 관계가 맺어지지 않아도 좌절하여 탈퇴한다. 특히 쓰기 불편하든가, 안전이 위협받으면 명성을 잃어 브랜드 이미지가 치명적 손상을 입는다. 그러므로 다변화 전략은 당연한 순서다. 상장 후에도 수익은 연 39퍼센트씩 꾸준히 상승했다. 그러던 2023년 11월, 울프는 갑자기 CEO직을 사임하고 이사회 의장으로 물러난다. 신임 CEO로는 슬랙(Slack)의 CEO 리디안 존스(Lidiane Jones)를 영입했다. AI 시대에 걸맞은 앱으로 변신하려는 시도였다.

울프보다 더 성공한 사업가도 많지만 그녀를 내세운 이유는 '젊은 실용'과 잘 들어맞기 때문이다. 서른한 살에 억만장자가 되고, 34세에 CEO를 그만두고 '일상의 번잡함이 덜한' 이사회 의장이 되어 가족과 함께 여가를 즐기며 산다. 모두가 부러워하는 삶이다. 어떻게 이렇게 단기간에 성공할 수 있었을까? 복사가 가능할까? 젊은 실용의 성공 비결은 무엇일까?

돋보이는 비결은 '강한 실행력' 또는 '실행 기술'이다. 꿈을 꾸는 사람은 많지만 그 꿈을 실행에 옮길 줄 아는 사람은 드물다. 대부분 꿈은 꿈으로 끝난다. 꿈을 구현하는 실행력도 기술이다.

대학교 시절에 회사를 세우는 연습을 한 것이 실행력을 높이는 데 주효했다. 사업 아이템을 정하고, 동업자를 모으고, 자본을 끌어오고, 사무실을 정하고, 비즈니스 전략을 세우는 일을 두 번이나 경험했으니, 졸업과 동시에 틴더를 세우는 일은 어려운 일이 아니었을 것이다. 실행력이 결실을 보려면 멘털이 강해야 한다. 그녀의 성공은 성희롱을 이겨 내고, 자금 압박을 극복하고, 망할 것 같은 불안감을 참아 내고, 내부 갈등을 버텨 내고, 인수 유혹을 견뎌 낸 결과다. 성공을 하고 나서도 이러한 도전은 항상 존재하지만 조직이 커지면 시스템이 어느 정도는 흡수해 주므로 여유가 생긴다. 창업 과정에서 울프는 '바두(Badoo)'라는 데이팅앱을 만든 러시아 기업가 안드레이 안드레브(Andrey Andreev)로부터 많은 도움을 받았다. 마케팅 전문가였던 울프가 그간 쌓아 놓은 네트워크가 힘을 발휘한 것이다. 그래도 젊은 나이에 이렇게 치고 나가기가 쉽지 않은데 참으로 대단한 멘털이다.

메시지가 분명한 것도 실행에 도움이 됐다. "여자만이 먼저 좋은 남자에게 메시지를 전할 수 있게 한다"라는 명확한 메시지가 투자자, 고객, 직원 등에게 설득력이 있었다. 분명한 메시지는 빠른 실행을 가능하게 했다. 이것은 통계로도 입증된다. 미국인 18~34세의 남성 가운데 셋 중 하나는 챗GPT를 이용해서 이성 관계에 대한 조언을 구하지만, 여성의 경우는 이 비율이 14퍼센트밖에 안 된다.[68] 또한 미국인의 46퍼센트가 온라인 데이트에 대해 부정적으로 인식하고 있다.[69] 그러므로 온라인 데이트 산업이 레드오션임에도 불구하고 "여성을 위한 안전하고 믿을 수 있는 온라인 데이트"라는 '틈새'가 있었고, 울프는 이 틈새를 잘 포착하여 메시지로 활용한 것이다. 미국에서도 직장 내 성희롱은 심각한 문제다. 특히 테크 산업에서는 더욱 그렇다고 한다. 울프는 소위 '미소지니(misogyny, 여성혐오)'를 직접 체험하고 나서, 건강한 남녀관계를 구축하는 생태계를 만들고 싶었다고 한다.

> 솔직히 말해서, 내 야망은 모욕적 관계에서 나온다. 나는 남자와 건강한 관계를 맺어본 적이 없다. 결국 내가 그런 관계를 만들어 내야 했다. 나는 내 인생에서 남성과의 건강한 데이트를 위한 에코시스템을 구축했다.[70]

이 메시지가 많은 젊은 여성들을 움직였다. 후임 CEO를 여성으로 선택한 것도 우연이 아니다. 남성이 하기는 어려운 사업이다. 이처럼 자신의 처지, 자신의 전공, 자기가 겪고 있는 일, 자신의 역경 등 자기에게 맞는 익숙한 소재를 선택해야 실행하기 쉽다. 이것은 실용주의를 구현하는 하나의 전술이다.

한국의 경우, 마켓컬리의 김슬아 대표도 이와 조금 비슷하다. 하지만 한국 사람이 더 독한 것 같다. 미국 기업인들은 아무리 고생해도 김 대표가 임직원들에게 종종 얘기한다는 "필사즉생(必死卽生)"[71] 같은 무시무시한 말은 하지 않는다. 우리는 너무 쉽게 목숨을 거는데, 이것도 이념이다. 이순신 장군은 목숨을 건 전투가 목전이었고 병사들이 하도 도망가서 그런 말을 할 수밖에 없는 상황이었지만, 사업에서 그런 말을 하는 것은 실용주의 리더십과 거리가 멀다.

배달의 민족의 김봉진 창업주가 더 실용에 가까운 것 같다. 배달의 민족에서는 무시무시한 말을 하지 않는다. 즐겁고 재미있는 조직문화를 앞세운다. 최근에 다시 커피믹스 카페를 열었다니 그 창의적 아이디어가 놀랍다. 더욱이 재산의 절반 이상을 사회에 기부하기 위해서 부인과 함께 '더 기빙 플레지(The Giving Pledge)'에 5,500억 원 기부 서약을 한 것은 그의 품성을 더욱 돋보이게 하는 행동이다. 회사를 물려받은 금수저들은 이렇게 기부할 줄 모른다. 태어날 때부터 부자라서 '세옹지마' 경험이 없기 때문일 것이다. '우아한 형제들'이 멋지게 일어선 것은 불과 10년여 만의 일이다. 그의 나이가 지금 40대 후반이니 30대에 치고 나갔다는 얘기다. 놀라운 실행력이다.

마크롱의 실력과 진실함

바이든, 트럼프, 푸틴, 시진핑 등을 보고 있노라면 왜 세계의 리더들이 이렇게 나이가 많은가 의아하겠지만, 또 다른 한편에서 젊은 리더들이 속속 등장하고 있다. 뉴질랜드의 저신다 아던은 37세에 총리를 맡아 코로나19를 모범적으로 이겨 낸 실용주의 리더였다. 1985년생 산나 마린(Sanna Marin)도 34세에 핀란드의 최연소 총리직을 수행했는데(2019~2023년), 재임 중 개인 아파트에서 춤추는 비디오가 유출되는 등 젊은 리더로서 심심찮은 기삿거리를 제공했다. 아일랜드의 리오 버라드커(Leo Varadkar)는 38세에 총리가 된 인물로서, 아버지가 인디언이고 최초의 게이 총리라는 기록을 남겼다. 모두 30대의 특징인 실용주의를 잘 보여 주는 '젊은 실용'의 희망이지만, 비교적 '단명'했다는 점은 아쉽다고 할 수 있다. 젊은 실용의 약점인 지구력 부재의 결과라고 보여진다.

아무래도 가장 주목받는 젊은 실용은 프랑스의 마크롱 대통령일 것이다. 그는 2017년 39세의 나이에 혜성같이 프랑스 대통령에 당선됐다. 프랑스 역사상, 나폴레옹 이후 최연소 대통령이었다. 그는 '전진하는 공화국(La République En Marche, LREM)'이라는 중도 실용주의 정당을 만들어, 우파였던 '국민연대' 당의 마린 르팽(Marine Le Pen)을 물리치고 대통령에 당선됐다. 대통령에 재직하는 동안 마크롱은 심한 저항에도 불구하고 노동법 개혁, 연금 개혁, 교육 개혁 등을 추진했고 유럽연합 확장에 노력했다. 무엇보다도 중국, 독일, 이탈리아, 호주 등 세계 여러 나라와 무역 확대에 힘썼다. 그가 남달리 경제에 집중했던 이유는 그의 경력과 관련이 있다.

마크롱은 본래 2004년 석사학위를 받고 나서 재무부 감찰총국에 감찰관으로 취직했는데, 당시 감찰국장이던 장 피에르 쥬예(Jean-Pierre Jouyet)가 그의 멘토를 맡는 등 장래가 촉망되는 젊은 리더였다. 하지만 그는 2008년 감찰관 직책을 던지고, 고액 연봉을 받으며 투자은행인 로스차일드 은행에 취직한다. 여기에서 그는 뛰어난 실력을 발휘하여 일련의 인수합병을 성공시킨다. 그는 코피디스(Cofidis), 르 몽드(Le Monde), 지멘스 IT솔루션의 아토스(Atos), 화이자의 어린이 영양식 부문 등의 인수를 중재하면서 개인적으로 총 100억 원 정도의 수입을 올렸다.

하지만 억만장자가 된 마크롱은 2012년 로스차일드 은행을 떠난다. 그리고 다시 정치에 뛰어들어 재무부 국장 정도의 관직을 맡았다가, 2014년 경제산업부 장관에 임명된다. 30대 중반의 나이였다. 마크롱은 장관으로서 줄곧 친 기업 정책을 편 것으로 유명하다. 아마도 그의 투자은행 경력이 이유겠지만, 기본적으로 그가 실용주의 리더였기 때문이라고 보는 것이 더 타당할 것이다. 실용주의 리더가 보는 사회적 부 축적의 기본 공식은 “기업이 돈을 많이 벌어 세금을 많이 내면, 국가와 국민이 그만큼 잘살게 된다”이다. 대학 때부터 계속 경제와 재무 쪽에서 ‘인생각성사건’을 경험해 온 것이 실용주의 공식을 내면화하는 데 도움이 된 것으로 볼 수 있다.

그의 실용주의 성향은 소위 마크롱 법(Macron Law)에서 잘 드러난다. 이 법안 패키지는 일요일과 야간 근무 허용, 대중교통의 규제 개혁, 그리고 채권 회수자·바리스타·경매인에 대한 규제 철폐 등 지나친 규제를 완화하는 법안들뿐 아니라, 운전면허 취득 절차 간

소화까지도 포함하는 이념으로 점철된 생활법을 정상화하는 종합 개혁 패키지였다. 좌파였던 프랑수아 올랑드(Francois Hollande) 대통령 시절, 일보다 사람이 먼저라면서 지나치게 기업을 옥죈 것을 '기업 경쟁력과 인권의 균형' 차원에서 정상화했던 것이다.

마크롱은 어떤 이념에도 흔들리지 않는 온전한 실용주의 삶을 살아왔다. 예를 들어, 그는 15세 학생 때 24세나 많은 39세 선생님 브리지트 트로뇌를 만나 사랑에 빠지고 결국 2007년 결혼까지 하게 된다. 그녀는 전 남편과의 사이에 세 명의 자녀를 두고 있었다. 한국인 중에는 이 뉴스를 처음 접했을 때, 큰 충격을 받은 사람들이 많았다.

한국인은 대부분 프랑스라서 가능한 일이라고 말할 것이다. 하지만 이것은 실용주의의 현재성 차원에서 보면, 충분히 가능한 일이고 전혀 이상한 일이 아니다. 현재성이란 진실함(integrity)을 전제로 한다. 문제를 직시하는 것도 진실함의 눈으로 봐야 진리를 볼 수 있다. 이렇게 보면, 나이나 결혼 경력 그리고 전 남편의 자녀 등의 조건을 걷어 내고, '사랑'이라는 '진실함'에 충실한 실용주의자의 참 모습을 마크롱에게서 보게 된다.

마크롱은 젊은 실용의 네 가지 특징들을 대부분 갖췄다. 투자은행에서 근무한 경험에서 '투자 지식'을 확보했고, 마크롱 법의 입법 성공으로부터 '강한 실행'의 증거도 본다. 저항 세력과 타협하는 과정에서 '성과에 대한 책임 의식'도 확인할 수 있었다. 마크롱 대통령은 젊은 실용의 상징이다.

4장

프래그매틱스의 실천

콘퍼런스

2018년 8월 10일부터 닷새에 걸쳐 시카고에서 미국 경영학회 콘퍼런스(Academy of Management Conference)가 열렸다. 한국을 비롯한 세계 각국에서 온 교수와 박사과정 학생들이 모여 논문을 발표하고 열띤 토론을 벌였다. 박사 후보를 ABD(All But Dissertation)라고 하는데, 논문 통과 빼고 모든 과정을 마쳤다는 뜻이다. 졸업을 앞둔 ABD들은 콘퍼런스에 오면 교수직을 얻기 위해 인터뷰하느라 식사도 거른 채 호텔방 여기저기로 뛰어다니기도 한다.

참가한 교수들도 한가하지는 않다. 논문 공저자 할 만한 사람을 찾아 주제를 조율하느라고 여념이 없다. 저녁에는 동문끼리 모여 술잔을 기울이며 정담을 나누기도 하고, 가족과 함께 온 교수들은 멋진 레스토랑을 찾아 식사하면서 도시의 풍광을 즐기기도 한다. 모이기 좋아하는 한국 학자들은 하루 저녁을 따로 잡아 모여 각종 정보를 나누면서 네트워킹을 한다. 이처럼 학술 콘퍼런스는 다양한 목적을 갖는 학자들의 축제다.

그해 여름, 나도 그 콘퍼런스에 참여했다. '정(情)과 우리에 기초한 한국형 리더십 스타일'이라는, 글로벌 학자들의 눈으로 볼 때는 좀 생뚱맞은 논문을 발표하기 위해서였다. 발표하기 전에 미국 대학에서 강의하고 있는 친한 교수들과 만나 많은 얘기를 나눴는데, 모두 한국에 관한 관심이 높아지고 있다며 부러워했다. 한국형 리더십에 대해서도 큰 관심을 보였다. 흥미로운 주제가 아니면 논문 발표장에 사람들이 많이 모이지 않는다. 사회자만 두고 발표했다는 한 교수의 씁쓸한 경험담을 들은 적도 있었다. 내 논문 발표장에도 사람이 별로 없을 것 같아 걱정했는데, 의외로 50명 좌석이 꽉 차 있었다. 다른 세 편의 논문이 같이 발표하게 되어 있어서 그들을 보려고 온 사람도 있었고, 내 논문에 관심이 있어 온 사람들도 꽤 많았다.

발표 자체는 잘 끝났다. 한국형 리더십과 같은 논문은 크게 논쟁할 거리가 없다. 다른 나라와 비교한 것이 아니라 한국의 표본만을 가지고 한국 사람들의 리더십 인식을 도출했으므로, 한국 이외의 나라에서도 한국형 리더십이 통할까에 질문이 모일 것으로 예상했다. 그런데 뜻밖에도 청중으로 참석한 미국의 한 유명 대학교수의 다음과 같은 질문이 나를 당황하게 했다.

> 한국은 지난 50여 년 동안 경제적으로 고도성장을 하고 민주화를 이뤘는데, 한국을 대표하는 사상 또는 철학은 무엇인가요?

나는 경영학자이지 철학자가 아니라고 둘러댔지만, 그는 집요하게 한국의 대표적 사상이 무엇이냐고 물어 왔다. 한국에 대해 꽤 많이 아는 학자 같았다. 그의 지속적인 질문에 몰려 나는 다음과 같은 답을 하고 말았다.

> 한국을 대표하는 사상은 '유교(Confucianism)'라고 볼 수 있을 것 같습니다. 한국 이전에 조선이라는 나라가 있었는데, 그때 유교가 크게 번창했고 지금까지 관행이 남아 있습니다.

이 답을 듣자마자 맨 앞자리에 앉았던 중국인 교수가 비웃는 듯한 표정을 지으며 끼어 들었다.

> 아니, 유교가 어떻게 당신네 건가요? 그것은 우리 중국의 사상인데요?

나는 순간 말문이 막혔다. 이런 때는 초점 없는 말을 많이 하면서 빠져나갈 기회를 엿봐야 한다. 주저리주저리 버벅거리다가 다음과 같이 둘러댔다.

> 물론 중국 것인데, 우리가 받아들여 '한국적'으로 만들었다. 그래서 우리는 유교를 영어로 말할 때, 'Confucianism'이라고 하지 않고, 'Konfucianism'이라고 한다. 중국에서는 첫 글자를 'C'로 하지만 우리는 'K'로 시작한다.

이 말에 청중이 한바탕 크게 웃었다. 그 바람에 논쟁은 저절로 끝이 났다. 하지만 발표가 끝나고 나서도 마음은 내내 찜찜했다.

'Konfucianism'은 내가 쓴 과거의 논문에서 제안했던 것이었다. 참으로 궁색한 답변이었다. 나를 궁지에 몰아넣은 것이 미안했던지 처음 질문한 미국 교수가 발표 뒤에 웃으며 내게 다가와 좋은 발표였다면서 위로했다.

한국에 돌아온 후에도 '우리의 사상은 무엇인가?'라는 질문은 나의 뇌리를 떠나지 않았다. 역사학자나 철학자를 만나 물어봐도 확실한 답을 얻지 못했다. 특히 필자가 항상 존경하는 어느 철학자에게 '한국인의 대표 사상이 무엇이냐'라고 물었더니, 다음과 같이 한 마디로 답을 해서 어리둥절한 적이 있었다. "없습니다!" 그냥 없다고 말하는 것이 아니라 그는 힘주어 '없·습·니·다!'라고 말했다. 아마 자기도 뭔가 뚜렷한 답을 못 찾고 '없다'라고 얘기할 수밖에 없는 처지가 아쉬웠던 모양이다. 그 후로도 계속 묻고 또 찾았지만 확실한 답을 얻지 못했다.

한 나라를 대표하는 사상이라면, 개념이 뚜렷해야 하고, 그 사상을 가지고 살았던 역사적 궤적이 오늘날까지 관통하고 있어야 하며, 오늘을 사는 사람들의 생각과 행동에도 크게 영향을 미치고 있어야 한다.

유교적 질서가 영향을 미친 것은 사실이지만 우리 사상이라고 하기에는 문제가 많다. 첫째는 우리의 독립적 사상이 아니고, 둘째는 부정적 인식이 많아 한국의 성취를 설명하기 힘들며, 셋째는 제도적 규제는 있었지만 인구의 5퍼센트 정도밖에 안 되었던 양반 중심으로 이어져서 사회 저변의 치열한 삶을 반영하지 못했고, 넷째는 나라가 위기에 처했을 때 별로 역할을 하지 못했으며, 다섯째는 오늘날과 같은 글로벌 시대에 세계시민의 정서에 맞지 않고 미래를 책임질 수 있는 사상이라고 확신할 수도 없기 때문이다. '홍익인간'도 생각해 봤는데 역사적 궤적을 찾기 힘들었다. 그 외에도 많은 후보를 찾아봤지만, 외국인들에게 자신 있게 설명할 수 있는 한국 고유의 사상 체계를 찾을 수 없었다.

그렇다면 우리는 이유 없이 발전했다는 것인가? 후진국에서 선진국으로 빠르게 성장한 것은 우연의 결과였는가? 아니면 우리의 노력 때문이 아니라 소위 '외세'의 도움 때문이었던 것인가? 이들 질문에 답할 수 없다면, 우리는 목적 없이 떠다니는 유령선이 되고 말 것이라는 느낌이 들었다.

K-프래그매틱스

한국인은 기록의 민족이다. 역사학자들은 참 힘들 것이다. 읽을 것도 많고 찾아봐야 할 문헌도 많다. 역사학을 전공하지 않아서 얼마나 다행인지 모른다. 그런데 어찌하다가 내게 역사 기록물들을 찾아보는 습관이 생겼다. 『조선왕조실록』을 20여 년 동안 읽고 있고, 『백범일지』, 『열하일기』, 정약전과 정약용의 기록물들, 『난중일기』, 『대동야승(大東野乘)』, 『승정원일기』, 그리고 『징비록』과 주변 기록물 등을 읽었다. 이외에도 읽고 싶은 기록물은 훨씬 더 많고 다양하다. 한국인은 기록에 미친 민족이다.

이 짧은 독서 전력을 통해서 느낀 점이 두 가지 있다. 하나는 우리 민족이 옛날부터 '역사를 의식'하는 민족이라는 것이고, 다른 하나는 우리 역사를 관통하는 '공통된 행동 패턴'이 존재한다는 사실이다. 전자는 그 많은 기록을 남겼다는 사실 자체가 역사의식의 확실한 증거다. 『조선왕조실록』 888권을 왜 기록으로 남겼으며, 임금이 그 내용을 볼 수 없도록 목숨 걸고 막았던 이유를 역사의식 말고 다른 말로는 설명할 수가 없다.

후자의 공통된 행동 패턴이란 생생지락의 실용주의를 말한다. 위의 기록물들을 읽어 보면, 실용주의를 빼놓고는 글을 쓴 이유와 글의 내용을 설명할 수 없다. 내용 대부분이 백성의 살아가는 이야기, 안위에 관련된 사건과 사고, 백성에게 영향을 미치는 제도와 정책 이야기다. 『조선왕조실록』 같은 정사가 그럴진대, 『대동야승』 같은 야사는 더 말할 것도 없다. 『징비록』, 『난중일기』, 『양화소록』, 『일성록』, 『열하일기』, 『자산어보』 어디에도 그 흔한 성리학 이념이나 미래 비전이나 이기적 술수는 찾아볼 수 없다. 모두가 백성의 살아가는 모습을 그대로 담았다. 이것을 실용주의 말고 다른 무엇으로 설명할 수 있을까! 물론 같은 글이라도 읽는 사람에 따라서 다르게 해석할 수 있으니, 이 주장에 대해서는 앞으로 많은 검증을 거쳐야 할 것이다. 하지만 조선 시대 지식인들이 읽은 것은 사서삼경이었지만, 쓰고 기록한 것은 생활 속 이야기였다는 것을 부인할 수는 없을 것이다.

앞에서 우리나라 실용주의 계보를 세종대왕, 류성룡, 이순신, 정약전 등으로 제시했지만, 이들은 단지 대표선수일 뿐이다. 이들이 내게 익숙하고 독자들에게도 이미 잘 알려진 위인들이어서 편의

상 대표로 내세웠을 뿐이다. 이들 말고도 우리 역사에 실용적 리더는 차고 넘친다. 언젠가 여기에 인용되지 않은 다른 리더들에 관한 연구도 수행하여 전체 모습을 소개할 수 있기를 바란다.

한국사에서 실용주의가 면면히 이어져 온 이유는 주변국가의 끊임없는 도전 때문이었다. 중국은 '모든 것이 중국 중심으로 이뤄진다'라는 중화사상을 내세워 주변국들을 오랑캐 족으로 규정하고 압박했다. 자기중심적 나르시시즘이었지만, 중국의 힘이 워낙 컸고 또 조선의 관점에서는 조선, 중국, 일본이 세계의 전부였던 시대였으므로, 지금처럼 다른 힘센 나라와 동맹을 맺어 중국에 맞설 만한 '슈퍼파워'도 없었다.

이 어려운 상황에서 조선이 선택할 수 있는 것은 제한적이었다. 흔히 조선이 중국에 지나치게 낮은 자세였다고 지적하는 사람들도 있지만 꼭 그렇게만 볼 수는 없다. 조선은 대체로 매우 '실용주의적'으로 대응했다. 사대주의를 선택한 것은 불필요한 마찰을 피하고 실리를 얻으려는 실용주의적 판단이었다. 물론 신하 중에는 사대주의를 이념화하여 본래의 실용적 목적을 망각한 사례도 없지 않았지만, 고된 일상을 살아 내야 했던 백성들 대부분과, 사회 지배층 중에서도 정신이 똑바로 박힌 사람들은 사대주의를 국가적 생생지락의 수단으로 봤다.

왜 몽골처럼 군대를 강하게 키워 중국을 정복하지 못했느냐고 아쉬워하는 사람도 있지만 당시 상황으로 봤을 때, 그것은 실리가 없는 전략이고 실용주의에도 맞지 않는다. 만약 조선의 어느 왕이 중국을 정복했다면, 지금 우리는 중국 일부가 되어 중국의 역사를 배우고 있을지도 모른다. 여진이 금나라를 세워 중국을 통일한 뒤, 여진은 역사에서 사라졌다. 중국을 정복한 나라는 중국이 되었다.

중요한 것은 이러한 중국의 도전에도 불구하고 조선이 독립성을 유지하려고 부단히 노력했다는 점이다. 독립 정신은 독자적으로 국가를 유지하는 데 필수 요건이며, 실용주의와 맥을 같이하는 정신이다. '한글'은 한민족이 중국과 다른 민족임을 보여 주는 가장 확실한 실효적 징표다. 만약 우리가 한글이 아닌 아직도 한문을 쓰고 있다면 중국 시진핑 주석이 허언을 할 때, 우리가 역사적으로 독립성을 유지해 왔다는 것을 증명하기 어려웠을 것이다.

조선은 중국의 도전 이외에도 굶주림, 임진왜란, 병자호란, 그리고 말기에는 열강의 도전에 맞서야 했다. 류성룡 사례에서 봤듯이, 이 도전들을 이겨 내게 한 무기는 역시 실용주의였다. 조선 지배층의 학습 교재였던 성리학은 이 도전들을 극복하는 데 아무런 도움을 주지 못했다. 효험이 있는 무기는 현재성, 합리성, 유연성, 실효성을 모델로 하는 실용주의뿐이었다. 문제를 받아들이고, 치밀하게 분석하여, 상황 변화에 유연하게 적응하면서 한 땀 한 땀 실효성 있는 결과를 만들어 냈다. 이 무기가 없었다면 오늘의 한국은 존재하지 않았을지도 모른다.

중국의 덩샤오핑은 실용주의를 선택했다. 이 선택으로 중국은 경제발전의 기틀을 마련했다. 하지만 최근 시진핑 주석의 혁신주의가 중국 실용주의를 잠식하고 있다. 소리 소문 없이 다른 나라에 위협을 주지 않으면서 실용주의를 발전시킬 수도 있었을 텐데, '중국몽', '일대일로' 등 거대한 담론을 내세워 요란하게 추진하다 보니 미국 등 다른 나라들로부터 많은 공격을 받는다. 즉 중국의 실용주의는 이념화되고 말았다. 그들의 실용주의는 세계를 지배하여 자기 마음대로 하겠다는 '중화주의' 이념에 의해 오염됐다. 이것이 중국식의 이념화된 실용주의다.

반면 한국의 실용주의, 즉 K-프래그매틱스는 힘을 모아 생생지락을 추구하는 '상생형 실용주의'다. 내가 부를 쌓아 '너를 지배하겠다'라는 중국식 실용주의가 아니라, '내가 잘살면 너도 잘살 수 있다'라는 상생의 관점이다. 프래그매틱스란 실용주의 리더를 일컫는다. K-프래그매틱스는 한국의 상생형 실용주의 리더를 뜻한다.

K-프래그매틱스 vs. 미국식 실용주의

물론 실용주의의 원조는 미국이다. 1620년 11월 21일, 메이플라워호가 미국 매사추세츠주 보스턴 근처 케이프코드(Cape Cod)에 도착했다. 도착한 첫 겨울, 102명의 필그림(Pilgrim) 중 45명이 기아, 추위, 질병으로 사망했다. 그 후에도 영국으로부터 독립을 쟁취하고, 헌법을 만들고, 흑백 갈등을 해결하는 과정에서 수많은 도전에 직면했다. 미국인들은 이 도전을 극복할 수 있었던 힘이 실용주의에서 나왔다고 믿는다. 우리가 중국, 기아, 전쟁, 열강의 도전을 상생형 실용주의로 이겨 냈듯이, 미국인들은 자신들이 직면한 도전을 미국식 '공격적 실용주의'로 이겨 냈다.

미국의 실용주의는 우리보다 더 공격적이다. 국가나 국민을 위한 문제해결에 도움이 된다면, 그것이 논란이 될 만한 문제라도 적극적으로 받아들인다. 나치 정권에 앞장선 과학자들을 NASA를 부흥시키기 위하여 적극적으로 받아들인 것이나, 범죄 형량을 정할 때 '플리바겐(plea bargain)', 즉 협의를 인정하거나 증언하는 대가로 형량을 줄여 주는 제도를 19세기 중반부터 세계 최초로 운영해 온 것, 그리고 돈 많은 기업이 미국에 투자할 때 막대한 세금이나 보조금 혜택을 제공하는 것 등은 다소 논란을 일으킬 만한 측면이 있지만, 최종 결과가 국가와 국민에게 유리하면 수용하는 미국식 공격적 실용주의 관행들이다.

K-프래그매틱스는 미국의 실용주의처럼 공격적이지는 않다. 그 이유는 아마도 역사적 차이 때문일 것이다. 우리에게는 미국과 같은 과감한 개척과 정복의 경험이 없다. 미국은 이 개척과 정복의 과정에서 실용주의에 공격적 DNA가 접목된 것으로 보인다.

우리의 실용주의는 조선 시대에는 성리학의 끈질긴 방해를 받으며 생존했다. 지배층의 압박과 전쟁, 그리고 자연재해에 대응하면서 백성들이 함께 뭉쳐 실용주의를 이어 왔다. 현대에 들어와서 한국의 실용주의는 제 모습을 찾아가고 있다. 기업들이 세계로 뻗어 나가고, 민주주의와 자본주의가 정착되면서 끼를 가진 국민이 마음껏 뛸 수 있는 실용주의 광장이 펼쳐진 것이다. 최근 세계인의 관심을 끌고 있는 K-팝, 드라마, 영화, 음식 등은 한국 실용주의의 성과다. 정치권만 잘하면 한국의 브랜드인 'K'는 앞으로 '골든 K'가 될 텐데, 그들이 항상 발목을 잡는다.

오늘날 한국인들은 상생형 실용주의 또는 생활 실용주의에 푹 빠져 있다. 역세권을 우리만큼 좋아하는 나라가 있을까? 교통 편의로 역 주변의 부동산이 인기가 있기 마련이지만, 우리처럼 역과 바로 연결되는 아파트나 건물이 있는 나라는 드물다. 아울러 정보 공유가 광속으로 이뤄진다. 한데 모여서 비교하기를 좋아하는 특성 때문일 것이다. 자녀의 동창 엄마들이 한번 친분을 맺으면, 그 안에서 수많은 정보교환이 이뤄지고 이 관계는 평생을 이어지기도 한다. 저녁 11시 전까지 주문하면 아침 7시 전까지 문 앞에 식료품이 배달되는 나라는 흔치 않다. 고려 때부터 시작됐다는 호적 제도도 순식간에 깨부수고, 제사도 이제는 여러 조상을 하루에 몰아서 지낸다. MZ세대는 시부모와 처가를 챙기는 것 없이 편리하게 각자 자기 가족만 챙기기도 한다. 한국만큼 생활 서비스가 잘 되어 있는 나라도 없다. 세탁기 고장 났다고 전화했더니 다음 날 기술자가 와서 바로 고쳐 준다. 이 경우 미국에서는 보통 두 달쯤 걸린다. 이쯤 되면 '실용주의의 나라'라고 해야 하지 않을까!

한국의 실용주의가 가장 선명하게 나타나는 분야가 'K-컬처'다. 여기에는 실용주의의 현재성, 합리성, 유연성, 실효성이 뚜렷이 드러난다. 가령 한국 가수 중 최초로 글로벌시장을 석권한 싸이의 〈강남스타일〉을 보자. 이 음악은 싸이가 유건형 씨의 도움을 받아 DIY로 만든 곡이다. 이 곡 안에는 한국인의 통찰과 센스가 깊이 스며들어 있다. 가사도 '오빠', '강남' 등의 한국어를 그대로 사용하는 도전성을 발휘했다. 조수현 씨가 연출한 〈강남스타일〉 뮤직비디오는 2023년 말 기준으로 50억 뷰를 넘었다. 이 뮤직비디오에는 말춤과 같은 한국적 창의성이 엿보인다. 싸이의 실황 콘서트에서 경험할 수 있는 신바람 나는 장면들을 창의적으로 연출했다.

K-컬처의 가장 큰 특징은 이들이 모두 집단으로 행동한다는 점이다. 온갖 사람들을 끌어다가 함께 춤추고 노래하면서 신바람 나는 무대를 연출한다. 한국인에게 고유한 신바람은 글로벌 학계에서 별로 연구되지 않은 '집단 동기부여' 현상이다. 한국인들은 함께 먹고 함께 어울려 춤추고 노래하면서, 외부의 압박과 도전에 함께 대응하면서 살아왔다. 이 과정에서 자연스럽게 일구어진 사상이 상생형 실용주의, 즉 K-프래그매틱스이다.

조선 시대 인구의 5퍼센트에 해당했던 양반층은 성리학 이념으로 기득권을 유지했지만, 95퍼센트에 해당하는 일반 백성은 먹고 사는 문제를 해결하기 위해서 실용주의 원리에 따라 서로 의지하며 살 수밖에 없었다. 그렇다면 우리는 묻지 않을 수 없다. 과연 어느 쪽이 진정한 조선인가? 5퍼센트를 이룬 양반의 조선인가, 아니면 95퍼센트를 차지한 일반 백성의 조선인가?

K-프래그매틱스의 실천

프래그매틱스는 통찰, 공정, 창의, 성과를 실천하는 리더다. 앞에서 다양하고 구체적인 사례를 살펴봤다. K-프래그매틱스는 이들을 한국 상황에 맞춰 발휘하는 리더들이다. 하지만 독자들은 이런 생각이 들 것이다.

다양한 사례들을 읽어봤지만 내가 따라 하지는 못할 것 같다. 나의 얘기가 아니니까. 따라 해봐도 달라질 게 없을 테니까. 지금도 큰 문제는 없으니까.

이런 생각이 드는 사람은 이념이나 환상에 사로잡힌 사람이다. 아니면 이기적인 사람이다. 하지만 한국에서 계속 살아가려면 실용주의의 갑옷을 입는 것이 유리하다. 그렇지 않은 사람은 계속 손해 보는 인생을 살게 될 것이기 때문이다.

실용주의 리더가 되기 위해서는 개인의 노력과 조직의 지원이 동시에 필요하다. 또한 국가의 지원도 요구된다. 이에 대해 리더 '개인이 할 일', '조직이 할 일', '국가가 할 일'로 나누어 설명해 보고자 한다.

개인이 할 일

프래그매틱스 계발에서 가장 중요한 것은, 리더십 계발이 '100퍼센트 리더 자신의 책임'이라는 점을 인식하는 것이다. 회사에서 해주는 교육은 별로 효과가 없다. 코칭 효과도 일시적이다. 인생을 바꾸는 것은 자기 결정에 의한 자기 경험에서 나온다. 따라서 실용적 리더가 통찰, 공정, 창의, 성과를 달성하는 능력을 터득하기 위해서는 리더의 자기 경험과 노력이 절대적으로 필요하다. 즉, 리더십 계발은 '리더 자신의 책임'이다. 통찰, 공정, 창의, 성과 각각에 관해서 '개인이 할 일'을 하나씩 구체적으로 살펴보자.

① 통찰: 자기 회사를 설립하라

회사를 소유한다는 것은 남을 위해서 살기로 했다는 뜻이다. 기업이란 고객을 위해 제품을 만들고, 종업원을 위해 돈을 벌어 월급을 줘야 한다. 모두 남을 위한 일이다. 자기가 모두 다 하고 자기만 고객인 회사는 없다. 자기만을 위한다면 남 밑에 들어가 시키는 일이나 하면서 월급 받으며 사는 것이 낫다. 회사를 차리면 모든 것을 자기가 주도적으로 해야 한다. 회사를 유지하고 성장시키기 위해 스스로 생각하고 결정하고 행동해야 한다. 무엇보다도 모든 결과에 대해 자기가 책임을 져야 한다. 스트레스와 불안감이 매일 압박한다. 하지만 이보다 더 좋은 '통찰' 훈련은 없다. 처음부터 끝까지 모든 것을 자기 책임하에 실행하다 보면, 시야가 넓어지고 전체를 보게 되며, 문제와 기회를 다양한 관점에서 조망하게 된다. 통찰력을 개발하는 데 DIY만 한 것이 없다.

한국에서는 회사 세우는 데 최소 자본금 요건이 사라져 용돈 수준만 있어도 된다. 회사 설립 절차를 알아보고, 어떤 회사를 세울지 고민해 보고, 누구에게 무엇을 팔지를 조사하는 과정에서 자연스럽게 학습이 발생한다. 사소한 아이디어라도 일단 실천해 봐야 한다. 예를 들어, '㈜네임독'은 어떨까? 개 이름도 잘 지어야 오래 살지 않을까?

남의 회사에 다니는 사람일수록 이런 시도는 꼭 필요하다. 자기 회사는 독립적 사고력을 유지할 수 있게 한다. 퇴직 후 남는 것은 결국은 자기 것뿐이다. 화려했던 직장 생활의 성과나 기록은 모두 남의 것이 된다. 직장에 다니면서도 항상 '자기 회사 설립' 기회를 엿봐야 한다. 실패도 해보고 고난도 겪어 봐야 한다. 저녁 시간과 공휴일은 모두 자기 회사를 위한 시간으로 활용하라. 혼자 하기 힘들면 동업해도 좋다.

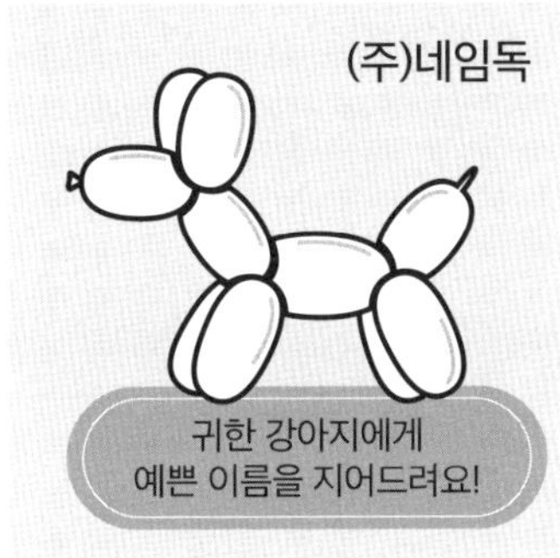

회사로서도 임직원의 자기 회사 설립을 나쁘게 볼 필요가 없다. 한때 사내벤처가 유행했던 적이 있었다. 그때 포스코 1호 벤처 '마이다스아이티' 같은 좋은 회사가 나왔다. 임직원들에게 자기 회사 차려서 운영하라고 하고, 잘될 것 같은 데는 오히려 투자를 해주는 것이 상생형 K-프래그매틱스에 맞는다. 통찰력 향상 훈련 차원에서 자기 회사 설립을 적극적으로 추진할 필요가 있다. 공익단체를 설립하는 것도 좋다. 3M은 자기 아이디어를 탐구하는 시간으로 근무 시간의 25퍼센트를 허용한다. 회사가 하루 두 시간을 자기 아이디어를 탐구하는 데 제공하는 것이다. 자기 회사 설립 제도와 비슷한 발상이다. 메타 등 미국 대기업들은 직원들이 세컨드 잡(second job) 갖는 것을 허용한다. 회사가 어차피 평생 고용을 보장해 주지 못하므로 비근무 시간에 미래를 준비하는 행위를 허용하는 것이 옳다는 판단에서다.

② 공정: 의사처럼 진단하라

리더가 공정성을 유지하기는 쉽지 않다. 아무리 공정해지려고 노력해도 누군가는 불공정을 느낀다. 특히 이념족은 자기편 말고는 모두 불공정하다는 편견이 있어서 더욱 어렵다. 또한 혁신족은 리더에 대한 충성심으로 불공정 인식을 왜곡한다. 실용적 리더는 의사와 같은 냉철한 진단으로 공정성을 유지한다.

공정성은 우선 리더의 윤리적 행동에서 시작한다. 의사는 윤리를 생명처럼 여긴다. 즉, 리더가 비윤리적이고 이기적으로 보이는 순간, 부하들은 리더의 어떤 말도 신뢰하지 않게 된다. 여기에 제시한 모든 공정성 확보 노력은 리더 자신의 도덕성과 윤리성을 전제로 한다.

실용적 리더가 부하에 대한 업무 배분, 평가, 교류, 보상과 벌의 분배 등에서 공정성을 유지하는 원리는 세 가지다. 하나는 철저한 분석이고, 다른 하나는 설명이고, 또 다른 하나는 동기부여 기제를 설계하는 것이다. 자기 훈련을 통해서 이들을 계속 단련해야 한다. 스스로 실험하고 고민해야 성장하게 된다.

우선 철저한 분석이 공정성을 제대로 확보할 수 있게 한다. 데이터나 정확한 정보 없이 감으로 판단하면 공정성을 지킬 수 없다. 철저히 분석하여 진실을 보지 못하면 이념에 휩쓸리고 쓸데없는 환상에 목숨을 걸게 된다. 공정성의 꽃은 명확한 진실의 토양에서 피어난다. 이것은 마치 의사가 환자의 병을 진단하는 것과 같다. 환자의 병을 정확히 진단하기 위해 의사는 여러 검사를 통해 데이터를 수집하고, 또 면담을 통해 분석한 결과에 따라 무슨 병인지를 확진하게 된다.

때로는 아무리 철저히 분석해도 불확실한 상황에서 판단해야 할 때가 있다. 이때도 리스크가 무엇인지를 정확히 알고 선택해야 한다. 리스크를 알면 플랜 B를 준비하고, 리스크를 줄이기 위한 대책도 마련할 수 있다. 이런 준비가 있어야 결과가 나온 뒤, 과정이 '공정했다, 정당했다'라는 평가를 받을 수 있다. 주먹구구식 행동은 실용주의 리더의 행동 법칙이 아니다.

또한 리더는 자신의 모든 선택과 결정을 명쾌하게 설명할 수 있어야 한다. 이것은 근거를 필요로 한다. 인사 평가를 할 때도 피평가자의 행동이나 사건을 일기 형식으로 자세히 기록해 둬야 근거를 가지고 공정한 평가를 할 수 있다. 보상이나 벌도 근거가 있어야 수긍한다. 업무를 분담시킬 때도 마찬가지다. 누가 왜 그 업무를 맡아야 하는지를 설명할 수 있어야 한다. 리더가 '자기 마음대로', '변덕스럽게', '편견을 가지고' 등의 비판을 받는 이유는 근거를 제시하지 못하기 때문이다. 인사고과에서 A+를 기대하고 있던 부하 직원이 B+를 받았을 때, 리더가 피드백해 주기 싫어서 장기 출장을 가 버리는 예도 있다. 나중에 열기가 식으면 직원을 불러놓고 '미안하다, 다음에 잘해 줄게' 식으로 모면하고 넘어간다. 이는 실용주의 리더의 행동 법칙이 아니다. K-프래그매틱스는 불공정을 느끼는 직원을 피하지 않는다. 불만을 직시하고 충분히 설명하고 설득하는 것이 실용주의 리더의 행동 법칙이다. '다음에 잘해 줄게' 식으로 대충 넘어가는 것은 조커 리더의 행동이다.

실용적 리더는 또 류성룡의 고공책과 같은 동기부여 기제를 잘 설계한다. 공정성만으로 리더의 역할을 다 했다고는 할 수 없다. 공정의 바탕 위에 직원들의 의욕을 끌어올리는 노력이 필요하다. 예컨대 '성과 보수', '파트너십', '합의된 지분' 등 개방적·계산적 동기 메커니즘을 설계하여 운영할 수 있다.

의사가 환자의 병을 치료하는 것을 예로 들면, 공정성을 확보하는 것은 병을 정확히 진단하는 것이고, 동기부여를 하는 것은 병 치료를 위해서 수술 또는 약을 처방하는 것과 유사하다. 부하 직원이 불공정을 느낀다는 것은 오진했다는 것이고, 동기부여가 안 된다는 것은 수술 실패, 처방 실수를 뜻한다. 정확한 진단과 실수 없는 치료, 이것이 실용적 리더의 행동 법칙이다.

의사는 피검사, 엑스레이 검사, MRI 검사 등 다양한 검사 결과와 환자 면담을 기반으로 병을 진단한다. 실용적 리더도 설문, 면담, 관찰, 실험 등 다양한 방법으로 자신의 공정성 수준을 진단할 수 있다. 또한 의사는 진단 결과에 따라 수술, 약물 치료, 재활 치료 등 여러 처방을 내린다. 실용적 리더도 공정성 진단 결과에 따라 자신에게 행동 수정, 각성, 자기 훈련, 전문가 조언 등의 처방을 내릴 수 있다.

공정성은 교육을 통해 향상시키기 매우 어려운 능력이다. 항상 주도면밀하게 생각하여 판단하고, 진단하고, 처방하는 습관을 길러야 한다. 공정성은 자기 노력이 가장 효과적인 훈련 수단이다. 실용주의 계보를 이어 온 세종대왕, 류성룡, 이순신, 정약전 등은 모두 자신의 윤리성과 철저한 분석으로 공정성을 유지했던 리더들이다. 현대에 들어와서는 박태준, 이건희, 워런 버핏, 제프 베이조스, 젠슨 황 등이 계보를 이어 간다.

③ 창의: 준토를 활용하라

신기하게도 한국 정치인들 대부분이 “나는 실용주의자다”라고 말하는데, 진짜 실용주의자가 과연 얼마나 될까? 대부분이 통찰도 없고, 공정하지도 않고, 특히 창의적이지 않다. 누군가 전해 주는 감각적인 아이디어들을 짜깁기하여 자기 것인 양 발표하는데, 전혀 새롭지도 않고 감동도 없다. 상황에 맞지 않는 말장난인 경우가 대부분이다. 그나마도 당선되고 나면, 다 하찮게 여기고 원래의 자기 본성으로 돌아가 이해관계에만 집착한다.

이 세상에는 두 종류의 천재가 존재한다. 하나는 피카소 같은 타고난 천재고, 다른 하나는 세잔 같은 노력형 천재다. 하지만 우리가 여기서 말하는 '창의'란 이런 천재가 아니다. 실용적 리더의 창의란, 앞에서 정의했듯이 환경변화에 대한 적응 수단으로서 실천과 관련된다. 리더가 독립성과 자유도를 가지고 다양한 정보원을 활용하여 상황 변화에 민감하게 적응하는 과정을 의미한다. 그 적응 방법이 반드시 피카소나 세잔의 대작일 필요는 없다. 문제의 해법을 실행하는 과정에서 발생하는 예측치 못한 도전을 창의적인 방법으로 극복해 내는 것이다. 그러므로 이 과정에서는 벤저민 프랭클린의 준토와 같은 현장 의견 수렴과 정보 획득 기구가 큰 도움을 준다.

실용주의의 창의는 전문가의 식견에서 나온다. 리더 스스로 최고의 전문가가 되면 좋겠지만, 그렇지 못하다면 조직 내외의 전문가들을 만나 듣고 배우라는 것이다. 이렇게 하면 전문가가 될 수는 없겠지만, 적어도 누가 전문가이며 그 수준이 얼마나 되는지는 알게 된다. 이것이 중요하다. 실행하다가 난관에 부딪혔을 때, 조언을 구할 수 있는 전문가, 프로젝트 수행 시 도움을 청할 수 있는 달인이 주변에 많아야 한다. 이런 식으로 전문가들을 만나 교류하다 보면 난관 극복의 창의적 비법도 배우게 된다. 즉, 누구를 만나느냐가 창의성 훈련에서 매우 중요한 지표다. 친구나 지인, 비슷한 부류와의 만남에서는 창의성 향상을 기대하기 힘들다. 긴장감이 없기 때문이다. 긴장하면 주의 깊게 듣고 들은 것을 기억하게 된다. 따라서 만남의 효과를 높이기 위해 준토와 같은 전문가 집단의 일원이 되어 단시간에 다양한 전문가들을 효율적으로 만나는 것이 바람직하다. 필요에 따라 다양한 협업이 가능할 것이다.

작은 나라 포르투갈이 한때 세계에서 우뚝 설 수 있었던 것은 창의성 때문이다. 15세기 중반, 포르투갈의 엔리케 왕자(또는 항해사 헨리크 왕자)는 항해에 관심이 많았다. 포르투갈 남단 알가르브 지방의 사그레스(Sagres)에 '사그레스 항해 스쿨'을 세우고 본격적으로 항해 기술, 지도 제작법, 천문학, 범선 제작 기술 등을 교육하고 연구하기 시작했다. 당시 바람을 동력으로 하는 돛단배 혹은 범선의 가장 큰 문제는 바람을 거슬러 항해하지 못하는 것이었다. 앞에서 바람이 불어오면 소위 역풍 때문에 배가 뒤로 밀리곤 했다. 이 문제에 해법을 찾은 사람이 바로 포르투갈의 엔리케 왕자다. 그는 항해 기술자들과 함께 범선이 바람을 거슬러 항해할 수 있게 하는 삼각돛(canteen sail)을 개발하였다. 이로써 포르투갈은 신항로 개척 시대에 다른 나라와의 경쟁에서 우위를 차지할 수 있었다. 경쟁자를 죽이든가 속여서 이긴 것이 아니라, 준토와 같은 '스쿨'을 만들어 깊이 연구하고 분석하여 창의적 기법을 찾아냄으로써 경쟁에서 이길 수 있었다. 이것이 실용주의 리더의 또 다른 행동 법칙이다.

오늘날 조직에서는 부하가 보고서를 작성해 올리면 상사가 승

엔리케 왕자가 개발한 삼각돛. 맞바람에도 전진이 가능한 삼각돛을 만들어 포르투갈은 신항로 개척 시대의 경쟁에서 우위를 차지했다.

인하여 실행하는 관행을 따른다. 물론 보고서를 올리기 전에 상하간에 상의도 하고 토론도 하지만 기본적으로 보고서 작성은 부하의 책임이다. 이렇게 부하가 작성한 보고서는 조직의 계층을 따라 올라가면서 승인을 받는데, 단계마다 의견이 다르면 계속 수정하면서 올라간다. 최초 보고서를 만들 때 시간과 노력이 들어가고, 수정할 때도 또 시간이 걸린다. 최종 결정권자까지 올라가면 보고서의 내용이 누구의 아이디어인지도 모르고, 수정하는 과정에서 시간과 노력이 너무나 많이 낭비된다. 이것이 한국 조직의 중추 '계층구조(hierarchy)'다. 그렇다면 계층구조는 과연 창의성에 도움이 되는 구조인가?

창의성 차원에서 볼 때, 계층구조는 바람직하지 않다. 낡은 계층구조는 이제 버릴 때가 되었다. 이는 아날로그 시대의 유물이다.

디지털 시대의 리더는 상하 관계에서보다 수평적 관계, 또는 외부로부터 더 많은 정보를 얻는다. 유튜브, AI, 구글 등 다양한 정보원이 사방에 널려 있다. 리더가 부하의 보고서에 매달리면 창의성을 잃는다. 그보다는 특정 사안에 대해 각자 조사한 후, 최고 리더를 중심으로 관련자들이 수평적으로 모여 의견을 함께 나누고 토론하여 결정하는 것이 창의적 해법을 찾는 데 더 효과적이다. 집현전, 준토, 운주당, 스쿨 등이 계층구조보다 훨씬 더 창의적인 결과를 산출한다.

그러므로 준토를 활용하자(세종의 집현전, 이순신의 운주당이 아닌 준토를 내세운 것은 구성원의 다양성 때문이다). 창의성 훈련의 가장 좋은 방법은 특정 사안에 대해 자기 생각을 정한 후, 준토에서 토론하면서 검증을 받고 발전시키는 것이다. 중요한 것은 창의성 계발도 리더의 자기 책임이라는 점이다. 조직이 나의 창의성 계발을 대신 해주기를 기다려서는 안 된다. 팀장, 임원, 사장, 회장 등 조직의 리더들은 누구나 조직 내외의 전문가들로 구성된 준토가 필요하다. 디지털 시대에는 상사의 아이디어가 부하의 그것보다 더 좋으란 법이 없다.

준토는 아이디어 창안 및 교류, 자기 생각 검증, 기술 변화 추세 확인, 심리적 안전감 확보, 실행 아이디어 획득 및 자원 지원 등 다양한 기능을 수행한다. 현장에서 준토가 잘 활용되지 않는 이유는 리더의 자존심과 '휴브리스(hubris)' 때문이다. 자기 생각을 얘기하고, 다른 사람들로부터 자문받는 것을 자존심 상한다고 여기는 리더는 이 시대에는 존재가치가 없다. 한 가지 기억해야 할 것은 벤저민이 준토를 만들었을 때가 1727년 그의 나이 21세 때였다는 사실이다. 그리고 죽을 때까지 이 조직을 운영하다가 학회로 발전시켰다. 창의는 직급이나 나이를 따지지 않는다.

④ 성과: 가수처럼 노래하라

가수가 무대에서 노래할 때는 완전한 주인의식을 갖는다. 무대 위에서 일어난 잘잘못은 온전히 가수 혼자의 책임이다. 노래를 제대로 못했다고 해서 음향이나 무대를 탓할 수는 없다. 그러므로 가수는 무대에 오르기 전에 온 힘을 다해 준비한다. 준비가 부족하다고 느끼면 차라리 공연을 취소하는 편을 택한다.

우리가 조직에서 성과를 낼 때도 똑같다. 조직은 가수, 즉 직원이 노래하는 무대다. 그리고 그 노래는 온전히 직원 자신의 책임이다. 무대에도 1류, 2류, 3류가 있다. 1류 무대에서 노래하려면, 1류다운 주인의식이 있어야 한다. 3류 정신으로 1류 무대에 오르면 관객들이 모두 외면해 버린다.

기대 이상의 성과를 내려면 일에 대한 주인의식으로 무장해야 한다. 주인의식이란 무대 장악력이며, 무엇을, 어떻게 해야 큰 성과를 낼 수 있는지, 즉 성과에 이르는 실효적 경로를 알고 실행하는 지혜다. 실용적 리더는 구성원들의 일에 대한 주인의식에 집중하지만, 이념적 리더나 혁신적 리더는 일보다는 의리나 충성심에 더 집중한다. 일을 위해 모인 조직에서 일에 집중하는 것은 당연하다. 하지만 리더에 따라서는 그렇지 않은 경우가 많다. 예컨대 실용적 리더는 일의 규모와 성격을 파악하여 성과를 내는 데 필요한 스킬과 절차 등이 무엇인지에 집중한다. 하지만 이념적 리더는 구성원 중 누가 이념이 강한지, 누구의 행동이 코드가 안 맞는지, 누가 누구의 편인지를 중요시한다. 또 혁신적 리더는 어느 구성원이 자기에게 더 충성하는지, 누가 희생적인지, 누가 통제를 잘 따르는지를 파악하는 데 큰 노력을 기울인다. 이것은 성과와 별로 관계없는 일들이다. 그러므로 일에 집중하는 실용적 리더가 다른 리더들보다 더 큰 성과를 내는 것은 자명하다.

가수가 무대에 서면 노래로 평가받고, 직원이 회사에 출근하면 일로 평가받는다. 감동적 무대를 만들기 위해 관객의 호응을 이끌어 낼 수는 있지만, 그 외 관계 구축은 무의미하다. 무대에 선 가수가 어느 가수와 친한지, 누구의 자녀인지 등은 전혀 중요하지 않다. 리더도 마찬가지다. 일과 무관한 관계 구축은 주인의식 결핍을 숨기기 위한 조직 정치다. 주인의식은 영어로 'Mastery of Work', 즉 '업무 지배' 또는 '업무 장악'이라고 한다. 리더는 리더의 역할을 장악하고 지배해야 한다. 리더가 주인의식이 강하면 상황을 장악하고 자신의 역할을 확장해 나가지만, 그렇지 않으면 조커 리더처럼 눈치 보고 한탕 해먹을 생각만 하게 된다.

따라서 가수처럼 노래하려면 무대에 오르기 전에 많은 자기 훈련과 단련이 필요하다. 관객 특성에 따른 무대 멘트도 구상해야 하고, 가창력 점검도 해야 하며, 백댄서에 맞춰 춤도 익혀야 한다. 실용적 리더도 매일 출근에 앞서 비슷한 준비를 해야 한다. 준비 없이 출근하는 것은 프로의 자세가 아니다. 조직의 리더는 스케줄이 매우 빡빡하므로 더 치열하게 준비해야 한다. 무대 준비가 온전히 가수의 책임이듯이 말이다.

요컨대 실용주의 리더가 통찰, 공정, 창의, 성과를 향상하는 것은 리더 자신의 책임이다. 자기 회사 설립으로 통찰력을 높이고, 의사처럼 정밀하게 진단하여 공정성을 확보하고, 준토를 활용하여 전문가들로부터 창의성을 배우고, 무대에 오른 가수처럼 주인의식을 가지는 습관을 가짐으로써 실용적 리더십을 향상시킬 수 있다. 리더가 스스로 노력하는 것이 답이다. 하지만 조직도 리더 개인의 노력을 지원하고 관리하는 노력을 해야 한다. 왜냐하면 개인의 프래그매틱스 수준을 파악하여 제대로 활용하고 계속 성장하도록 지원해야 조직의 경쟁력이 향상되기 때문이다. K-프래그매틱스 계발에서 '조직의 할 일'이 무엇인지 알아보자.

조직이 할 일

리더십은 개인의 문제만이 아니다. 조직도 리더 육성에 관심을 기울이고 노력한다. 지금까지 조직은 구성원들에게 리더십 교육을 몇 시간 해주면 할 일을 다 했다고 여겼다. 조금 더 나아가 '리더십 360도 진단·피드백' 정도로 충분하다고 생각했다. 전통적인 리더 육성 방법이다. 더불어 그다지 효과가 없는 낡은 방법이기도 하다.

전통적인 리더 육성법은 지나치게 미시적이다. 쪼개고 쪼갠, 구성원의 작은 행동 하나를 문제 삼는다. 부하의 마음을 잘 관리했는지, 부하에게 힘을 실어 줬는지, 업무 배분을 잘 했는지 등으로 리더십을 진단한다. 이들은 조직 경영 차원에서 보면, '무차별 영역'에 속한다. 무차별 영역의 일이란 이렇게 하든 저렇게 하든 조직 경쟁력에 거의 영향을 미치지 않는 사소한 일을 뜻한다. 조직 경쟁력은 훨씬 큰 이슈에서 결판난다. K-프래그매틱스 계발은 구태에서 벗어나 투자자나 고객 같은 거시적 관점에서 리더 육성을 바라본다. 회사의 리더들이 탁월하여 투자자가 이들을 보고 투자하고 싶게 만들어야 한다는 관점이다.

투자자를 유혹할 만한 탁월한 K-프래그매틱스 계발은 조직 차원에서 '리더십 자본(leadership capital)'을 축적하는 일이다. 조직의 가치를 높이는 리더십 자본은 전통적 교육, 훈련, 진단, 피드백, 코칭 등의 방법으로는 축적할 수 없다. K-프래그매틱스 계발에서 볼 때, 전통적인 리더 육성법은 이제 조직의 일이 아니라 리더 개인이 해야 할 일이다. 조직은 그 준비 정도에 따라 리더를 평가하고 보상이나 지원 등의 관리만 한다. 반면, 조직은 거시적 차원에서 리더십 자본 축적의 의무를 진다.

조직 차원의 K-프래그매틱스 육성 방법은 전통적인 교육 및 훈련법과 크게 다르다. 조직 밖에서 큰 안목으로 안을 들여다보는 '아웃사이드 인(Outside In)'의 방법이다. 기존의 내부 논리로 바깥세상을 해석하는 '인사이드 아웃(Inside Out)' 관점과 대치된다.

미시간대학 경영대학원의 데이비드 울릭(David Ulrich) 교수는 2015년 '리더십 자본'이라는 개념을 발표했다.[1] 그는 기존 리더십 훈련이 조직의 가치 창출에 얼마나 도움이 되는지 의문이라고 말한다. 그보다는 투자자의 관점에서 리더 육성을 바라봐야 한다고 강조한다. 좀 더 구체적으로 보면, 특정 회사에 투자하는 투자자들의 눈에 중요한 것은 리더가 부하들을 얼마나 잘해주는가가 아니라,

조직의 리더들이 그 회사의 사명을 달성하는 데 필요한 역량과 기술을 충분히 갖추고 있는가, 그리고 그들을 제대로 활용하고 있는가이다.

투자자나 고객은 회사의 CEO, 임원, 라인 매니저들의 리더십을 내부적으로 평가한 것을 믿지 않는다. 그 이유로는 첫째, 자기들끼리만 비교한 결과이고, 둘째, 서로 점수를 부풀려 주는 경향이 있고, 셋째, 대세에 지장 없는 사소한 변수를 평가하기 때문이다. 투자자들은 투자 결정을 할 때 이런 평가는 아예 고려 대상으로 삼지도 않는다. 리더십 자본의 가치를 평가할 때 전혀 도움이 안 되기 때문이다. 예를 들어, 명동에 건물이 하나 있다고 하면 그 실질적 자산 가치 평가액이 10억인데, 100억 원으로 부풀려 시장에 내놓은 것과 같다는 것이다. 투자자들이 기업의 리더십 자본을 평가할 때 고려하는 것은 다음의 세 가지다.

첫째, 리더들의 실적이 얼마나 탁월한가.
둘째, 그들이 가진 기술력이 얼마나 독보적인가.
셋째, 조직문화가 얼마나 역동적인가.

이 세 가지는 K-프래그매틱스로 구현하는 것이 가장 효과적이다. 효율적인 리더십 자본 축적이 가능하기 때문이다. 첫째의 '탁월한 실적'은 성과를 강조하는 K-프래그매틱스의 핵심 요인이다. 투자자들은 일단 실적이 나쁘면 다른 특별한 이유가 없는 한 투자를 꺼린다. 매출이나 수익률이 탁월한 기업을 찾는다. 그들은 타깃 기업의 리더들이 재무 실적 조건을 충족하지 못하면 기업에 필요한 리더십 자본이 축적되지 않은 것으로 본다.

투자자들은 실적이 나빠도 투자할 때가 있다. 이런 경우는 기업이 독보적 기술력을 가지고 있어 머지않은 장래에 탁월한 실적이 기대될 때다. 독보적 기술력은 통찰과 창의가 있어야 개발할 수 있는데, 이는 K-프래그매틱스가 가장 잘하는 것이다. 투자자는 타깃 기업의 리더들이 통찰과 창의를 보여 주지 못하면 회사의 미래를 책임질 자격이 없다고 본다.

또 투자자들이 중요하게 생각하는 것은 일 처리의 효율성과 구성원의 도전성이다. 이것이 조직문화의 역동성이다. 즉, 실적이 높고 독보적 기술력을 갖고 있더라도 기술력 확보 및 유지에 비용이 너무 많이 들든가 효율이 떨어지면 투자자들은 투자를 꺼린다. 경쟁력 유지가 어렵다고 보기 때문이다. 또한 조직 구성원들이 무사안일에 빠져 도전 정신이 없을 때도 투자하지 않는다. 독보적 기술력을 계속 발전시켜 나가기 힘들다고 판단하기 때문이다.

역동적인 조직문화, 즉 효율적이고 도전적인 조직문화는 합리성과 공정의 토양에서 자라난다. 합리성이란 복잡하고 불필요한 관행을 제거하여 과정을 단순화·효율화하는 것이고, 공정성이란 구성원들에게 편견 없이 기회를 주어 누구나 도전할 수 있는 토양을 마련하는 것이다. 그런데 합리성과 공정성은 같은 계열에 속하는 개념이며 K-프래그매틱스의 대표적 특징이므로, 결국 K-프래그매틱스가 역동적 조직문화를 만드는 원동력이 된다. 요컨대 K-프래그매틱스는 탁월한 성과, 독보적 기술력 그리고 역동적 조직문화를

K-프래그매틱스 자본의 특징.

구축한다. 이러한 노력을 통해서 리더십 자본을 축적하고 활용한다. 이해를 돕기 위해 K-프래그매틱스 자본의 특징 세 가지를 위의 그림으로 요약하였다.

이렇게 볼 때, 조직이 '리더십 자본 축적과 활용' 차원에서 확인해야 하는 것은 다음 세 가지로 요약된다.

첫째, 리더십 자본을 충분히 축적했는가.
둘째, 리더십 자본을 효과적으로 활용하고 있는가.
셋째, 리더십 자본을 체계적으로 관리하고 있는가.

조직 내부에서는 이들을 제대로 평가할 수 없다. 외부의 전문가가 객관적으로 진단해야 명확한 실상을 파악할 수 있다. 조직 외부의 리더십 전문가, 투자 전문가, 기업문화 전문가들이 프래그매틱스 평가팀(Pragmatics Evaluation Team, PET)을 구성하여 월드클래스 기업들과 비교 및 평가하도록 해야 한다. 월드클래스 기업과 비교하고 싶어도 자료가 없어 값비싼 외국 컨설팅 회사에 의뢰하는 경우가 많은데, 요즘은 글로벌 자료 수집 전문기업들이 많아서 기업들의 필요한 자료를 충분히 얻을 수 있으니 걱정할 필요가 없다. 독립적 전문가를 활용함으로써 조직 내부 자료가 글로벌시장에 유출되는 것도 막을 수 있다.

K-프래그매틱스 자본의 축적, 활용, 관리는 리더를 활용한 기업가치 향상의 필수 3박자다. 이들은 각자 행동하기보다는 서로 어울려 하나의 '곡(曲)'을 완성한다. 예컨대 자본 축적이 안 되면 활용도 관리도 의미가 없다. 또한 활용과 관리가 안 되면 좋은 자본을 갖고 있어도 탁월한 성과, 독보적 기술력, 역동적 조직문화의 리더십 자본을 만들어 내지 못한다. 다른 비유를 들면, 비행기는 어떤 기종이든 세 개의 바퀴를 갖는다. 뒤에 두 개가 있고 동체의 앞에 하나가 있다. 뒤의 두 바퀴를 '독보적 기술력'과 '역동적 조직문화'라고 한다면, 앞바퀴는 '탁월한 성과'라고 볼 수 있다. 어느 하나가 고장 나도 정상적인 이착륙이 불가능해진다.

이렇게 보면, 리더십 자본의 축적, 활용, 관리는 서로 곱하기의 관계에 있다고 볼 수 있다. 하나가 '영(zero)'이면 전체가 '영'이 된다. 박자가 하나 안 맞으면 곡 전체가 망가지는 것과 같다. 비행기의 바퀴 하나가 펑크 나면 비상 착륙을 해야 하는 것과 같은 이치다.

리더십 자본 축적은 조직의 임직원들이 '리더십 브랜드'를 세우는 데서 시작한다. 훌륭한 잠재력을 가진 리더들이 많은데 뭐 하는 사람인지 정체성이 불분명하다. 명품 브랜드의 리더를 많이 키워야 투자자들이 리더십 자본이 충분하다고 믿는다. 예컨대 한국기업에서는 전략 담당을 10년 이상 했다는데, 그동안 무슨 전략을 어떻게 짜서 어떤 성과를 냈는지 설명하지 못하는 사람이 많다. CEO의 지시를 받드는 데 충실하다가 승진하여 다른 부서로 이동하기 때문이다. 이 전략 담당 임원이 경쟁사 혹은 같은 일을 하는 월드클래스 임원들과 비교하여 얼마나 탁월한 전략을 세워 추진했는지를 확인하는 것을 본 적이 없다.

회사에 명품 리더가 없으면 외부에서 스카우트해야 하지만, 내부에 명품 리더가 있는지 없는지를 진단하는 것이 먼저다. 내부 리더들이 명품인지 아닌지를 내부의 사람들은 잘 모른다. 상사에 눌리고 조직문화에 길들었기 때문이다. 앞서 얘기한 '프래그매틱스 평가팀'을 만들어 외부 전문가의 객관적 시각으로 내부 리더의 잠재력을 재평가하여 옥석을 다시 가리는 노력이 선행되어야 한다. 리더십 자본 축적에서 가장 중요한 것은 조직의 적극적이고 체계적인 그리고 실효성 있는 전략이다.

조직의 리더들이 빛을 발할 수 있게 해야 조직의 시장가치가 높아지고 리더십 자본이 축적된다. 투자자들이 그들을 보고 조직의 장래를 밝게 볼 것이기 때문이다. 그러나 삼성전자와 LG의 사장 등 몇 명을 제외하고, 우리 기업에서 탁월한 명품 브랜드를 가진 리더를 본 적이 없다. '회장님'만 뉴스의 중심에 세운다. 그보다는 탁월한 통찰력, 확고한 공정성, 그리고 빛나는 창의성으로 독보적 성과를 내는 조직의 명품 리더들이 다양한 방법으로 스포트라이트를 받도록 하는 것이 자본 축적에 도움이 된다.

축적된 자본을 활용한다는 것은 류성룡이 이순신 장군을 추천하여 명장으로 성장할 수 있는 무대를 마련해 줬던 예를 생각하면 된다. 이처럼 조직의 CEO도 리더들에게 마음껏 뛸 수 있는 무대를 마련해 줘야 한다. '무대 만들어 주기'의 핵심은 장기 임명과 권한 위임이다. 전략 담당 임원을 예로 들면, 임기를 약 5년 정도 보장해 주고 권한도 최대한 위임해 줄 필요가 있다. 그래야 실용주의 리더로부터 '장기적 성과와 문제의 근본적 해결'을 기대할 수 있다. 해마다 리더를 이리저리 이동시키면 배에 비유했을 때 유령선처럼 되고 만다. 이 유령선은 자산 목록에 들어가지 않고, 투자자들도 이들을 자본으로 여기지 않는다.

이런 취지에서 CIC(Company In Company) 제도를 도입한 기업들도 많다. 하지만 실제 운영을 보면 예전의 본부 혹은 부문 제도하에서 운영되는 것과 별로 다르지 않다. 다르지 않은 이유는 두 가지다. 하나는 CIC 사장들이 실용주의 리더의 독립성과 통찰력을 못 갖추고 있고, 다른 하나는 원래부터 탁월한 실용주의 리더로 성장하지 못했기 때문이다.

장기 임명과 권한 위임은 최고경영자에게는 큰 도전이다. 임기를 장기로 보장해 주면 나태하게 되고, 권한을 위임해 주면 다 해 먹을 것 같은 불안감에 사로잡히게 된다. 일종의 '대리인 문제(agency problem)'가 성립하는 것이다. 이 때문에 리더십 자본 관리가 중요해진다. 어느 식품회사 박 회장님의 탄식이다.

> 뉴욕에 미국 지사 만들어 유능하다는 전무를 지사장으로 내보냈더니 수십억 해 먹고 튀었네요. 믿을 수 있는 사람이라 해서 전권을 주고 맡겼는데, 결과가 참담해요. 이제는 사람을 못 믿겠어요. '시장개척이 필요하다', 'LA 지사도 세워야 한다', '매장을 늘려야 한다'라면서 '돈, 돈, 돈' 하더니, 어느 날 사라졌어요. 50억이 넘습니다. 내가 직접 가서 보겠다고 하면, 이런저런 핑계 대면서 차일피일 미루더니 급기야 연락이 안 됩니다. 허 참.

박 회장은 카이사르의 등에 칼을 꽂은 브루투스에 비유하면서 도망간 지사장을 원망했다. 셰익스피어의 희곡 「율리우스 카이사르」를 읽었던 모양이다. 박 회장 같은 분에게 '권한 위임'을 이야기하면 욕먹기 딱 알맞다. 그렇다면 박 회장에게는 무엇이 잘못되었던 것일까?

쉽게 말해, 박 회장은 조커에게 당한 것이다. 조커들은 이처럼 출중한 언변과 설득력 있는 논리, 그리고 아주 선한 눈빛으로 다가와 영혼을 파먹고 사라진다. 돈이 움직이는 회사에서 흔한 일이다. 관리 부재가 문제다. 이들을 막는 것은 쉬운 일이 아니지만 방법은 있다. 일단 조직 내부에 존재하는 조커들을 찾아 솎아 내야 한다. 그다음 건강한 윤리 의식과 탁월한 성과 창출 능력을 갖춘 프래그매틱스들을 계속 성장시켜서 회사의 주요 요직을 차지하도록 만들어야 한다. 즉, K-프래그매틱스들로 조직을 채워야 한다. 그러기 위해서는 아래와 같은 관리 방식을 도입하는 것이 바람직하다.

리더십 자본이 장기 임명과 권한 위임을 통해 큰 성과로 이어지게 하려면 관리가 정밀해야 한다. 리더십 자본 관리는 아래의 세 가지 시스템을 가지고 접근하는 것이 좋다.

첫째는, PET(Pragmatics Evaluation Team, 프래그매틱스 평가팀) 체계를 만들어 외부 전문가의 시각으로 조직의 임직원들을 월드클래스 임직원과 비교, 평가, 활용하는 것이다.

둘째는, PGA(Personal Growth Acceleration, 개인의 프래그매틱스 성장 지원 시스템)를 구축하여 임직원 개인의 성장 노력을 지원하고 관리하는 것이다.

셋째는, CDP(Cultural Dynamics Program, 조직문화 역동성 프로그램)를 운영하는 것이다.

이 세 가지 중 첫째와 셋째, 즉 PET와 CDP는 외부 전문가들이 담당하도록 해야 한다. 내부의 시각으로는 제대로 평가할 수 없기 때문이다. 글로벌기업 중에는 이들을 이사회에 맡기기도 하는데, 그러려면 이사회의 구성원을 지금처럼 재무, 회계, 법률 전문가 일변도에서 조직이나 리더십 전문가 사외이사들로 바꿔야 하고, 또 구체적 업무를 수행할 하부 조직이 있어야 한다. 이 시스템을 앞서 제시한 프래그매틱스 자본의 특징 세 가지와 연계하여 그림으로 표현하면 아래와 같다.

즉, '프래그매틱스의 특징'이 '리더십 자본'에 영향을 주고, 이것이 '조직의 투자 가치'를 높인다는 의미다. 프래그매틱스의 특징이란 리더 개인이 갖는 통찰, 공정, 창의, 성과의 수준을 뜻한다. 즉,

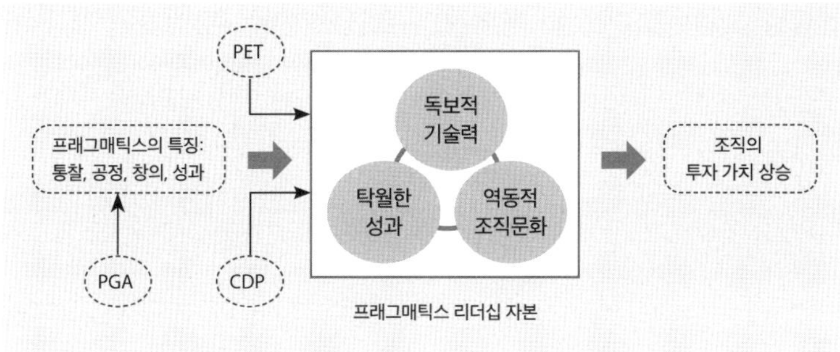

프래그매틱스의 특징과 리더십 자본.

이들이 높을수록 탁월한 성과, 독보적 기술력, 역동적 조직문화를 내용으로 하는 프래그매틱스 리더십 자본도 높아지며, 자본이 많아지면 조직의 투자 가치도 상승하게 되고, 투자자들이 이 조직에 투자할 때 더 높은 가치를 인정하게 된다. 이 과정에서 앞서 설명한 PET와 CDP는 프래그매틱스 리더십 자본을 진단, 평가, 활용하는 데 관련된 관리 방식이고, PGA는 프래그매틱스의 특징을 강화하는 관리 방법이다.

그러면 여기에서는 PET, PGA, CDP를 하나씩 살펴보자.

PET는 팀장 이상 전 임원들을 대상으로 한다. 앞서 잠깐 얘기한 대로 이는 외부의 리더십 전문가, 투자 전문가, 조직문화 전문가가 책임진다. 또한 이들을 지원하는 조직 내 'PET 지원팀'을 둔다. PET의 R&R(Roles & Responsibilities, 역할과 책임)은 프래그매틱스 진단 및 평가이며, 회사의 목적, 비전, 전략을 추진하기에 충분한 프래그매틱스가 존재하는지, 프래그매틱스들이 어디에 어떻게 분포되어 있으며 제 역할을 하는지 등을 진단하고 평가한다. 평가할 때의 준

거집단은 글로벌 베스트 프랙티스 중에서 직급, 직군, 직무가 유사한 리더를 활용한다. 평가 방법은 면담, 조사, 관찰, AI, 실험, 경험 분석 등 업종과 상황에 맞춰 다양한 방법을 활용한다. 조사 빈도는 약 6개월에 한 번씩 추적 조사한다. 이들에 대한 기존의 인사평가는 시행하지 않는다. 즉, PET가 임원과 팀장의 인사평가제도를 대체한다.

조사 후에는 CEO 리포트를 작성하여 조직의 프래그매틱스의 숫자가 적정한지, 분포가 바람직한지, 리더십 자본 수익률은 기대치를 충족하는지, 전략 추진력은 적절한지, 비전 달성 가능성은 어느 정도인지, 전체적인 강점과 약점은 무엇인지, 특별히 주목할 프래그매틱스는 누구인지, 부족한 점을 어떻게 보완할 것인지, 그리고 경쟁사나 관련 업계에서 꼭 참고할 만한 프래그매틱스는 누구이며 어떤 활동을 하고 있는지 등을 CEO와 이사회에 보고하고, IR 자료로도 활용한다.

PGA는 전 임직원을 대상으로 한다. 이것은 '개인 차원 프래그매틱스' 계발에 대한 조직의 관리시스템이다. 이는 조직 내부의 'PGA 지원팀'에서 주관하며, 약 6개월에 한 번씩 지원 실적과 조직 전체의 프래그매틱스 현황을 진단 및 평가한다. 또한 PET의 지도를 받아 시행하고, 팀원들을 대상으로 한 기존의 인사평가결과는 PGA의 보조 자료로 활용한다.

장기적으로 PGA는 임직원 각자가 자신의 능력을 계발하고 스스로 성장하도록 돕는 'AI 지원 PGA 앱'을 개발하여 활용한다. 기존의 교육 및 훈련 체계는 개선의 필요가 있을 때 바로 이를 지원해 주지 못하고, 조직원의 개인적 필요를 충족시키기보다는 조직원 평균을 보고 훈련하며, 현장의 필요와 동떨어진 내용을 교육하고, 교육 후의 실질적 효과에 대해 아무도 책임지지 않았다. 심지어 강사에게 아무거나 강의해 달라고 요청하는 조직도 있다. 이런 교육은 아무런 의미도 없고 실효성도 없다. 따라서 필요할 때 언제나 실시간 사용할 수 있고, 구성원의 직무 현장을 반영하고, 구성원 개인의 특성과 상황을 고려한 실질적 지원방안이 필요하다. 이것은 'AI 지원 PGA 앱'으로 구현하는 것이 가장 효과적이다.

한편, CDP는 조직문화의 역동성을 진단·평가·혁신하는 역할과 책임을 갖는다. 이는 PET 팀에서 함께 관장하는 것이 좋다. 프래그매틱스 리더십 평가와 조직문화 진단은 서로 긴밀히 연관되기 때문이다. LG, SK 등 대기업들은 지금도 조직문화 진단을 하는데, 주로 설문조사를 하여 점수를 따지는 방식이어서 차별화가 별로 없다. 투자자에게 주는 영향력은 '영(zero)'이다. CDP에서는 설문조사를 하지 않는다. 주로 인터뷰, 사례조사, 관찰, 실험 등 객관적 자료를 수집하여 활용한다.

CDP도 'AI 지원 PGA 앱'을 활용하는 것이 좋다. 앱을 켜놓고 다니면서 자연스럽게 '조직문화의 밈(meme)'이 포착되도록 하는 것이다. 이것은 설문조사를 통하여 조직문화를 진단하는 기존의 방식보다 훨씬 탁월하다. 우리 조직의 조직문화가 글로벌경쟁력이 있는지, 경쟁력 확보를 위해서 무엇을 바꿔야 하며, 어떻게 바꿀 수 있는지 등을 실시간 알려 주기 때문이다. 특히 CDP 앱은 K-프래그매틱스의 서식조건, 생태계까지 분석한다. 동해안에 오징어가 사라졌다는 뉴스는 살아있는 존재가 얼마나 서식조건, 즉 생존 환경에 민감한지를 보여 준다. K-프래그매틱스도 마찬가지다. 무엇보다도 리더들에게 충분한 금전적 혜택과 권한과 명예가 보장되는 서식조건을 구축하는 것이 중요하다.

실용주의는 합리성과 공정성에 기초한 기여와 혜택의 대차대조표를 명확히 한다. 리더가 받는 것 이상으로 희생하도록 의무 중심으로 리더 직을 설계하는 것은 합리적이지 않다. 최근의 리더 포비아 현상, 즉 리더직(팀장, 본부장 등)을 맡기 꺼리는 현상은 리더 직위에 대한 '적자' 설계에 그 원인이 있다. CDP가 이를 '흑자'로 전환해 준다.

군 간부들이 군을 떠나고 있다. 한 언론 기사에 따르면, "초급간부(위관급, 중사 등) 계층에선 장기 복무 대신 전역을 선택하는 사람이 늘어나고 있다. 우리 군의 허리인 경력 5~10년 차 간부들이 줄줄이 군을 떠나는 것은 불투명한 미래와 열악한 여건, 조직에 대한 실망 등이 복합적으로 작용한 결과"[2]라고 전한다. 군의 생태계가 무너졌다는 증거다. 초급간부들이 서식할 수 있는 조건이 망가졌다. 이것은 곧, 군의 리더십 자본이 일부 손상됐다는 뜻이다. 세계 최강의 한국군을 흔든 것은 정치권이다. 병사들의 월급을 올려 준 것은 이념에 의한 선택이었다. 통찰도 없고 공정도 없는, 표를 의식한 정치적 선택이었다. 병사의 급여를 올려 주면 간부의 급여도 그에 연동하여 올려 줘야 서식조건을 유지할 수 있지 않은가! 재원이 부족했다면 간부들에게 돌아가는 혜택의 매력도를 유지할 수 있는 수준에서 병사 급여를 올려야 하지 않았는가! 이런 정도의 통찰도 없이 어떻게 나라의 법을 만들고 정책을 만드는지 한탄스럽다. 우리나라 전체가 조커 정치인들에게 놀아나고 있다는 느낌을 지울 수 없다. 그동안 잘 쌓아온 군의 리더십 자본을 손상시키면, 이를 보수하는 데 열 배 이상의 노력과 시간이 소요된다.

리더십이나 조직문화가 중요하다는 것은 알겠는데 이를 어떻게 포착하고, 어떻게 분석해야 하며, 투자자들에게는 어떤 자료를 제시해야 효과가 있을지를 잘 모르는 경영자들이 많다. 'CDP 앱'을 사용하면, 수집한 데이터를 기반으로 조직문화의 역동성을 서식조건과 함께 분석하여 구체적인 근거를 제시해 준다. 군과 같은 공공조직에서도 충분히 활용할 수 있게 설계할 수 있다.

국가가 할 일

K-프래그매틱스를 육성하려면 국가도 도와야 한다. 특히 정치권에 K-프래그매틱스들이 많이 포진해야 한다. 한국 정치의 후진성을 극복하는 길은 이 방법밖에 없다. 초중고교에서는 현재성, 합리성, 유연성, 실효성을 중심으로 하는 실용주의 교육을 강화하고, 대학에서는 통찰, 공정, 창의, 성과 중심의 교과과정 운영이 필요하다. 각 학교 교과과정의 내용도 살펴보고, 특히 교사들이 실용주의를 배우고 학생들과의 교류에서 그 원리를 적용하도록 해야 한다. 실용주의 교육이 AI 교육이나 인성 교육보다 더 중요하다. 어릴 때부터 실용주의 경험을 많이 해야 성인이 되어서 자연스레 실용주의 리더가 되기 때문이다.

정치를 바꾸는 것이 급선무다. 문제는 정치인들 상당수가 조커족인데, 이들을 통제할 방법이 없다는 것이다. 선거 때가 되면 유권자들을 감언이설로 속여 표를 얻고, 일단 당선되고 나면 다시 본업인 조커로 돌아간다. 유권자들 다수는 정치에 별로 관심이 없다. 잘 모르거나 잘 잊는다. 그러니 과거에 무슨 짓을 했든지 선거 때 좋게 보이고 당이 마음에 들면 표를 던진다. 조커족은 유권자의 이런 성향을 꿰뚫어 보고 교묘히 이용하는 자들이다. 이런 생각을 공유하는 분들이 '정치 아카데미'를 만들어 새로운 정치인을 육성한다고 나섰는데 효과는 두고 봐야 할 듯하다. 산성 토양에서는 알칼리성 식물이 꽃을 피우지 못한다. 규모가 커야 하고 졸업생들이 한마음으로 움직여 하나의 세력을 형성해야 영향력을 발휘할 수 있다.

일본의 '마쓰시타 정경숙'은 1979년에 설립되어 많은 졸업생을 배출했는데, 졸업생 중에는 호소카와 모리히로 총리, 마에하라 세이지 외무대신, 노다 요시히코 총리'[3] 등 일본 정계에서 상당한 영향력을 행사한 인사들이 많다. 마쓰시타 정경숙은 24시간 100킬로미터 행군 등 매우 일본적인 교육 체계를 갖고 있다. 대단히 이념적이고, 일본화되어 있으며 실용적이지도 않기 때문에 특히 한국에서 실행하기엔 어려움이 있을 듯하다.

우리나라에서 국가가 할 일은 우선 공교육을 이념의 늪에서 건져 내는 일이라고 본다. 학생인권조례 같은 이념족들의 정치적 승리 훈장을 재정비하고, 교사·학생·학부모의 관계를 정상화해야 한다. 교사는 선생답게 헌신하고, 학부모는 학부모답게 교육 현장을 어려워하는 공정한 교육 문화를 만들어야 한다. 자식이 선생님께 혼이 났다고 학부모가 학교에 찾아가 교사를 협박하는 것은 다른 나라에서는 찾아보기 힘든 일이다. 합리성과 공정성을 중시하는 실용주의 원리를 아는 학부모라면 이런 행동은 하지 않을 것이다. 이렇게 볼 때, 학부모도 실용주의 교육을 받을 필요가 있다. 아울러 교사도 바뀌어야 한다. 현재성, 합리성, 유연성, 실효성의 원리를 터득하고 교육 현장에 적용하도록 해야 한다. 학생들에게 실용주의를 제대로 가르치기 위해서는 교사가 먼저 달라져야 한다.

미국의 대표적인 실용주의 철학자 존 듀이는 교육학자였다. 교사들은 대학 때 교육학을 배워서 그의 이름을 들어봤을 것이다. 원조 프래그매틱스 존 듀이는, 교육이란 "경험의 끊임없는 개조(改造)"라고 하고, "사회개조의 모체"가 돼야 한다고 하지 않았는가![4] 우리 사회가 진정한 선진국 사회가 되려면 '경험을 끊임없이 개조하는' 실용주의 교육을 강화하여 사회개조를 이뤄야 한다.

정치권을 위한 '정치 실용주의 지표(PPI: Political Pragmatics Index)'를 만들어 관리하면 좋겠다. 앞에서 우리는 실용주의 리더들이 역사를 만든다는 사실을 알았다. 21세기에 한국이 세계를 주도할 역사를 만들어 가려면, 일정 비율의 프래그매틱스들이 나라의 주요 의사결정 지위에 자리해야 한다. 정부, 국회, 지자체 등 리더층 5만 명을 대상으로 K-프래그매틱스, 이념족, 혁신족, 조커족을 구분하여, 나라의 주요 의사결정이 어디에서 잘못되는지를 한눈에 볼 수 있도록 하자는 것이 PPI이다.

K-프래그매틱스는 생생지락의 민생을 위해서 정치에 흔들림 없이 헌신하는 사람들이다. 당적을 불문하고 국민의 삶을 위한 '통찰'을 바탕으로 '공공의 성과'를 내기 위해서 헌신하는 사람들을 국민이 찾아 인정해 주고 격려해 줄 필요가 있다. 세계 주요 국가의

PPI를 구해서 서로 비교해 보면, 한국은 결코 좋은 점수를 받지 못할 것 같다. 프래그매틱스 층이 나라의 주요 직책에 잘 다져져 있어야 대통령이 누가 되든, 어느 당이 다수당이 되든, 항공모함처럼 나라가 크게 흔들리지 않고 앞으로 나아갈 수 있다.

미국이 혼란스러운 것 같아도 잘 버티고 있는 이유를 네 가지로 요약할 수 있다. 첫째는 유치원에서 대학원까지 실용주의 교육이 탄탄히 버티고 있고, 둘째는 관료들이 철저히 실용주의를 보호하고 있으며, 셋째는 법관들이 크게 흔들리지 않고 공정한 판결을 해주고 있으며, 넷째는 사회 전반에 실용적 문화가 깊이 자리 잡고 있기 때문이다.

우리나라는 오랜 역사 동안 실용주의 리더들과 생생지락의 실용적 가치를 온 힘을 다해 실천해 온 백성들이 만들어 왔다. 일제강점기와 북한의 남침, 쿠데타와 10월 유신, 신군부의 권력 장악과 국민 저항, 민주화와 대통령의 비극 등 수많은 질곡을 거치면서도, 한국이 선진국의 반열에 오를 수 있었던 것은 기업을 비롯하여 각종 조직에서 묵묵히 현재성, 합리성, 유연성, 실효성의 실용적 가치를 지켜 온 국민 때문이다. 즉 실용주의가 대한민국의 기조다. 하지만 최근에 이 기조가 흔들린다. 정치 과잉으로 법관들이 균형을 잃는 예가 많고, 교육이 이념에 경도되었으며, 관료들도 정치권 눈치 보기에 바쁘다. 무엇보다도 좌우의 이념에 빠진 국민이 크게 늘었다. 군인이 군인답지 않고, 성직자가 성직자답지 않으며, 기업가가 기업가답지 않은 예가 너무 많다. 문제의 근원은 권력을 잡은 정치 리더들이다. 이들의 압박에 법관과 관료가 흔들리고, 이들의 몽니를 학부모와 어린 학생들이 보고 배워 따라 하고, 이들의 이념적 편견에 군대가 힘들다. 나라의 근간이 흔들리고 있다. 이렇게 보면, 한국의 PPI 점수가 위험수위를 넘어섰다고 진단하는 것도 무리가 아니지 않은가!

플라톤의 동굴

플라톤의 『국가론』에 나오는 '동굴 비유'가 좋은 교훈을 준다. 이 비유는 '플라톤의 동굴'이라고 알려졌지만, 사실은 소크라테스가 글라우콘과 대화한 것을 플라톤이 기록한 것이다.[5] 이 비유의 핵심은 이렇다.

> 동굴의 죄수들을, 태어나면서부터 쇠사슬에 묶인 채, 한쪽 벽면만 보며 살게 하면, 벽에 비친 그림자가 세상 전부인 줄 안다.

K-프래그매틱스의 맥락에서 볼 때, 동굴 벽에 비친 그림자를 실체(reality)라고 믿는 죄수들은 이념의 그림자를 실제라고 믿는 이념족들과 같다. 동굴 벽 그림자만 보며 사는 죄수들처럼, 이념족들은 이념의 그림자만 보며 산다. 그림자의 움직임을 보면서 자기들만의 세상을 만들고, 동굴 밖의 세상은 인정하려 하지 않는다. 그러다가 죄수 한 명이 탈출하여 동굴 밖으로 나왔다. 태양과 자연과 세상의 온갖 아름다움을 직접 보고 느낀다. 그는 이제 알게 되었다.

태양이 보이는 영역의 모든 것을 다스리며, 그동안 동굴에서 봤던 모든 일(그림자)의 원인도 태양이 제공했다는 것을.

탈출했던 죄수가 동굴로 돌아와 동료 죄수들에게 이 멋진 경험을 얘기했다. 하지만 그는 동료들의 비웃음을 사고, 눈을 버렸다고 비난을 받게 된다. 이제 동료들은 동굴 밖으로 탈출하는 자들을 배신자로 낙인찍고, 눈을 부릅뜨고 죽이려고까지 하게 되었다. 빛의 세상, 진실의 '이데아'를 본 '지성'을 이념의 죄수들은 인정하지 않는다. 그들은 또 지성의 세계로 나가는 출구를 영원히 막으려 한다. 이념이란 이처럼 폐쇄적이고 무서운 것이다.

소크라테스는 여기에서 교육의 기능을 역설한다. 그는 교육이란 "밝은 곳을 보기 위해서 몸 전체의 기능을 전향시키는 것"이라고 정의한다. 그림자를 보고 진리라고 믿는 사람들을 빛의 세계, 이데아의 세계로 나오도록 하는 것, 즉 잘못된 이념에서 탈출시키는 것이 교육이란 뜻이다. 대단한 '통찰'이다. K-프래그매틱스에서 교육이란 '이념의 죄수'를 '실용의 전사'로 전향시키는 것이고, 나아가 혁신의 환상을 깨는 작업이다.

하지만 교육으로 그림자 세계에 묶인 사람을 빛의 세계로 나오게 할 수 있다는 소크라테스의 생각은 나약하게 보인다. 학생 때는 모르겠지만, 어른에게 교육은 필수가 아니라 선택이다. 성인이 되면 의무적으로 받아야 하는 교육도 대충 받고 게다가 배운 대로 하지도 않는다. 2023년 7월, 지방의 어느 법관이 '성(性)인지 교육'을 받은 뒤 서울로 출장을 가서 호텔에서 성매매를 하다가 적발되었다. 소크라테스라면 이것을 어떻게 설명할까?

벽의 그림자만을 보면서 살아온 동굴의 죄수들에게 이념을 벗고 빛의 진실을 알게 하는 제일 좋은 방법은 그들 모두를 동굴에서 끌어내어 태양 아래 세상을 경험해 보도록 하는 것이다. 삶은 현실이다. 태양 아래에 살면서도 동굴의 그림자를 그리워하는 사람이 있다면 그는 환자다. 합리적이고 공정한 실용주의 태양 아래 살면 이념의 잔상, 혁신의 허상은 태양 빛에 녹아내리고 만다. 하지만 문제는 태양 아래서도 격차가 생긴다는 점이다. 상생형 K-프래그매틱스는 이 격차를 직시하고 해결해야 한다. 이념의 리더, 혁신의 리더, 그리고 조커 리더까지 이 격차를 파고들려고 호시탐탐 틈을 엿보고 있기 때문이다.

1859년 찰스 다윈이 「종의 기원」을 발표했을 때 사람들은 경악했다. 사람의 조상이 원숭이라는 주장 때문이었다. '상황에 적합한 자만 살아남는다'라는 적자생존의 원리에 따라 원숭이가 인류로 변화했다고 주장했다. 말의 발굽이 사람 발가락과 비슷하게 네 개였던 것이 잘 달리기 위해 하나로 진화한 것이나, 본래 짧은 목이었던 기린이 높은 나무의 잎을 따먹기 위해 긴 목을 갖게 된 것 등도 진화의 증거라는 얘기다. 같은 종이지만 여러 유형의 핀치새들이 각자의 서식 조건에 따라 다른 부리와 체구를 갖게 된 것도, 적자생존 진화의 증거라고 주장했다. 결국 인간이 아무리 발버둥 쳐봐도 '자연의 선택(natural selection)'이 누가 세상을 지배할지를 결정한다는 것이다.

적자생존의 원리는 리더십에도 큰 의미가 있다. 누가 대통령이 되고 누가 CEO로 승진하는지도 '상황의 선택'이라는 논리가 성립하기 때문이다. 실용적 리더가 필요한 상황에서는 실용주의자가 리더로 등장하게 되고, 이념적·혁신적·조커 리더가 필요할 때는 또 그에 맞는 특성을 가진 사람이 리더가 된다라는 주장이다. "임금은 하늘이 내린다"라는 말과 같은 논리다.

그러나 진화론으로 리더십을 설명하기에는 인류의 역사가 너무 짧다. 생물학적 진화론은 수백만 또는 수천만 년의 시간을 연구 대상으로 한다. 하지만 리더십이 인류 역사에 기록되기 시작한 것은 약 5,000년밖에 안 된다. 예컨대, 고대 이집트 왕 메네스가 하이집트와 상이집트를 하나의 이집트로 통일한 내용이 기록으로 남아 있는 것은 기원전 3000년경이다. 그러므로 인류 역사 5,000년은 "좋은 리더는 생존하고 나쁜 리더는 도태된다"라는 적자생존의 원리를 검증하기에는 기간이 너무 짧다. 기원전 500년경에는 수많은 현자(賢者)가 살았다. 소크라테스, 플라톤, 공자, 맹자 등 당시의 리더 집단이 21세기를 사는 일론 머스크, 워런 버핏, 트럼프 등의 리더 집단보다 못하다고 볼 수는 없다. 오히려 그때의 리더들이 훨씬 더 지혜로웠다고 생각하는 사람들도 많을 것이다. 진화론처럼 수천만 년의 기간을 두고 보면, 이들은 모두 같은 시대의 사람들이다. 이렇게 볼 때, 우리는 리더십 차원에서 다음과 같은 질문을 던질 수밖에 없다.

인간 리더는 과연 진화하고 있는가?

오늘날의 리더들이 과거의 리더들보다 더 훌륭해졌다는 증거는 찾기 힘들다. 조커는 예나 지금이나 이기적이고 틈만 생기면 파고들어 이득을 챙긴다. 이념의 죄인이나 혁신의 노예도 똑같이 극성이다. 사회의 근저에서 조용히 실용주의자들이 '생생지락'의 삶을 이어가는 모습 또한 비슷하다. 실용적 리더가 다른 리더들과 다른 축에 존재한다는 사실을 망각하고 사는 것도 변함이 없다. 리더가 진화했다면, 조커는 이 세상에서 사라졌어야 한다. 실용적 리더가 세계 각국을 장악하고 있어야 한다. 하지만 실상은 그렇지 않다. 리더십 진화의 흔적은 발견할 수 없다.

그런데 진화론에는 또 다른 문제가 있다. 즉, '누가 상황에 맞는 자질을 가졌는지를 어떻게 알 수 있는가?'의 문제이다. 여기에는 두 가지 이슈가 걸려 있다. 하나는 상황을 정확히 정의하는 일이고, 다른 하나는 그 상황을 이끌기에 적합한 자질을 가진 사람을 선별하는 일이다. 전자는 사람마다 상황에 대한 인식이 다르므로 문제가 되고, 후자는 (능력 없는 사람은 리더 한다고 나서고 능력 있는 사람은 안 하겠다고 물러서는) 능력과 욕망의 불일치 때문에 문제가 된다. 상황에 최적화된 리더를 선별하기 어려운 이유는 바로 이 때문이다. 물론 수백만 년의 진화 역사로 보면 모두 실용적 리더로 최적화되겠지만, 그러기에는 인류의 역사가 너무 짧다. 아직도 인류는 무수히 많은 세월을 살아 내야 실용주의 리더가 지배하는 세상을 보게 될 것이다.

리더십에는 뉴턴의 '만유 인력의 법칙' 같은 확실하고 절대적인 법칙은 존재하지 않는다. 리더십뿐 아니라 사회과학이 대부분 그렇다. 법칙이 있다고 하더라도 예외가 많고 상황 조건에 따라서 효과가 달라지는 것이 일반적이다. '상황 인식'과 '리더 선택'에 있어서도 똑같다. 상황이 어떤지, 시대정신이 무엇인지를 수학 공식처럼 계산해 낼 수는 없는 것이다. 리더의 능력을 평가하는 것도 확률을 가지고 얘기하므로 100퍼센트 확신할 수는 없다. 불확실성, 이것이 리더십의 시발점이다.

결국 우리는 K-프래그매틱스를 육성하는 데에서 소크라테스가 얘기한 교육도 별로 효과가 없고, 진화론의 적자생존만으로도 명쾌한 답을 얻을 수 없다는 결론에 도달하게 된다. 그렇다면 이념의 죄수나 혁신의 노예들을 실용의 전사로 전향시킬 방법은 과연 없는 것인가? 교육도 아니고 상황도 아니라면, 남는 것은 개인의 노력과 경험밖에 없다. 플라톤의 동굴에 잡혀 있던 죄수 중에서 탈출한 죄수는 동굴 밖 세상을 직접 경험함으로써 태양의 세계를 알았다. 그런데 그 탈출했던 죄수는 동굴로 돌아가 다른 죄수들에게 바깥 세상을 설명, 즉 교육하려 했다. 이것이 문제였다. 그 죄수는 자신의 경험을 자랑 삼아 교육할 것이 아니라, 동료들을 탈출시켜 동굴 밖으로 데리고 나왔어야 했다. 친북 세력을 전향시키는 가장 좋은 방법은 북한에 가서 살아 보도록 하는 것이다. 그래도 실용으로 돌아오지 않는 자는 거짓 이념을 가진 조커라고 봐야 한다. 이념에 진정성이 있는 사람은 독립성까지 포기하지는 않는다. 경험이 최상의 교육이다.

다윈의 적자생존 논리도 마찬가지다. 다른 상황이나 다른 환경을 경험한 리더는 자기 스타일의 경계를 인지하게 된다. 세상에 존재하는 다양한 상황을 체험하게 되면, 필요에 따라 유연해져야 리더로서 살아남을 수 있다는 것을 알게 된다. 옛날얘기지만, 삼성을 비롯한 한국 기업들이 소위 '지역전문가제도'를 운영한 적이 있었다. 아프리카, 남미, 유럽, 미국 등 가고 싶은 나라에 가서 1년 동안 살면서 지역을 탐구하는 프로그램이었다. 리더로 성장하는 데 최상의 프로그램이었다고 본다. 즉, 다양한 상황을 경험하면 통찰력이 생기고 예전에 없었던 지혜가 생긴다. 리더가 스스로 체험하고 성찰하고 다시 도전하는 기회를 만들어 주는 것이 중요하다.

이념으로 점철된 문재인 대통령에 대한 평가가 별로 좋지는 않지만, 그의 대북 정책만큼은 국민에게 중요한 교훈을 남겼다. 그 교훈이란 김정은에게 퍼줄 대로 다 퍼주고, 양보할 것 다 양보하고, 열 받는 일 다 참아 내는 방식이 북한과의 협상에서 효과적이지 않다는 것이다. 물론 이 정책을 해보지 않았어도, 김정은이 자기 방식을 포기하지 않으리라는 것을 짐작은 할 수 있었겠지만, 그래도 마음 한구석에 혹시나 하는 기대가 남아 있었을 것이다. 하지만 우리는 이제 알게 되었다. 그런 방식은 문제의 근본적 해결에 효과적인 방법이 아니라는 것을. '평화를 얻었지 않았느냐'라고 항변하지만, 그런 위험을 끌어안는, 임시방편의 평화는 실용주의 국민이 원하는 평화가 아니다. 값진 경험 학습이다.

인간은 모두 경험의 노예이고, 경험이 인간을 만든다. 경험은 실용주의 리더의 고향이다. 태초부터 인류는 경험으로 시작했다. 경험은 진화의 원동력이다. 경험이 없는 시점에서 인류의 진화는 끝난다. 그러므로 경험을 중시하는 '실용주의 리더'는 진화의 출발점이고 종점이다.

실용주의 리더가 미래를 연다

이 책은 다음과 같은 메시지를 전달하기 위해 쓰였다.

세상에는 실용족, 이념족, 혁신족, 조커족이 있는데, 그중에 가장 우선시해야 할 것은 현실문제 해결에 집중하는 실용족이다. 실용주의는 현재성, 합리성, 유연성, 실효성을 추구하고, 이를 구현하는 실용주의 리더는 통찰, 공정, 창의, 성과로 사람과 조직을 이끈다. 역사를 발전시킨 것은 실용주의 리더이고, 한국을 비롯한 세계에는 실용주의 리더의 계보가 있다. 실용적 리더가 되는 책임은 리더 자신에게 있으며, 리더는 직접 경험을 통해서 성장한다. 조직은 리더십 자본을 확충하여 조직의 가치를 높여야 한다.

이런 지식을 바탕으로 미래를 생각해 보자. 한국의 미래, 우리 조직의 미래, 또 나의 미래는 어떻게 될까? AI, 로봇, 자율주행 등 논리를 중시하는 알고리즘의 시대는 이념이나 혁신보다, 실용주의에 더 유리하게 전개되고 있다. AI는 기존의 단순한 SNS와는 다른 면이 있다. 개인이 AI를 이용은 할 수 있지만, SNS에서와 같이 자기 생각을 AI에게 주입하든가 집단을 형성할 수는 없다. 유튜브나 방송처럼, 근거 없는 내용을 사실인 양 전파하는 위험도 AI의 학습이 계속되면서 줄어든다. 이것은 이념족, 혁신족, 조커족에게 동력을 부여했던 SNS에 대한 중요한 도전이다.

하지만 AI가 왔다고 해서, SNS 스타일의 소통이 크게 줄어들지는 않을 것이다. SNS 안에서 이념의 세계를 구축하고 동지를 모아 편을 나누고, 다른 편을 공격하는 행위는 수단이 불편하다고 사라지지는 않는다. 기술이 어떻게 변하더라도 한 가지 분명한 사실은, 국가의 미래를 결정하는 것은 국민이고, 조직의 미래는 구성원이 만들며, 리더의 미래는 리더 자신이 선택한다는 사실이다. 이것은 곧 잘못된 국가를 바로 세우는 것은 국민의 책무라는 뜻이다. 문제 있는 조직을 정상화하는 것은 구성원의 임무라는 말이다. 옳지 않은 길을 가는 리더가 바른길을 찾아가는 것도 리더 자신의 의무라는 사실이다. 결국 국민이, 구성원이, 그리고 리더가 깨어 있어야 한다는 결론에 도달한다.

국가가 해주기만을 기다리는 국민, 조직이 잘할 거라 믿고 뒷짐 지고 있는 구성원, 잘못된 길을 가는 것을 알면서도 길을 바꿀 용기가 없는 리더, 이들이 깨어나지 않으면 국가, 조직 그리고 리더의 미래는 없다.

실용주의 리더들이 만들어 가는 미래는 거창한 환상의 세계가 아니다. 인간의 기본 욕구를 충족시켜 주는 생생지락의 나라이면 족하다. 인간에게 가장 소중한 '7대 기본 욕구'를 상기하자.

굶지 않고,
아프지 않고,
추위에 떨지 않고,
억울한 일 당하지 않고,

무시당하지 않고,

빚지지 않고,

화목하게 사는 것.

실용주의 리더가 우리의 미래를 연다. 이들이 미래의 희망이다. 그런데 실용주의 리더란 바로 당신을 두고 하는 말이다. 이 글을 읽는 독자 모두가 현실의 주인이고, 현장의 책임자이며, 부유한 미래를 여는 메신저다.

맺음말

한국인이 살아오면서 겪었던 모든 고통과 인내, 희생과 저항, 도전과 극복, 아름다움과 추함, 경제와 민주주의의 발전, 그리고 삶과 죽음을 어떤 단어로 포괄할 수 있을까?

이 책은 위의 질문에 답하기 위해서 쓰였다. 여기에서는 '상생형 실용주의'라는 단어로 묶었다. 이를 실천한 리더를 'K-프래그매틱스'라고 봤다. 이를 지지하는 다양한 이론과 연구 결과와 사례들을 제시했다. 세종대왕과 벤저민 프랭클린의 사례를 통해 시간과 공간을 초월한 프래그매틱스의 존재를 확인했고, 류성룡의 '고공책 사건'과 '소금 사업', 그리고 '친친, 진진' 등을 분석하여 상생형 프래그매틱스의 근거를 밝혔다.

리더십을 높은 해석 수준에서 너무 거창하게 생각하는 습관을 버려야 한다. 리더는 일하는 사람이고, 리더십은 일할 때 필요한 행동이다. 거기에 이념의 색깔을 입히고 희망의 화려한 옷을 걸쳐 현실을 호도하는 데 우리는 너무나 익숙해져 있다. 이제는 가식을 걷어 내고 진실을 붙잡아야 할 때가 되었다. 이념과 희망은 현실의 고통을 마비시키는 마취제다. 이제는 마취에서 깨어나 버릴 수 없는 현실의 통증에 맞서 싸워 이겨 내고 극복해야 한다.

우리는 모두 함께 잘살기 위해서 노력하는 상생형 프래그매틱스다! 중요한 것은 이것이 최종 결론이 아니라, 한국인의 사상과 한국형리더십을 진지하게 논하는 시발점이어야 한다는 것이다. 앞으로 학계를 비롯한 우리 사회 각 분야에서 이에 대한 많은 논의가 있기를 기대한다. 사상이 쌓여야 진정한 선진국이다.

이 책의 출판을 도와주신 분들께 감사의 말씀을 전하려 한다. 서울대학교출판문화원의 이경묵 원장, 졸고의 편집에 심혈을 기울여 주신 박성근 선생, 초기에 큰 힘을 보태 주신 곽진희 실장께 깊은 감사의 말씀을 드린다. 성실히 행정 처리를 해준 김지선 선생께도 감사의 말씀을 전한다. 디자인과 인쇄에 헌신하신 분들께도 큰 빚을 졌다.

주

1장 벤저민 프랭클린은 왜 세종대왕을 따라 했을까

1 이영훈 지음, 2018, 『세종은 과연 성군인가』, 백년동안.

2 https://namu.wiki/w/%EC%9D%B4%EC%98%81%ED%9B%88에서 "4. 비판 및 논란" 참조.

3 『세종실록』 116권, 세종 29년 4월 15일 병오 2번째 기사.

4 Baik, K. B., 2017, King Sejong's Issue Leadership, 『리더십연구』 8(4): 3-19의 11쪽에서 수정 인용.

5 『숙종실록』 10권, 숙종 6년 12월 22일 정미 2번째 기사.

6 Mumford, M. D. and J. R. Van Doorn, 2001, "The leadership of pragmatism: Reconsidering Franklin in the age of charisma," *The Leadership Quarterly* 12, 279-310.

7 류성룡 지음, 이재호 옮김, 2009, 『징비록』, 서애선생기념사업회, 195쪽.

8 https://www.popsci.com/science/benjamin-franklin-counterfeit-money/; https://relicrecord.com/blog/benjamin-franklins-paper-money/#google_vignette; https://www.loc.gov/exhibits/franklin/franklin-printer.html; 저화는 다음을 참조. 박시백 외 지음, 2020, 『역사 토크 박시백의 조선왕조실록』, 휴머니스트, 161-162쪽.; 조선통보는 다음을 참조. https://blog.naver.com/hopoiuyt/222643265701.

9 『세종실록』 11권, 세종 3년 3월 24일 병술 1번째 기사.

10 Beasley, B., 2023, "Researchers decipher the secrets of Benjamin Franklin's paper money," *Notre Dam News*.

11 Professor Farley Grubb, March 30 2006, Lecture given at the Federal Reserve Bank of Philadelphia.

12 『세종실록』 116권, 세종 29년 6월 25일 을유 1번째 기사.

13 https://www.uphs.upenn.edu/paharc/features/creation.html에서 참조.

14 『세종실록』 31권, 세종 8년 2월 15일 기묘 3번째 기사.

15 『세종실록』 31권, 세종 8년 2월 26일 경인 4번째 기사.

16 http://www.benjamin-franklin-history.org/union-fire-company/#:~:text=In%201730%20a%20fire%20started,fires%20to%20protect%20citizen's%20properties.

Benjamin Franklin Historical Society 홈페이지 참조.

17 『세종실록』 2권, 세종 즉위년 11월 3일 기유 12번째 기사.

18 『세종실록』 48권, 세종 12년 5월 17일 병진 2번째 기사.

19 https://www.thelancet.com/journals/lancet/article/PIIS0140-6736(15)60950-3/fulltext에서 참조.

20 https://en.wikipedia.org/wiki/Operation_Paperclip#:~:text:에서 참조.

2장 실용주의 리더십이란 무엇인가

1 Dinh, J. E. et al., 2014, "Leadership theory and research in the new millenium: Current theoretical trends and changing perspectives," *Leadership Quarterly* 25: 36-62.

2 Mumford, M. D., 2006, *Pathways to outstanding leadership: A comparative analysis of charismatic ideological, and pragmatic leaders*. Lawrence Erlbaum Associates, Publishers.

3 https://www.theindustryleaders.org/post/breaking-the-mold-examining-5-shocking-examples-of-bad-leadership-in-modern-times

4 Mumford, M. D., ibid., p. 33의 〈표 2.1〉과 그의 다른 연구 결과들을 참고하여 저자의 관점에서 수정 제시함.

5 http://www.npr.org/2024/03/20/1239132703/boeing-timeline-737-max-9-controversy-door-plug 참조.

6 https://leehamnews.com/2024/05/28/todays-the-day-boeing-must-deliver-on-safety-again/ 참조.

7 https://hbswk.hbs.edu/item/why-boeings-problems-with-737-max-began-more-than-25- years-ago. 참조.

8 류성룡 지음, 이재호 옮김, 2009, 『징비록』, 서애선생기념사업회. 190쪽.

9 류성룡 지음, 이재호 옮김, 앞의 책, 192쪽.

10 https://www.thebell.co.kr/free/content/ArticleView.asp?key=202406201059366560104656. 참조.

11 https://www.koreaaero.com/KO/Business/KF21.aspx

12 쉬저윈(許倬雲) 지음, 정경일 옮김, 2008, 『CEO를 위한 중국사 강의: 경영편』, 김영사 참조.

13 https://luxe.croud.com/en-gb/insights/amazon-founder-and-ceo-jeff-bezos-gives-us-6-bu siness-lessons-to-learn-from/ 참조

14 https://www.joongang.co.kr/article/25254283. 참조.

15 Ancona, D. and H. Gregerson, 2017, "Problem-Led Leadership: An MIT Style of Leading," MIT Leadership Center.

16 https://www.youtube.com/watch?v=lC5PXbePhU8.

17 https://en.wikipedia.org/wiki/OODA_loop.

18 https://www.nocutnews.co.kr/news/6148978?utm_source=naver&utm_medium=article&utm_ campaign=20240523065423 참조.

19 『세종실록』 2권, 즉위년 11월 3일 기유 12번째 기사.

3장 역사를 바꾼 실용주의 리더들

1 이선민, 「조선시대 정치, 사상사의 흐름」, 서애학회발표논문집.

2 최진덕, 2023, 「주자학과 전쟁: 임진왜란을 맞은 서애 류성룡의 사상적 변화」, 『서애연구』 5~61.

3 (A) 에혼조선군기(1888). (B) 하시모토 교쿠란(1853). 두 그림은 다음 책에서 재인용. 이종각 지음, 2022, 『일본인과 징비록』, 한스북스.

4 류성룡 지음, 이재호 옮김, 2009, 『징비록』, 서애선생기념사업회, 15쪽.

5 류성룡 지음, 김시덕 옮김, 2013, 『교감·해설 징비록: 한국의 고전에서 동아시아의 고전으로』, 아카넷.

6 이종각 지음, 앞의 책에서 참조.

7 https://ko.wikipedia.org/wiki/%EC%98%81%EC%9D%98%EC%A0%95. 참조.

8 류성룡 지음, 이재호 옮김, 앞의 책, 15~16쪽.

9 https://ko.wikipedia.org/wiki/징비록 참조.

10 류성룡 지음, 이재호 옮김, 앞의 책, 18쪽.

11 류성룡 지음, 이재호 옮김, 앞의 책, 21쪽.

12 『선조수정실록』 26권, 선조 25년 5월 1일 경신 1번째 기사.

13 앞의 책, 선조 25년 5월 1일 경신 1번째 기사.

14 앞의 책, 선조 25년 5월 1일 경신 1번째 기사.

15 앞의 책, 선조 25년 5월 1일 경신 1번째 기사.

16 앞의 책, 선조 25년 5월 1일 경신 1번째 기사.

17 앞의 책, 선조 25년 6월 1일 기사.

18 박영숙 외 지음, 2013, 『유엔미래보고서』, 교보문고.

19 류성룡 지음, 이재호 옮김, 앞의 책, 105쪽.

20 류성룡 지음, 이재호 옮김, 앞의 책, 105쪽.

21 류성룡 지음, 이재호 옮김, 앞의 책, 106쪽.
22 류성룡 지음, 이재호 옮김, 앞의 책, 106~107쪽.
23 『선조실록』 30권, 선조 25년 9월 12일 1번째 기사.
24 이하 인용은 류성룡 지음, 이재호 옮김, 앞의 책, 107~109쪽.
25 류성룡 지음, 이재호 옮김, 앞의 책, 108쪽.
26 이덕일 지음, 2012, 『난세의 혁신리더 유성룡』, 역사의 아침, 191쪽.
27 류성룡 지음, 『녹후잡기』, 330쪽.
28 『선조실록』 68권, 선조 28년 10월 22일 신유 3번째 기사.
29 류성룡 지음, 이재호 옮김, 앞의 책, 177쪽.
30 류성룡 지음, 이재호 옮김, 앞의 책, 178쪽.
31 류성룡 지음, 이재호 옮김, 앞의 책, 205쪽.
32 수원화성관광 홈페이지(visitsuwon.or.kr).에서 참조.
33 류성룡 지음, 이재호 옮김, 앞의 책, 233쪽.
34 이덕일 지음, 앞의 책, 191쪽.
35 류성룡 지음, 이재호 옮김, 앞의 책, 240쪽.
36 류성룡 지음, 이재호 옮김, 앞의 책, 236-237쪽.
37 류성룡 지음, 이재호 옮김, 앞의 책, 237쪽.
38 류성룡 지음, 이재호 옮김, 앞의 책, 237쪽.
39 황규락, "스스로 생각해 문제 해결, 지능형 로봇 온다", 『조선일보』 2024년 6월 20일.
40 이덕일 지음, 앞의 책, 259쪽.
41 이덕일 지음, 앞의 책, 292쪽.
42 『선조실록』 208권, 선조 40년 2월 19일 임자 1번째 기사.
43 이덕일 지음, 앞의 책. 292-294. 공납의 메커니즘이 가장 잘 설명되어 있다.
44 『선조실록』 160권, 선조 36년 3월 13일 기사 3번째 기사.
45 『선조수정실록』 28권, 선조 27년 4월 1일 기유 6번째 기사.
46 류성룡 지음, 이재호 옮김, 2001, 『근폭집(芹曝集)』, 서애선생기념사업회, 148쪽.
47 류성룡 지음, 이재호 옮김, 앞의 책, 149쪽.
48 백기복 지음, 2022, 『리더십 리뷰』, 창민사.
49 백기복, 2023, 「선조-류성룡의 관계 패턴-모범형 팔로워의 행동법칙」, 『서애연구』 7: 0. 59~87.
50 백기복, 2023, 앞의 논문에서 재인용.
51 이대한 지음, 2004, 『세계 최고의 철강인 박태준』, 현암사, 294-298쪽.
52 https://englishspeecheschannel.com/english-speeches/elon-musk-2021-speech/
53 https://economictimes.indiatimes.com/magazines/panache/nvidia-chief-jensen-huang.

54 https://en.wikipedia.org/wiki/Jensen_Huang.

55 https://www.huffingtonpost.kr/news/articleView.html?idxno=212073.

56 https://www.youtube.com/watch?v=TELgKig9bA8.

57 Hambrick, D. C. and Gregory D. S. Fukutomi, 1991, "The Seasons of CEO's Tenure," *Academy of Management Review,* 16(4): 719-742.

58 Ligon, G. S. et al., 2008, Development of outstanding leadership: A life narrative approach. *The Leadership Quarterly,* 19: 312-334.

59 Mumford, M. D., 2006. *Pathways to Outstanding Leadership: A Comparative Analysis of Charismatic, Ideological, and Pragmatic Leader*. Mahwah, NJ: Erlbaum.

60 Mumford, M. D., 2006, ibid., p 222.

61 https://namu.wiki/w/%EA%B9%80%EC%98%81%ED%99%98(1963). 참조.

62 https://namu.wiki/w/%ED%95%A8%EC%9A%B4%EA%B2%BD. 참조.

63 선병주, 2024, 「김정은 시대 법제 연구: 인민대중제일주의와 관련성을 중심으로」, 경남대학교 북한대학원대학교 박사학위 논문.

64 https://ko.wikipedia.org/wiki/%EC%9D%B4%EC%99%84%EC%9A%A9. 민족문제연구소, 『민족문제연구 9권』, 민족문제연구소, 1996.

65 https://ko.wikipedia.org/wiki/%EC%9D%B4%EC%99%84%EC%9A%A9. 참조.

66 https://www.asiae.co.kr/article/2023022314111335682.

67 Bacharach, S. B., 2016. *The agenda mover: When your good idea is not enough.* BLG Books.

68 https://www.cnbc.com/2024/02/14/generative-ai-is-shaking-up-online-dating-with-flirty- chatbots.html.

69 www.pewresearch.org/internet/2023/02/02/from-looking-for-love-to-swiping-the-field- online-dating-in-the-u-s/.

70 Charlotte Alter/Austin, 2021, "How Whitney Wolfe Heard turned a vision of a better internet into a billion-dillar brand," *The Time Magazine.*

71 https://www.hankyung.com/economy/article/202306199481i.

4장 프래그매틱스의 실천

1 Ulrich, D., 2015, *The leadership capital index: Realizing the market value of leadership.* Berrett-Koehler Publishers Inc.

2 "이대로면 다들 군복 벗을 것 군대 떠나는 군인들 '급증'" 『세계일보』, 2024년 7월 21일.

3 https://blog.naver.com/clause4032/223445839654.

4 https://terms.naver.com/entry.naver?docId=1085372&cid=40942&categoryId=33488. 참조.

5 플라톤의 기록은 다음의 책에서 요약했다. 플라톤 지음, 이환 옮김, 2006, 『국가론』, 돋을새김.

사진 및 그림 출처

1 48쪽, 벤저민 프랭클린과 집현전 학사.
Benjamin Franklin Museum, 김경룡 교수 촬영; 세종대왕기념사업회 박물관

2 52쪽, 55달러 지폐와 조선통보 동전.
https://en.wikipedia.org/wiki/Benjamin_Franklin;
http://www.benjamin-franklin-history.org/; British Museum 소장, 필자 촬영

3 54쪽, 필라델피아 병원과 서활인서 터 표지석.
https://en.wikipedia.org/wiki/Benjamin_Franklin#/media/File:PennsylvaniaHospitalWilliamStrickland.jpg; 필자 촬영

4 57쪽, 벤저민이 추가한 영어 알파벳 6개와 한글 히읗.
https://en.wikipedia.org/wiki/Benjamin_Franklin%27s_phonetic_alphabet; 세종대왕기념사업회

5 60쪽, 소방모자를 쓴 벤저민 프랭클린 초상과 한국에서 가장 오래된 '남양주 와부 소방대 발견 목제 수총기'.
https://en.wikipedia.org/wiki/Union_Fire_Company; 미국 매사추세츠주의 콩코드 소방서; 경기도 시·도등록문화재 22호 등재(경기도 국민안전체험관 제공)

6 65쪽, 펜실베이니아대학과 성균관 명륜당.
오늘날의 펜실베이니아대학은 김경룡 교수 촬영, 성균관대학교 내부 필자 촬영

7 67쪽, 벤저민이 발명한 피뢰침 개발 연 실험과 세종의 측우기.
Benjamin Franklin Museum, 김경룡 교수 촬영; 필자 촬영

8 273쪽, 삼각돛.
https://en.wikipedia.org/wiki/Sailing_ship